U1004387

理财商学院

基金投资入门与实战精解

龙 飞 编著

人民邮电出版社
北京

图书在版编目（CIP）数据

基金投资入门与实战精解 / 龙飞编著. -- 北京 :
人民邮电出版社, 2018.8（2021.2 重印）
（理财商学院）
ISBN 978-7-115-48674-5

Ⅰ. ①基… Ⅱ. ①龙… Ⅲ. ①基金－投资－基本知识
Ⅳ. ①F830.59

中国版本图书馆CIP数据核字(2018)第130275号

内容提要

十大专题讲解，包括基金概念、基金选择、基金买卖、基金工具、投资技巧、货币基金、基金产品、基金定投、基金组合、风险防范等内容，帮助新基金用户成为投资达人！

本书共10章，主要内容包括基金入门与实战，选购基金入门与实战，买卖基金入门与实战，基金工具入门与实战，基金投资入门与实战，货币基金入门与实战，基金产品入门与实战，基金定投，基金组合入门与实战，风险防范入门与实战。

本书适合刚入门的基金投资者，也可以作为证券、投资等公司用于培训、指导和沟通客户时的教材。

◆ 编　　著　龙　飞
责任编辑　李士振
责任印制　周昇亮

◆ 人民邮电出版社出版发行　　北京市丰台区成寿寺路 11 号
邮编　100164　　电子邮件　315@ptpress.com.cn
网址　http://www.ptpress.com.cn
北京虎彩文化传播有限公司印刷

◆ 开本：700×1000　1/16
印张：15.25　　　　2018 年 8 月第 1 版
字数：258 千字　　　2021 年 2 月北京第 6 次印刷

定价：49.80 元

读者服务热线：(010)81055296　印装质量热线：(010)81055316
反盗版热线：(010)81055315
广告经营许可证：京东市监广登字 20170147 号

PREFACE
前言

在“博弈”中胜出的筹码技术

随着基金理财逐渐渗入我们的生活，很多人开始关注基金理财，而选择什么样的基金产品，如何操作基金理财，什么时候买入，什么时候卖出，进行短线投资好，还是长期持有好等，成了很多人都关注的热点问题。本书内容全面、结构清晰、语言简洁，从以下 3 个方面给大家提供诸多有用的基金理财技巧。

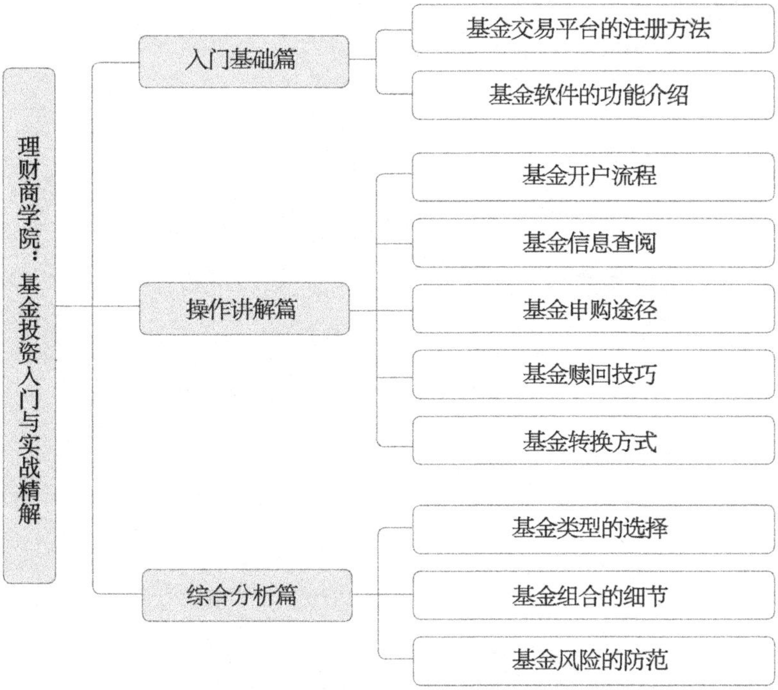

学习知识时不能只有理论，还要有清晰的结构和丰富的实例，否则会给读者一头雾水的感觉。学习关于基金投资方面的知识时，读者一定要先对基金本

身有清晰的了解，然后再采用实用性的技巧。这本书的读者定位就是对基金投资、基金理财有兴趣，想要进入基金市场的人。本书有如下特征。

一是更接地气：同类书讲经济理论的多，本书从实用角度，介绍实操性的干货内容，如基金组合具体怎么构建，基金申赎具体怎么操作，基金类型怎么选择等。本书以“技巧解析 + 案例”形式展示，技巧解析偏基础，案例解析偏实战，同时讲解时搭配了具体的图示辅助说明，力求让读者能快速上手，掌握书中知识，尽快得到学习成果。

二是更加全面：同类书讲基金时，提到基金工具多是 PC 端或网页端的，很少介绍到手机端的基金工具应用，但现在移动互联网如此方便快捷，手机端的基金工具已经不容忽视了。本书详细介绍了手机端中基金交易的具体操作，帮助大家尽快赚钱盈利！

本书由龙飞编著，参与编写的人员还有陈林、周玉姣、胡杨等人，在此表示感谢。由于作者知识水平有限，书中难免有错误和疏漏之处，恳请广大读者批评、指正，联系邮箱：157075539@qq.com。

龙飞

CONTENTS

目录

第1章

基金入门与实战

学前提示 >>>

有空没空养只“基”，让专家帮你打理钱财，使你的财富积水成河、积少成多。当我们的资产略有剩余时，为求安全保障，将自己积攒多年的银行存款拿出来交给基金专家打理，不失为一种良好的投资理财方式。

要点展示 >>>

基金投资人入门知识

了解基金投资知识

1.1 基金投资人入门知识

基金以其稳健、易于打理等特点，日渐获得广大投资者的青睐。

例如，在投资市场非常发达的美国，半数以上的家庭都投资共同基金，家庭中大部分资产以基金的形式存在，以实现财富积累。

1.1.1 什么是基金

基金有广义和狭义之分。从广义上说，基金是指为了某种目的而设立的具有一定数量的资金。例如，信托投资基金、单位信托基金、公积金、保险基金、退休基金等。在现有的证券市场上的基金，包括封闭式基金和开放式基金，具有收益性功能和增值潜能的特点。从狭义上说，基金是一个会计学的概念，意指具有特定目的和用途的资金。

接下来就带大家从 4 个方面来具体了解什么是基金，如图 1-1 所示。

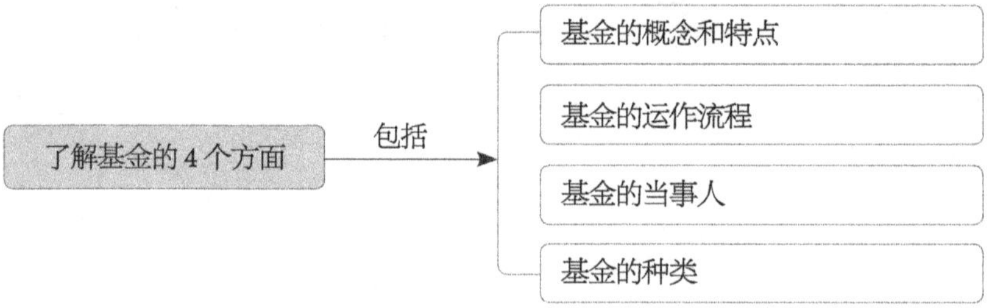

图 1-1 了解基金的 4 个方面

1. 基金的概念和特点

在美国，基金就是指共同基金（Mutual Fund）。共同基金除了投资证券之外，也投资黄金（或者其他贵重金属）、期货、选择权和房地产等。

在英国、英联邦国家和地区，基金被称为单位信托基金（Unit Trust Fund），与美国的共同基金一样，其投资标的也相当多样化，不仅限于证券。

在日本基金被称为证券投资信托基金。

我国香港地区称基金为单位信托基金，台湾地区称基金为证券投资信托基金，而在内地基金的概念则有很大不同，例如，有福利基金、扶贫基金、社保基金等，它们中有的根本不进行证券投资，有的则开始进行证券投资不久。而进行证券投资的基金则只投资证券。

投资基金是一种利益共享、风险公担的集合投资制度，即指按照共同投资、共享收益、共担风险的基本原则，运用现代信托关系的机制，以基金方式将众多投资者分散的资金集中起来以实现预期投资目的的投资组织制度。投资者可以从以下两方面进行了解。

（1）**集资目的**。基金是指专门用于某种特定目的并进行独立核算的资金，如养老保险基金、退休基金、救济基金以及教育奖励基金等。

（2）**组织性质**。基金是指管理和运作专门用于某种特定目的并进行独立核算的资金的机构或组织，如政府机构的财政专项基金、高效中的教育奖励的基金、保险公司的保险基金等。

基金一般是以“基金单位”为单位的，是基金投资者认购基金的固定金额单位，也是投资者认购基金最低的投资金额。在基金初次发行时，将其基金总额划分为若干等额的整数份，每一份就是一个基金单位。初次发行结束后，基金单位均以其净资产值计价。基金资产净值（Net Asset Value，NAV）是指基金资产总值减去按照国家有关规定可以在基金资产中扣除的费用后的价值，是衡量一个基金经营好坏的主要指标。

2. 基金的运作流程

基金的运作包括基金的市场营销、基金的募集、基金的投资管理、基金资产的托管、基金份额的登记、基金的估值与会计核算、基金的信息披露以及其他基金运作活动在内的所有相关环节。投资基金的运作流程一般可以分为 3 步，如图 1–2 所示。

投资者资金汇集成基金：资金通过基金投资者利用基金购买的渠道进行汇集后成为基金

↓

基金委托投资专家：通常也称为基金管理人投资运作，其中，投资者、基金管理人、基金托管人通过基金契约方式建立信托协议，确立投资者出资（并享有收益、承担风险）、基金管理人受托负责理财、基金托管人负责保管资金三者之间的信托关系；基金管理人与基金托管人（主要是银行）通过托管协议确立双方的责权

↓

基金管理人经过专业理财，将投资收益分给投资者：在我国，基金托管人必须由合格的商业银行担任，基金管理人必须由专业的基金经理人担任。基金投资人享受证券投资基金的收益，同时也要承担亏损的风险

图 1–2 投资基金的 3 个步骤

投资基金运作流程如图 1–3 所示。

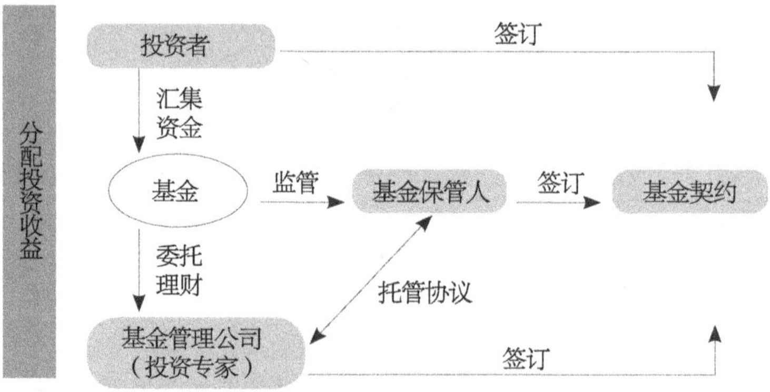

图 1–3 投资基金的运作流程

3. 基金的当事人

基金的当事人主要包括基金投资者、基金管理人和基金托管人，如图 1–4 所示。

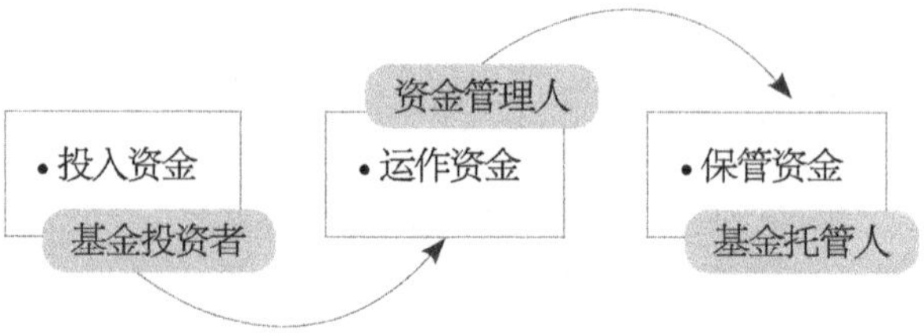

图 1–4 基金的主要当事人

（1）**基金投资者**。基金投资者是基金出资人、基金资产所有者和基金投资收益受益人。在公司型基金中，基金投资者是基金公司的股东。公司型基金的公司章程、契约型基金的基金契约均对基金投资者的权利和义务做出了明确规定。

（2）**基金管理人**。基金管理人负责基金资产投资运作，其在不同的基金市场上名称有所不同，如美国将其称作“投资顾问公司”或“资产管理公司”，日本将其称作“证券投资信托委托公司”“投资信托公司”“投资顾问公司”，我国则将其称作“基金管理公司”。

（3）**基金托管人**。基金托管人通常由具备一定条件的商业银行、信托公司等专业性金融机构担任，负责保管基金资产。在公司型基金运作模式中，托管人是基金公司董事会所雇佣的专业服务机构；在契约型基金运作模式中，托管人通常还是基金的名义持有人。

4. 基金的种类

基金的种类多种多样，根据不同的划分标准，可以将证券投资基金划分为不同的种类。接下来就对不同种类的基金进行详细解读。

（1）**封闭式基金**。封闭式基金是指基金规模在发行前已确定、在发行完毕后的规定期限内固定不变并在证券市场上交易的投资基金。

（2）**开放式基金**。开放式基金是指份额可以随时改变，即购买后可以随时交易，可以通过二级市场交易和持有到期来获利的投资基金。

专家提醒

封闭式基金因在交易所上市，其买卖价格受市场供求关系影响较大。而开放式基金的买卖价格是以基金单位的资产净值为基础计算的，可直接反映基金单位资产净值的高低。在基金的买卖费用方面，投资者在买卖封闭式基金时与买卖上市股票一样，也要在价格之外付出一定比例的证券交易税和手续费；而开放式基金的投资者需缴纳的相关费用则包含于基金价格之中。一般买卖封闭式基金的费用要高于买卖开放式基金的费用。

（3）**成长型基金**。成长型基金是指基金管理人为了实现基金资产长期增值的目标，将基金资产投资于信誉度较高的、具备长期成长前景或能够长期盈余的公司股票的投资基金。

（4）**收益型基金**。收益型基金是指基金管理人不注重公司资本增值，而以追求基金当期收入为投资目标，将历史分红记录不错的绩优股和债券等有价证券作为投资对象，将所得的利息和红利等都分配给投资者，从而使投资者赚取稳定收益的投资基金。

（5）**股票型基金**。股票型基金是指 60% 以上的基金资产投资于股票的投资基金。股票型基金的特点在于与其他基金相比，其投资对象具有多样性，投资目的也具有多样性；与投资者直接投资于股票市场相比，股票型基金具有分散风险、费用较低等特点；从资产流动性来看，股票型基金具有流动性强、变现性高的特点；对投资者来说，股票型基金经营稳定、收益可观；同时，还具有在国际市场上融资的功能和特点。

（6）**债券型基金**。债券型基金是以国债和金融债等固定收益类金融工具为主要投资对象的投资基金，因为其投资的产品收益比较稳定，又被称为“固定收益基金”。

（7）**公募基金**。公募基金就是那些已经通过证监会审核，可以在银行网点、证券公司网点以及各种基金营销机构进行销售，可以大做宣告的，并且在各种交易行情中可以看到信息的基金。

（8）**公司型基金**。公司型基金指基金本身为一家股份有限公司，公司通过发行股票或受益凭证的方式来筹集资金。投资者购买了该家公司的股票，就成为该公司的股东，凭股票领取股息或红利、分享投资所获得的收益。

（9）**契约型基金**。契约型基金又称单位信托基金，指专门的投资机构（如银行和企业）共同出资组建一家基金经理公司，基金经理公司作为委托人通过与受托人签订“信托契约”的形式发行受益凭证（即“基金单位持有证”），并以此来募集社会上的闲散资金。

专家提醒

单位信托基金管理公司是一项名为信托契约的文件组建的经理公司，其不设董事会，自己作为委托公司设立基金，自行或再聘请经理人代为管理基金的经营和操作。

1.1.2 基金理财方式的优势

与股票、债券、定期存款、外汇等投资工具一样，证券投资基金也为投资者提供了一种投资渠道。基金投资之所以受到投资者的青睐，关键在于其突出的优势，下面就来介绍基金的突出优势。

【技巧解析】专家理财、独立托管

（1）专家理财。投资基金后便会有一批既有较高学历、又有丰富投资经验的专家帮助投资者进行理财，他们了解金融市场的运作情况，使投资者赚得更多。基金公司常在投资者投资基金的过程中主要提供以下专业服务，如图 1–5 所示。

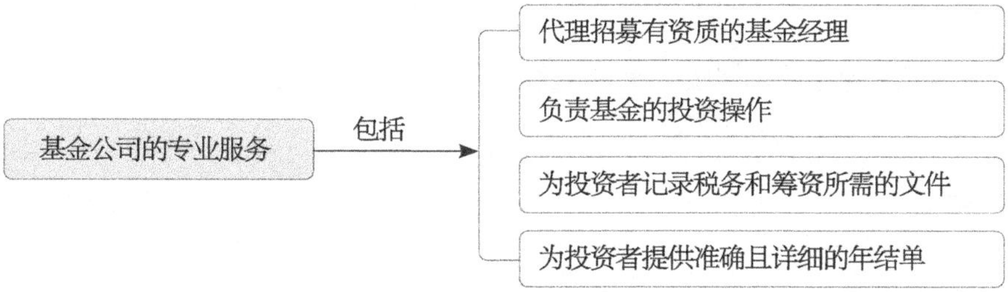

图 1–5 基金公司的专业服务

（2）独立托管。基金公司和基金经理虽然操作基金投资交易，但并不直接接触基金资金，因为我国证券监督管理委员会规定基金资金不得由基金公司管理，必须由独立于基金公司与基金投资人并且有一定公信力的第三方机构管理。这个机构一般是银行，因此基金基本不存在除了投资风险以外的损失。

依据我国法律规定，即使基金管理公司或者基金托管银行出现了债务问题，债务方也无权接触基金资产，因此，基金资产的安全是很有保障的。

【技巧解析】集合投资、分散风险

（1）集合投资。基金公司通过集中大量中小投资者的资金，可以在投资活动中处于主导地位，可通过各种手段给投资者带来利润。

（2）分散风险。基金公司拥有雄厚的实力，可以同时分散投资于股票、债券以及现金等多种金融产品。这样就算某一种金融产品因市场波动出现了很大程度的风险损失，投资者整体的资产也不至于出现太大的损失，即分散了对个股集中投资的风险，加强了投资者的抗风险能力。

【技巧解析】成本低廉、手续简便

（1）成本低廉。一般的基金投资者拥有 1 000 元即可进行基金投资，还可以享受税收上的优惠。现在大量的“宝宝类”货币基金（如余额宝等）还支持投资者“1 元起购”。

（2）手续简便。基金投资的手续费用比较低，而且操作简单，投资者只要以电话和邮寄填妥表格的方式认购，即可购买基金。随着现在移动互联网的发展，投资者在手机上也能快速购买基金。

【技巧解析】严格监管、套现灵活

（1）严格监管。基金投资由中国证券监督管理委员会（以下简称证监会）进行非常严格的监管，保障资金运行的安全性，并对各种有损投资者利益的行为进行严厉的打击。

（2）套现灵活。基金大多有较强的变现能力，投资者可以随时出售所持有的基金，并且众多基金网站和应用还推出了许多灵活变现的快捷功能。

1.1.3 适合投资基金的人群

基金逐渐为大多数中、小投资者所接受并成为比较常见的理财方式之一，但是任何一种投资都不是万能的，都有其适合的人群，而适合投资基金的主要有以下 5 种人群，如图 1-6 所示。

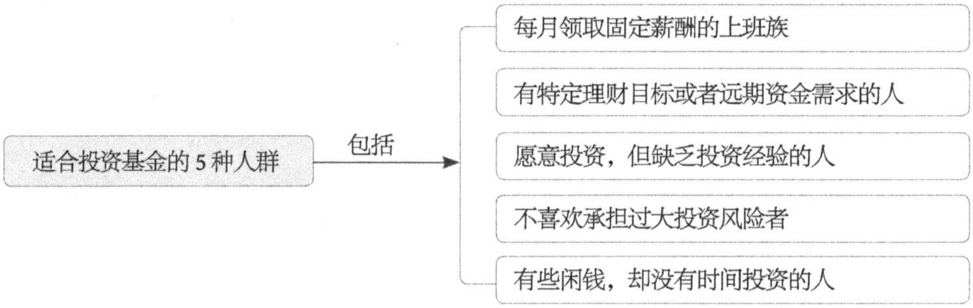

图 1-6　适合投资基金的 5 种人群

接下来分析以上 5 种适合投资基金的人群。

（1）**每月领取固定薪酬的上班族**。大部分的上班族薪资所得在扣除日常生活开销后，所剩余的金额往往不多，单独投资意义不大，小额的定期定额投资方式最为适合。此外，上班族工作时间一般严格固定，因此设定指定账户中自动扣款的基金定投，只需办理一次手续就能搞定未来几年甚至十几年的投资交易。这对上班族来说是最省时、省事的理财方式，而且基金还能帮助他们起到强制储蓄的作用。

（2）**有特定理财目标或者远期资金需求的人**。在已知未来将有大额资金需求时，提早以定期定额小额投资方式来规划，不但不会造成自己经济上的负担，更能让每月的小钱在未来变成大钱。例如，10 年后子女出国留学，而且当前有收入进行投资，那么用基金来实现攒钱的目标也是非常不错的选择。

（3）**愿意投资，但缺乏投资经验的人**。因为没有投资经验，很多投资者难以找到好的投资标目，最终投资下来往往伤痕累累。因此，对于那些尚没有投资经验，或者不适合独立投资的人来说，基金可以说是一种比较安全的投资方式，可以避免投资者陷入跟风的怪圈。

（4）**不喜欢承担过大投资风险者**。风险态度偏中或偏低这部分人群，他们通常不愿去冒很大的风险，因而分期的基金投资对他们来说是最合适不过了。基金定投具有投资成本加权平均的优点，能有效降低整体投资的成本，分散市场波动的风险。以基金定投的方式来应对短期震荡加剧而长期坚定看好的市场，这对于那些有心投资但又不清楚如何选择好投资时间节点的投资者而言，也是一个很好的选择。

（5）**有些闲钱，却没有时间投资的人**。例如，有一些个体户或者生活节奏非常快的人群，他们没有过多的时间去关注股市等投资市场，而需要有更多的精力去关注事业或者学习，那么基金对其就是一种比较适合的投资方式。

基金投资方式非常适合现在的年轻人，在工资下发后留下日常的生活费，就可以将其余部分做“基金定投”。这样持续一段时间后，就会给自己带来可观的收益。当然，是否投资基金也要因人而异，根据自己的实际情况而定，毕竟基金是一项长期投资业务，在投资时一定要考虑到自己的收支状况。

1.1.4 基金与相似投资产品的区别

目前，可供国内居民投资的金融产品日益增多，除了传统的银行存款、债券、保险和股票之外，基金作为一种高收益而风险相对较低的投资品种，越来越受到广大投资者的青睐。那么，基金与上述金融产品有什么不同呢？本小节将介绍基金与各种投资理财产品的主要区别，帮助读者彻底认识基金投资。

【技巧解析】基金与股票的区别

股票是股份公司（包括有限公司和无限公司）在筹集资本时向出资人发行的股份凭证，代表着其持有者（即股东）对股份公司的所有权。由于股票发行公司的经营效益有很大的不确定性，而且股票的市场价格波动也比较剧烈，所以股票投资的风险更高。而基金由专家理财，采取组合投资的方式，能够在一定程度上降低风险，收益相对股票比较稳定。概括起来，基金投资与股票投资的主要区别如图 1–7 所示。

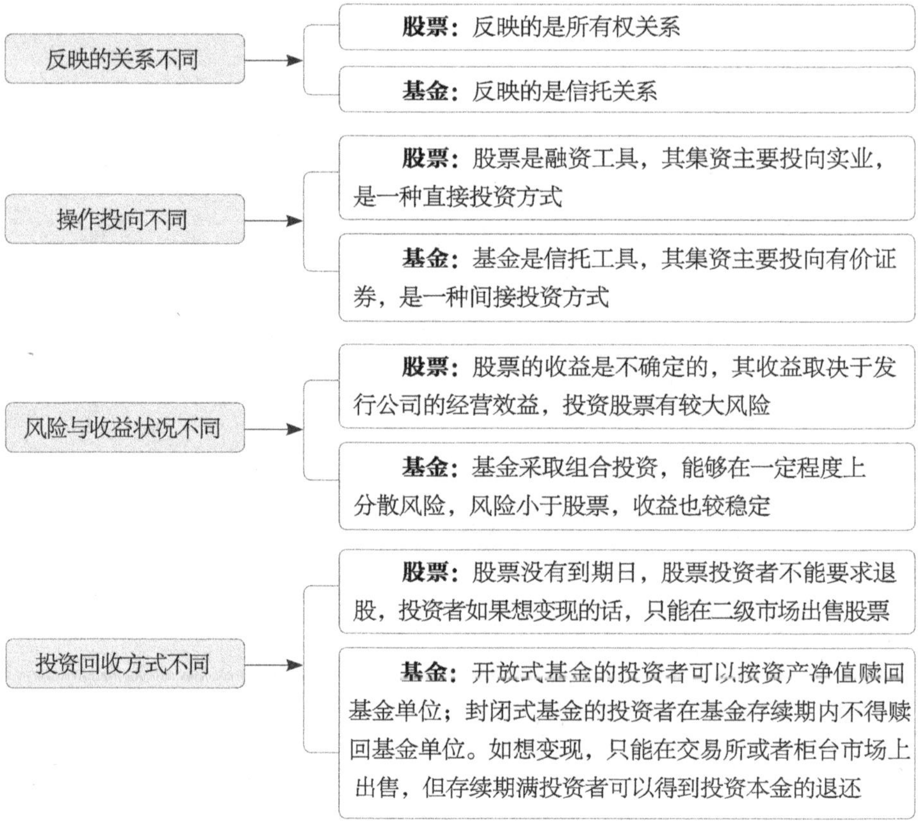

图 1–7 基金与股票的主要区别

总而言之，股票是投资者自己直接去买卖，盈亏都是自己决定的。基金是把钱拿给别人帮你去投资，基本上不会出现和大市背离的状态。股票的风险相对较高，投资回报自然也要高一些。如果投资者从没有投资过，又不追求很高的收益，那投资者可以选择基金；而如果投资者要想高收益，可以先用少量资金买点股票学习一下，等熟悉了之后再逐步追入资金。

【技巧解析】基金与债券的区别

债券是政府、金融机构、工商企业等直接向社会发行，并且承诺按一定利率支付利息，按约定条件偿还本金的债权债务凭证。基金与债券的区别如图 1–8 所示。

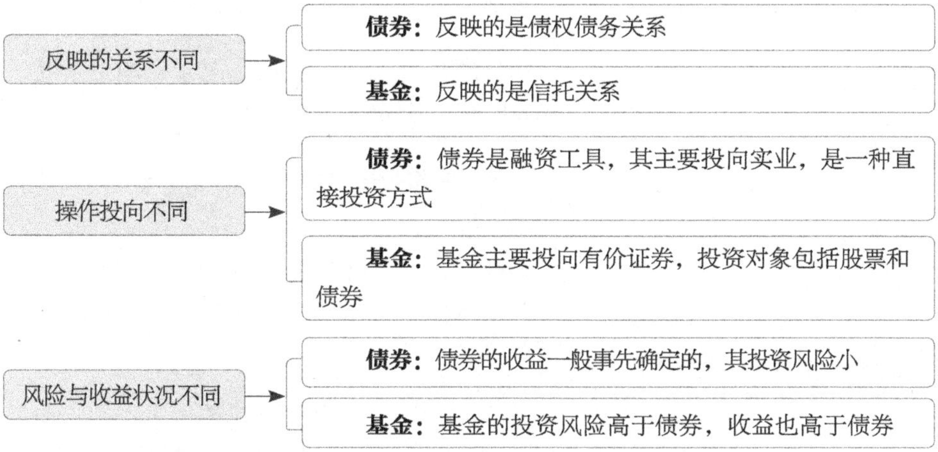

图 1–8 基金与债券的主要区别

债券的本质是借债的证明书，具有法律效力。发行者与债券拥有者之间是一种债权债务关系，债券发行人即债务人，债券持有人（即投资者）即债权人。债券型基金是以债券为投资对象的基金，其对债券资产的投资占基金总资产至少 60% 以上。通过债券型基金间接投资于债券，可以获得很高的流动性，随时可将持有的债券型基金赎回，费用也相对较低。

【技巧解析】基金与银行存款的区别

比起人们最熟悉的银行存款，基金的性质、风险水平、预期收益率、信息披露要求等方面都有很大的不同，如图 1–9 所示。

货币市场基金通常被视为是无风险的投资工具，适合资金短期投资生息，以备不时之需的现金可以以货币市场基金的形式持有。对于忙于事业的工薪阶层，如果每月拿出一定的闲置资金购买货币市场基金，长期积累的这种复利回报将相当可观。

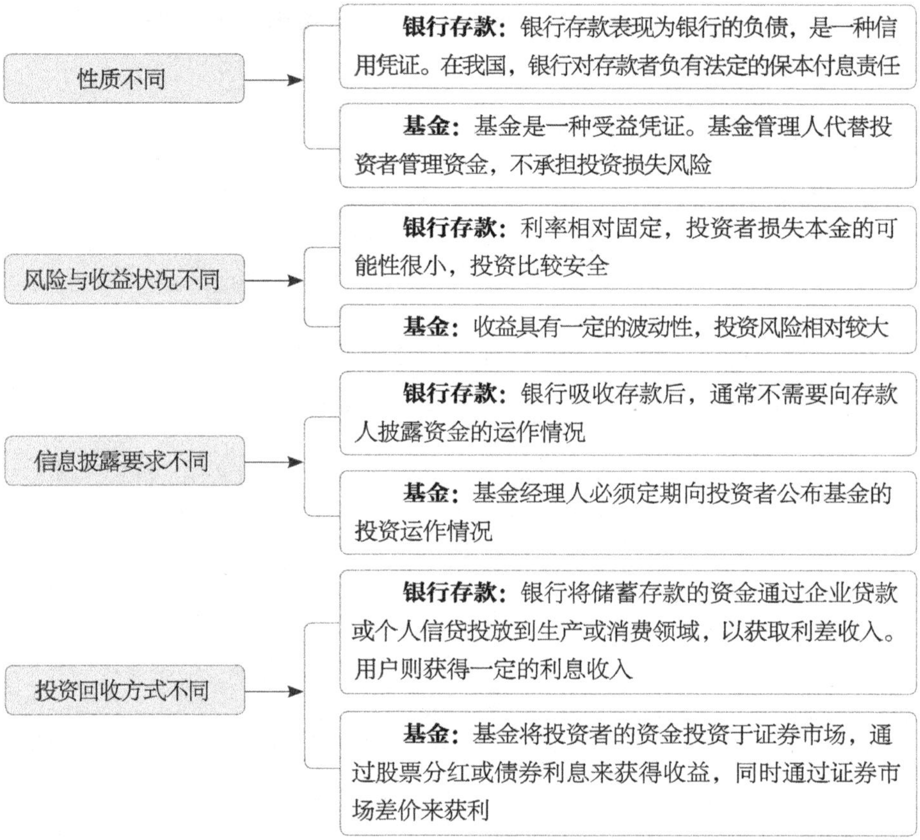

图 1–9 基金与银行存款的主要区别

同时，货币市场基金不像股票债券那样占用资金，随时可转为现金，只有一、两天的周转时间，非常便利。因此，货币市场基金又称“准储蓄”产品，有保本、定期收益、按月分红等优势。

1.2 了解基金投资知识

证券投资基金是一种利益共享、风险共担的集合投资方式，即通过发行基金单位，集中投资者的资金，由基金托管人托管，由基金管理人管理和运作资金，从事以有价证券为主的金融工具投资，以获得投资收益和资本增值。

1.2.1 基金的发展历程与组织

证券投资基金从 19 世纪 60 年代至今，大致经历了 3 个阶段，如图 1–10 所示。

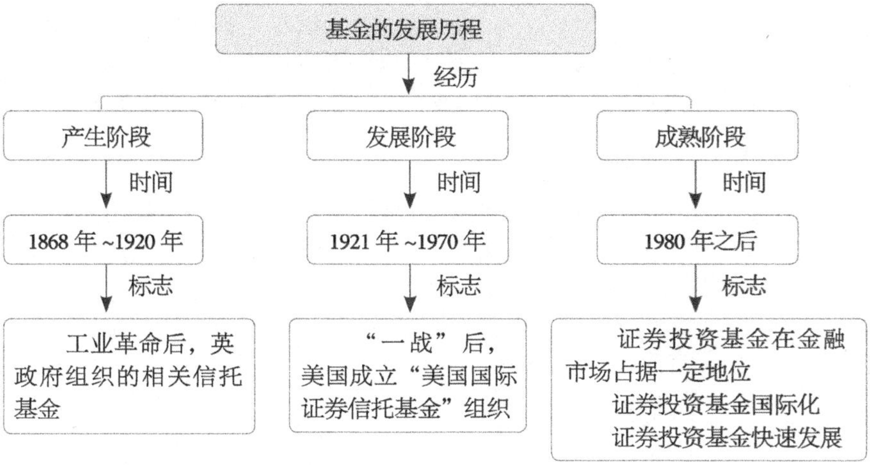

图1-10 基金的发展历程

【技巧解析】基金组织

基金组织主要包括基金契约、基金管理人、基金托管人、基金持有人大会和基金托管协议，具体分析如图1-11所示。

基金契约的主要内容如下。

（1）指明基金的持有人、管理人、托管人的权利与义务。

（2）指明基金的发行、购买、赎回与转让等。

（3）指明基金的投资目标、范围、政策和限制。

（4）指明基金资产的估值方法。

（5）发布基金的信息披露。

（6）制定基金的费用。

（7）制定收益分配与税收。

（8）进行基金终止与清算。

（9）投资者一旦认购了基金，就意味着默许了基金契约，愿意委托该基金管理人“代理理财”。

【技巧解析】基金的发行

在我国，目前证券投资基金的发行方式主要包括网上发行方式和网下发行方式两种，具体介绍如图1-12所示。

基金契约 → 基金契约就是一份“委托理财协议”，是基金管理人、基金托管人、基金投资者为设立基金而订立的用以明确基金当事人各方权利和义务关系的书面法律文件。基金契约规范基金各方当事人的地位与责任

基金管理人 → 基金管理人是指具有专业的投资知识与经验，根据法律、法规及基金章程或基金契约的规定，经营管理基金资产，谋求基金资产的不断增值，以使基金持有人收益最大化的机构。在我国，按照《证券投资基金管理暂行办法》的规定，基金管理人由基金管理公司担任。基金管理公司通常由证券公司、信托投资公司发起成立，具有独立法人地位

基金托管人 → 基金托管人是投资人权益的代表，是基金资产的名义持有人或管理机构。为了保证基金资产的安全，按照资产管理和资产保管分开的原则运作基金，基金设有专门的基金托管人保管基金资产

基金持有人大会 → 基金持有人大会由全体基金单位持有人或委托代表参加，主要讨论有关基金持有人利益的重大事项，如修改基金契约、终止基金、更换基金托管人、更换基金管理人、延长基金期限、变更基金类型，以及召集人认为要提交基金持有人大会讨论的其他事项

基金托管协议 → 基金托管协议是基金管理人与基金托管人（一般为商业银行）就基金资产托管一事达成的协议书。协议书以合同的形式明确委托人和托管人的责任和权利、义务关系

图 1–11　基金组织

基金发行方式

- **网上发行方式** → 该方式指将所发行的基金单位通过与证券交易所的交易系统联网的全国各地的证券营业部，向广大的社会公众发售基金单位的发行方式。这主要是封闭式基金的发行方式
- **网下发行方式** → 该方式指将所要发行的基金通过分布在一定地区的银行或证券营业网点，向社会公众发售基金单位的发行方式。这主要是开放式基金的发行方式

图 1–12　基金的发行

【技巧解析】基金交易

基金交易是以基金为买卖对象，自我承担风险收益而进行的流通转让活动。基金交易主要包括 10 个步骤，具体介绍如表 1-1 所示。

表 1-1 基金交易的步骤

主要步骤	相关说明
基金成立日	基金成立日是指基金达到成立条件后，基金管理人宣布基金成立的日期
基金募集期	基金募集期是指自招募说明书公告之日起到基金成立日的时间段
基金存续期	基金存续期是指基金募集成功，基金合同成立通过一段时间的封闭期后，进入了基金的日常交易期
基金单位	基金单位是指基金发起人向不特定的投资者发行的，表示持有人对基金享有资产所有权、收益分配权和其他相关权利，并承担相应义务的凭证
基金开放日	基金开放日就是可以办理开放式基金的开户、申购、赎回、销户、挂失、过户等一系列手续的工作日。对于一只开放式基金来说，并不是在任何一个工作日都可以进行交易的，因此，规定每周的某几个工作日进行交易，这几个工作日就被称为基金开放日
基金认购	基金认购是指投资者在开放式基金募集期间、基金尚未成立时购买基金单位的过程。通常认购价为基金单位面值（1 元）加上一定的销售费用。投资者认购基金应在基金销售点填写认购申请书，交付认购款项
基金申购	基金申购是指投资者到基金管理公司或选定的基金代销机构开设基金账户，按照规定的程序申请购买基金单位。申购基金单位的数量是以申购日的基金单位资产净值为基础计算的，具体计算方法须符合监管部门有关规定的要求，并在基金销售文件中载明
基金转托管	基金转托管是指投资者同一基金在不同托管点（不同销售商及同一销售商的不能通存通兑的城市或分行）之间实施的所持基金份额托管机构变更的操作。通存通兑是指某一个银行在某一个范围内（全国、省或县市），一个服务网点（储蓄所）开出的存单，可以在任何一个服务网点上兑现现金
基金转换	基金转换是指投资者在持有本公司发行的任一开放式基金后，可直接自由转换到本公司管理的其他开放式基金，而不需要先赎回已持有的基金单位，再申购目标基金
非交易过户	非交易过户是指因遗产继承、捐赠或司法执行等原因引起的基金单位持有人的变更行为。基金非交易过户包括遗产继承、捐赠和司法执行

【技巧解析】基金收益

基金收益是基金资产在运作过程中所产生的超过自身价值的部分。具体来说，基金收益包括 6 部分内容，如表 1-2 所示。

表 1-2 认识基金收益

基金收益	相关说明
红利	红利是因用基金购买公司股票而享有对该公司净利润分配的所得。公司对股东的红利分配一般有现金红利和股票红利两种形式。基金作为长线投资，其主要目标在于为投资者获取长期、稳定的回报，而红利是构成基金收益的一个重要部分。投资股票的红利多少，是基金管理人选择投资组合的一个重要标准
股息	股息是指因用基金购买公司的优先股权而享有对该公司净利润分配的所得，通常分配比例已经事先规定。这是股息与红利的主要区别。与红利相同，股息也是构成投资者回报的一个重要部分，股息高低也是基金管理人选择投资组合的重要标准
债券利息	债券利息是指因用基金投资于不同种类的债券（如国债、地方政府债券、企业债以及金融债等）而定期取得的利息。我国《证券投资基金管理暂行办法》规定，1 个基金投资于国债的比例不得低于该基金资产净值的 20%。由此可见，债券利息也是构成投资回报的不可或缺的组成部分
买卖证券差价	买卖证券差价是指基金资产投资于证券而形成的价差收益，通常也称资本利得
存款利息	开放式基金由于必须随时准备支付基金持有人的赎回申请，必须保留一部分现金存在银行。存款利息就是指基金资产的银行存款利息收入。这部分收益仅占基金收益很小的一个组成部分
其他收入	其他收入指运用基金资产而带来的成本或费用的节约额，如基金因大额交易而从证券商处得到的交易佣金优惠等杂项收入

1.2.2 基金投资费用

基金投资过程中的费用主要有基金交易费用和基金运营费用两种，如图 1-13 所示。

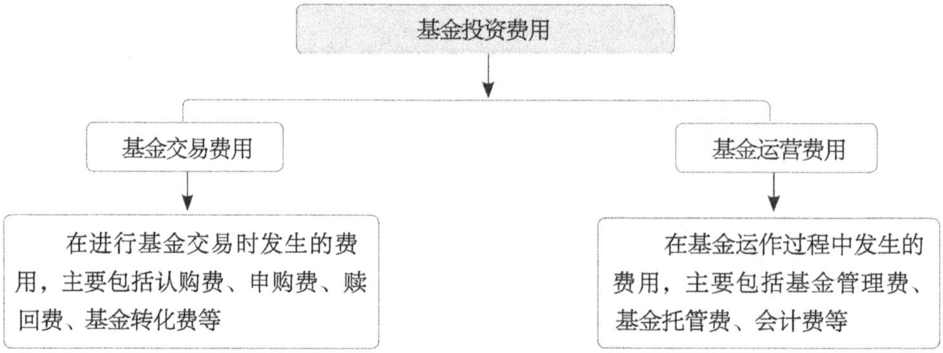

图 1-13 基金投资费用

1.2.3 基金信息披露

基金信息披露是指基金市场上的有关当事人在基金募集、上市交易、投资运作等一系列环节中，依照法律法规规定向社会公众进行的信息披露，其主要方式如表 1–3 所示。

表 1–3 基金信息披露

主要方式	相关说明
开放式基金信息披露	开放式基金信息披露内容包括招募说明书（公开说明书）、定期报告和临时报告 3 大类，其中，定期报告又由每日公布单位净值公告、季度投资组合公告、中期报告、年度报告 4 项组成。法定披露信息由基金管理人编制，基金托管人复核，并于规定时限内在中国证监会指定的信息披露报刊和网站上发布
招募说明书	招募说明书（初次发行后也称为公开说明书）旨在充分披露可能对投资者做出的投资判断产生重大影响的一切信息，包括管理人情况、托管人情况、基金销售渠道、申购和赎回的方式及价格、费用种类及比率、基金的投资目标、基金的会计核算原则、收益分配方式等
公开说明书	公开说明书是指基金成立后定期公告的有关基金简介、基金投资组合公告、基金经营业绩、重要变更事项和其他按法律规定应披露事项的说明
基金年度报告	基金年度报告是反映基金全年的运作及业绩情况的报告。除中期报告应披露的内容外，年度报告还必须披露托管人报告、审计报告等内容。该报告在会计年度结束后 90 天内公告
基金中期报告	基金中期报告反映基金上半年的运作及业绩情况，主要内容包括管理人报告、财务报告、重要事项揭示等。其中，财务报告包括资产负债表、收益及分配表、净资产变动表等会计报表及其附注，以及关联事项的说明等。该报告在会计年度的前 6 个月结束后 60 日内公告

【技巧解析】基金信息披露的作用

在基金投资中，依靠强制性信息披露，培育和完善市场运行机制，增强市场参与各方对市场的理解和信心，是世界各国证券市场监管的普遍做法，基金市场作为证券市场的组成部分也不例外。基金信息披露的作用如图 1–14 所示。

提高证券市场效率 → 强制性的信息披露可以迫使隐藏的信息得以及时和充分的公开，从而尽量减小逆向选择和道德风险等问题带来的低效无序状况的影响，提高有效性

帮助投资者做出投资判断 → 通过披露基金投资组合、历史业绩和风险状况等信息，现有基金份额持有人可以评价基金管理人的管理水平，判定该基金产品是否值得继续持有。另外，对于潜在投资者来说，也可以根据自己的风险偏好和收益预期理性分析基金价值，进而进行投资选择

防止利益冲突与利益输送 → 投资者可以在公开信息的基础上“买者自慎”，改变投资者的信息弱势地位，增加资本市场的透明度，防止利益冲突与利益输送，增加对基金运作的公众监督，限制和阻止基金管理人不当和欺诈行为的发生

有效防止信息滥用 → 如果市场任由不充分、不及时、虚假的信息进行传播，那么投资者可能会受这种市场“噪声”的影响而做出错误的投资决策，甚至给基金运作带来致命性打击。这将不利于整个基金行业的长远发展

图 1–14 基金信息披露的作用

1.2.4 基金常用名词

了解基金名词术语是投资基金的必备因素，对于正在购买基金的新基民来说，快速了解这些名词对具体的投资有很大的帮助，如表 1–4 所示。

表 1–4 基金常用名词

常用名词	相关说明
基金资产总值	基金资产总值是包括基金购买的各类证券价值、银行存款本息以及其他投资所形成的价值总和
基金资产净值	基金资产净值是指基金资产总值减去按照国家有关规定可以在基金资产中扣除的费用后的价值
基金资产估值	基金资产估值是指通过对基金所拥有的全部资产及所有负债按一定的原则和方法进行估算，确定基金资产公允价值的过程
基金单位资产净值	基金单位资产净值即每份基金单位的净资产价值，等于基金的总资产减去总负债后的余额再除以基金全部发行的单位份额总数。开放式基金的申购和赎回都以这个价格进行

续表

常用名词	相关说明
基金累计净值	基金累计净值是基金单位资产净值与基金成立以来累计分红的总和
基金拆分	基金拆分是在保持投资人资产总值不变的前提下，改变基金份额净值和基金总份额的对应关系，重新计算基金资产的一种方式
工作日	指上海证券交易所和深圳证券交易所的正常交易日
开放日	指为投资者办理基金申购、赎回等业务的工作日
T 日	指销售机构在规定时间受理申购、赎回、基金转换或其他基金交易的申请日
T + *n* 日	指 T 日后（不包括 T 日）第 *n* 个工作日
建仓	对于基金公司来说，建仓就是指一只新基金公告发行后，在认购结束的封闭期间，基金公司用该基金第一次购买股票或者投资债券等（具体的投资要根据该基金的类型及定位来确定）的行为。对于私人投资者，例如自己，建仓就是指第一次买基金的行为
持仓	指投资者手上持有的基金份额
加仓	指建仓时买入的基金净值涨了，继续加码申购
补仓	指原有的基金净值下跌，基金被套一定的数额，这时在低位追补买进该基金以摊平成本的行为。被套就是投资人以某净值买入的基金跌到了该净值以下。例如，投资者花 1.5 元买的基金跌到了 1.15 元，那就是说投资者在该基金上被套 0.35 元
满仓	指把投资者账户内的所有资金都买了基金，像仓库满了一样。大额资金投入的叫大户，更大金额投入的叫主力；小额投入的叫散户，更小金额投资的叫小小散户
半仓	指用一半的资金买入基金，账户上还留有一半的资金。如果是用 60% 的资金叫六成仓……可以此类推。如投资者有 3 万元资金，1.5 万元买了基金，就是半仓，称半仓操作。它表示没有把资金全部投入，是降低风险的措施
重仓	指这只基金买某种股票，投入的资金占总资金的比例最大。这种股票就是这只基金的重仓股。同理，如果投资者买了 3 只基金，有 75% 的资金都投资在其中一只上，那么这只基金就是重仓；反之即为轻仓
空仓	指投资者把某只基金全部赎回，得到所有资金，或者投资者把全部基金赎回，手中持有现金
平仓	平仓容易和空仓搞混，应注意区分。平仓即买入后卖出，或卖出后买入。具体来说，例如今天赎回易方达基金，等赎回资金到账后，又将赎回的资金申购上投成长先锋，相当于调整自己的基金持有组合，但资金总额不变。如果是做多，则是申购基金平仓；如果是做空，则是赎回基金平仓

续表

常用名词	相关说明
做多	表示看好后市，现以低净值申购某基金，等净值上涨后收益。做多就是做多头，多头对市场判断是上涨，就会立即进行基金买入，然后在上涨之后卖出，赚取中间的差价，总体来说就是先买后卖
做空	认为后市看跌，先赎回基金，避免更大的损失。等净值真的下跌再买入平仓，待净值上涨后赚取差价
踏空	由于基金净值一直处于上涨之中，净值总是在自己的心理价位之上，无法按预定的价格申购，一路空仓，就叫踏空
逼空	基金涨势非常强劲，基金净值不断抬升，使做空者（即后市看跌而先期卖出的人）一直没有好的机会介入，亏损不断扩大，最终不得不在高位买入平仓，这个过程叫逼空
套期保值	指改变基金的投资类型，以保证资金不减少。例如，为保证基金不被套，在市场不景气的时候可以把股票基金转为货币基金避险

第2章

选购基金入门与实战

学前提示 >>>

俗话说："正确的选择是成功的前提"，基金的品种很多，要想正确地选择基金，投资者必须了解基金的选择原则和依据，掌握基金公司和基金管理人的选择，以及如何选择适合自己的投资方法等。

要点展示 >>>

通过基金公司巧选基金
通过基金评级与净值巧选基金
通过基金年报巧选基金

2.1 通过基金公司巧选基金

基金管理公司（有时也称“基金公司”）既是基金资金的募集者，也是基金的管理方。它的主要职责是根据基金合同的相关约定，对基金的资金进行投资运作，在控制风险的基础上为投资者谋求收益的最大化。

基金公司的选择对基金投资至关重要，因为一个好的基金公司能给投资人带来滚滚红利，而一个能力不强的基金公司则会让投资人血本无归。本节主要介绍通过基金公司巧选基金的操作方法。

2.1.1 选购基金前的准备工作

如今的基金投资，投资者通常都是在网上进行的，与传统的基金投资方式相比，网上投资基金一般有 4 大优势，如图 2–1 所示。

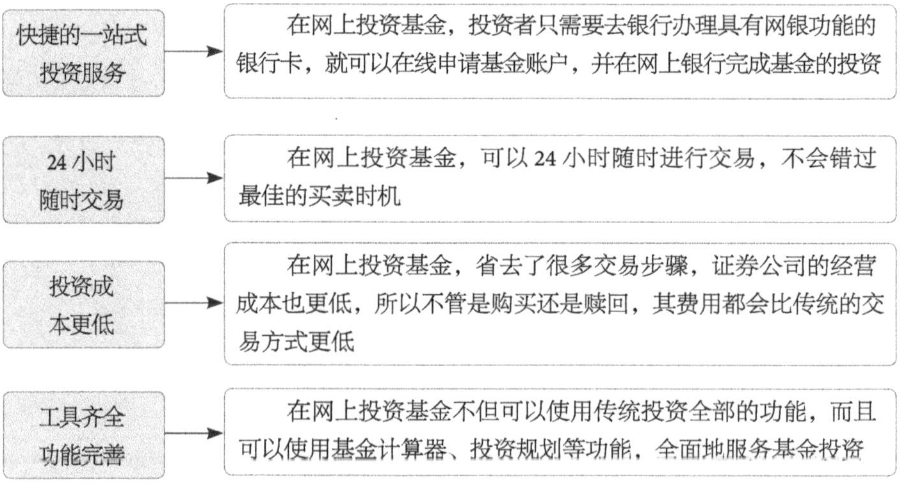

图 2–1 网上投资基金的优势

网上投资基金时，基民选择一家优秀的基金公司是投资基金准备工作中的主要环节。下面对于如何选择优质的基金公司进行相关介绍。

【案例分析】多角度分析基金公司的能力

基民在选择基金管理公司时，首先要对基金公司的能力进行全面分析，看该公司是否有足够的能力管好一只基金。只有在对基金公司有所了解之后，基民才会放心购入基金。因此，在此过程中对基金公司进行分析就显得很有必要了。下面以天天基金网为例，重点对通过互联网分析基金公司方法的具体步骤进行一一讲解。

进入天天基金网首页，在其左上侧位置单击“基金数据”链接，进入“基金数据”页面后，单击“基金公司”按钮，如图 2–2 所示。

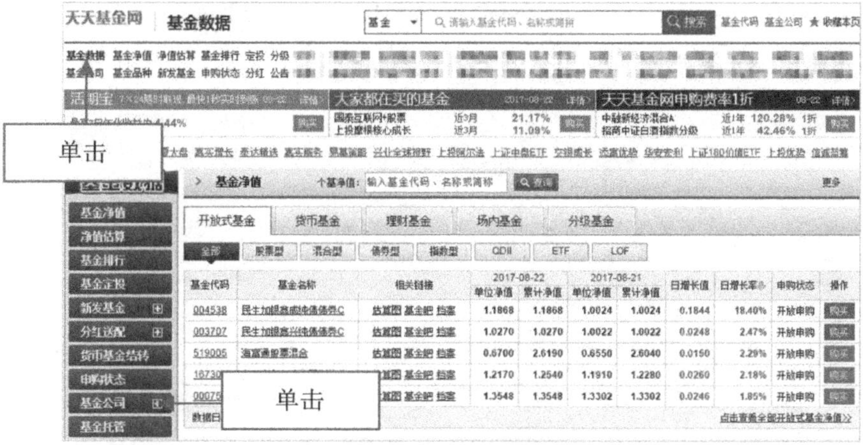

图 2–2 单击“基金公司”按钮

在展开的列表中单击“基金公司一览”链接，执行操作后，即可查看所有基金公司的成立时间、旗下基金数、管理规模、评级情况、总经理等资料，如图 2–3 所示。

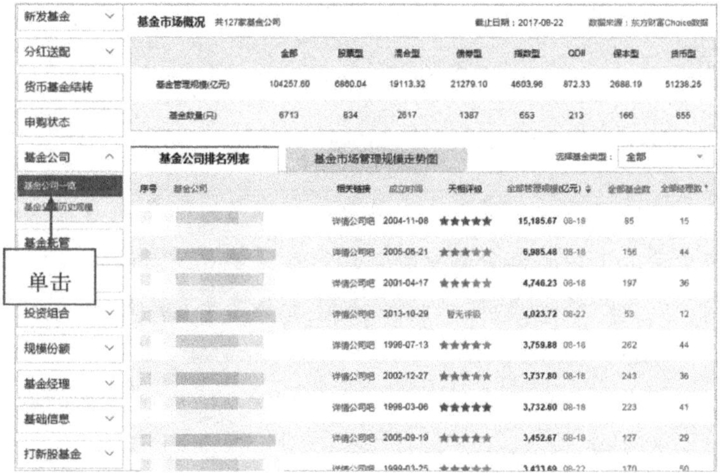

图 2–3 “基金公司一览”界面

通常来说，基金公司的成立时间越早，代表该公司的经验越丰富，其帮投资者获取收益的概率相对较大。而旗下基金数越多、管理规模越大则说明基金公司的实力越强。评级情况和总经理则更多的是代表基金的信赖度，评级星数越多、曾经管理的基金获得的回报越好的总经理，说明其所在的基金公司越值得被信赖。

单击“相关链接”列中的“详情”链接，可以查看基金公司详情，以及直接购买旗下的相应基金品种，如图 2-4 所示。

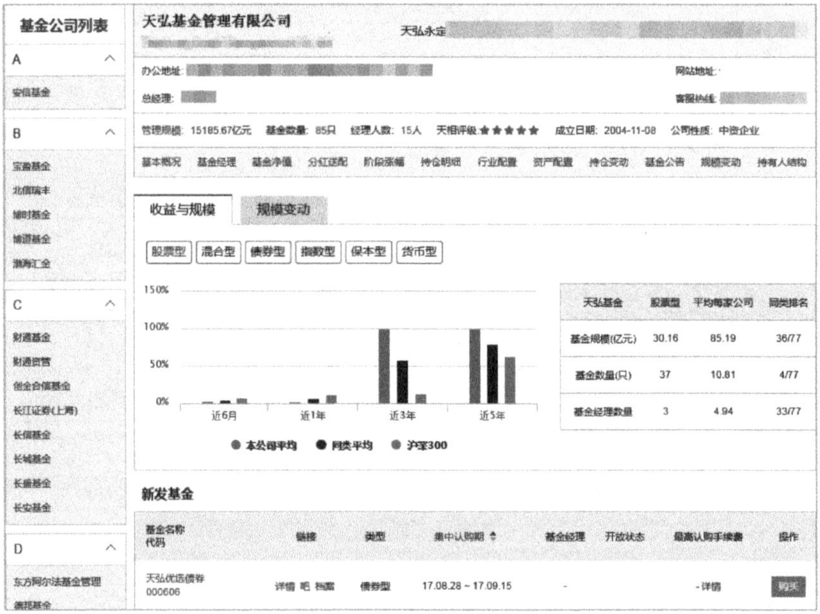

图 2-4 基金公司详情

【技巧解析】全面考察基金公司的业绩

投资者可以通过不同角度多方面衡量基金公司的综合实力，但最重要、最直接的因素还是公司旗下基金的业绩。优秀基金管理公司的业绩可能在短期内不是最好的，但是从长远来看，一家好的基金公司能在牛市中尽量获取收益，在熊市中尽量回避损失，给投资者带来持续稳定的回报。

因此，投资者应加强对基金管理公司总体水平的评估。评判基金业绩的 6 个标准如图 2-5 所示。

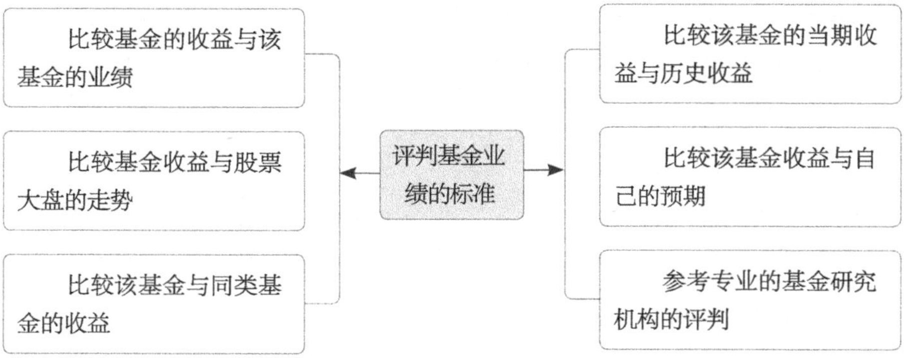

图 2–5 评判基金业绩的标准

接下来，分别对上述 6 个标准进行简要的说明。

（1）比较基金的收益与该基金的业绩。基金的收益与业绩是基金收益最直观的反映。与股票不同，基金是一种中长期投资，所以，在比较收益与业绩时，投资者不能看一时的涨跌幅度，而应该将一段时间的整体情况作为评估标准，只有整体趋势向好的基金所在的公司才更值得投资。

（2）比较基金的当期收益与历史收益。基金的当期收益即基金本期获得的收益，而基金的历史收益即基金成立以来获得的收益。

当期收益说明的是基金当前的运作情况，通常来说，当期收益较高的基金，发展势头相对较好。而历史收益则反映的是基金的整体运作情况，历史收益较高的基金其整体发展态势一般都比较好。

（3）比较基金收益与股票大盘的走势。通常来说，基金的收益与股票大盘的走势之间是具有一定关系的，对于股票型基金尤其如此。因为股票型基金是直接投资于股票的，所以，其收益直接与股票大盘的走势正相关。

对此，投资者在投资基金时，需要判断基金投资的类别，如果投资的是股票，那么，就需要对基金的投资对象进行评估，并从中选择投资对象整体发展态势相对较好的基金。

（4）比较该基金收益与自己的预期。投资最直接的目的就是获得收益，在投资基金之前，投资者通常会有一个收益预期，即希望通过投资获得多少收益。而基金收益与投资者的预期通常难以达到一致，此时，投资者应该对两者进行比较，并决定未来的投资方向。

如果基金收益超过了预期，就说明投资以来，基金的整体态势良好，但是未来仍具有不可知性，因此，投资者需要决定见好就收，还是乘胜追击。相反，如果基金收益低于预期，则说明基金的整体发展状况可能不太理想。此时，投资者就需要决定是否继续持有。

（5）比较该基金与同类基金的收益。在每个基金的业绩走势图上方，通常都会列出该基金的收益率与同类基金收益率的均值。通过对这两个数据进行比较，投资者可以判断该基金收益率是否达到同类均值。对于表现不如均值的基金，投资者需要考虑是否继续持有。

（6）参考专业的基金研究机构的评判。对于部分投资新手来说，可能根据自身经验难以对基金进行评判。此时，投资者不妨参考专业的基金研究机构给出的评判。例如，可以通过查看专业机构对基金评级，并选择其中星级较高的基金进行投资。

【案例分析】查询工银瑞信基金的净资产涨幅

因为基金管理公司是基金的管理方，所以它的管理水平，将直接影响到基金的具体表现。因此，在进行基金投资时，投资者需要先对基金管理公司的信誉程度进行一番考量。

进入天天基金网的“基金数据”页面，在“查公司概况”文本框中输入相应基金公司的名称或简拼，单击“查询”按钮，如图 2-6 所示。执行操作后，进入该基金公司的详情页面，即可查看基金公司的相应数据，如图 2-7 所示。

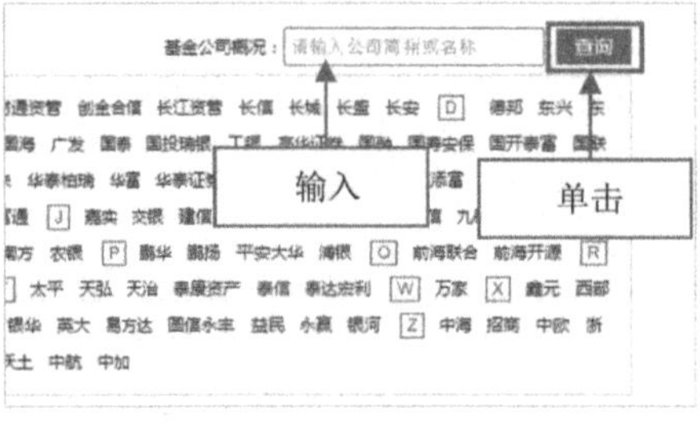

图 2-6 单击“查询”按钮

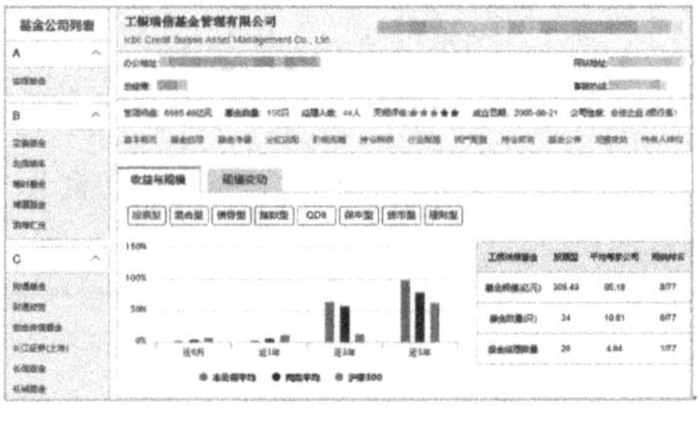

图 2-7 “基金公司”详情

例如，截至 2017 年 6 月 30 日，工银瑞信基金的期末总份额为 7 068.81 亿份，比上期减少 0.85%，如图 2-8 所示。

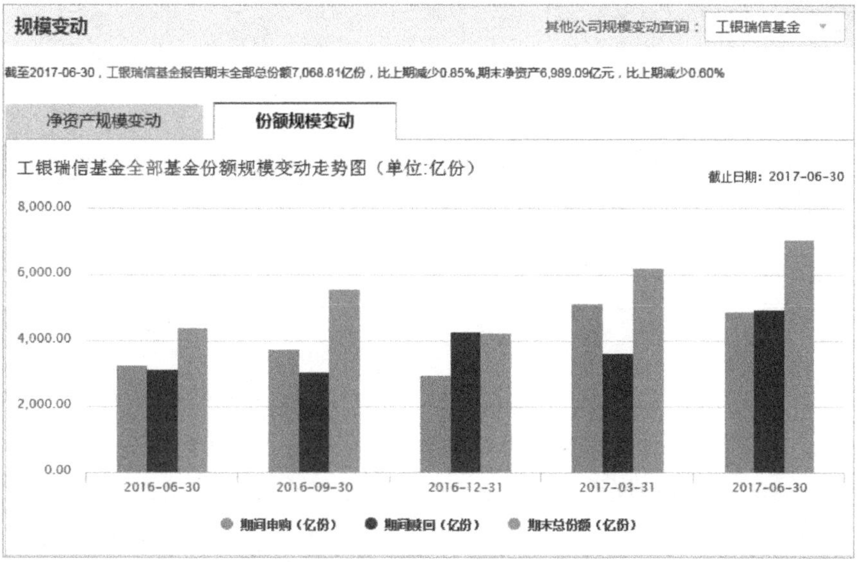

图 2-8 基金公司规模变动与净资产变动数据

2.1.2 在天天基金网上看基金行情

东方财富网是中国访问量最大、影响力最大的财经门户之一，天天基金网作为东方财富网旗下基金平台和基金门户，有着广泛的品牌影响力。天天基金网拥有全面、及时的基金资讯和数据，是有较高人气的基金社区——“基金吧”以及影响力较大的基金理财平台，为广大投资者提供一站式基金理财服务。

投资者在选择一只基金前，在网上查看该基金的行情走势是十分必要的。下面以天天基金网为例，介绍网上查看基金行情的方法。

【案例分析】查看同类基金排名走势

进入天天基金网，在搜索文本框中输入基金代码或关键字，单击“搜索”按钮，进入所查询的基金行情页面，其内容包括当前净值估算与该款基金的基本信息，如图 2–9 所示。在页面下方，还有很多基金行情内容，可以逐一查看。例如，阶段涨幅可以帮助投资者查看与预判该款基金在各个阶段的涨跌；收益率走势图可以直观地展示该款基金的历史收益变化，帮助投资者判断高点位置等，如图 2–10 所示。

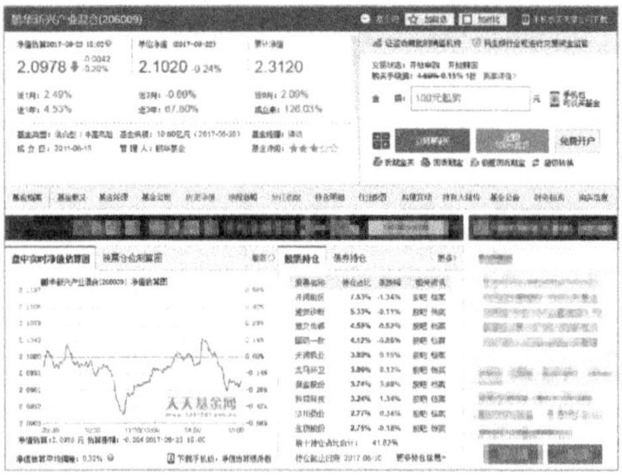

图 2-9 基金行情页面

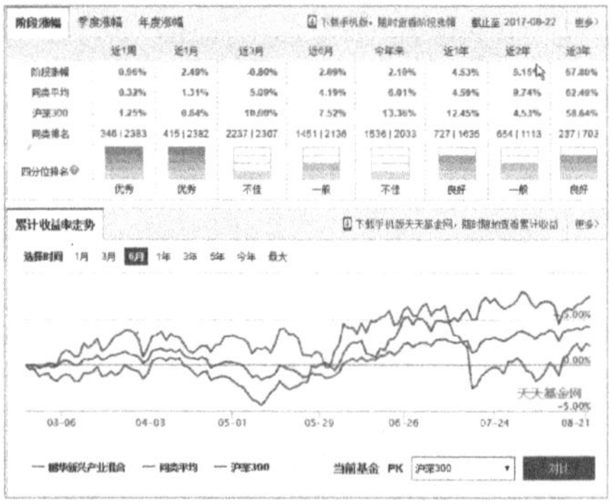

图 2-10 阶段涨幅和收益率走势图

查看基金的历史净值和分红送配数据可以帮助投资者了解基金的历史收益；查看基金评级可以帮助投资者快速看出专业机构对该款基金的评级，如图 2-11 所示。同类排名对比图是从走势图的角度来比较该款基金在同行业基金中的表现的；资产配置，以柱形图的形式表现了该款基金各投资对象的占比，投资者可直接判断其风险大小，如图 2-12 所示。

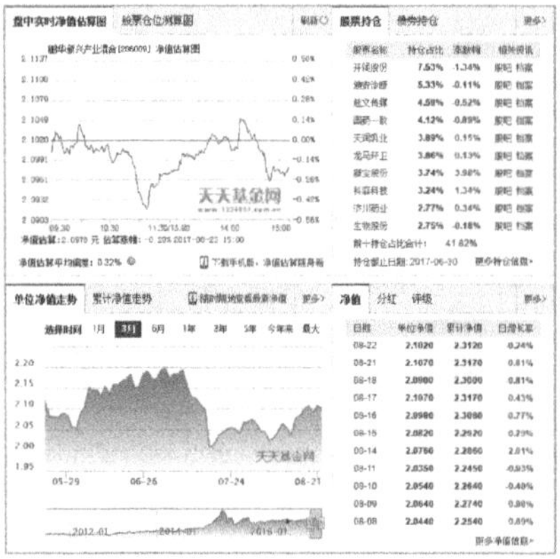

图 2-11 基金评级

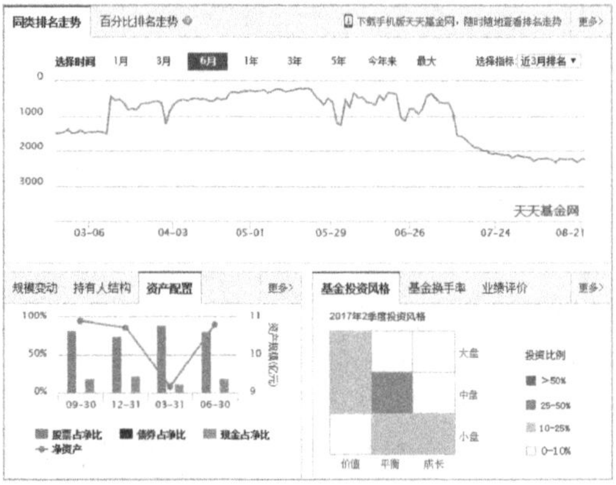

图 2-12 同类排名走势和资产配置

2.1.3 使用筛选和对比功能选基金

当投资者想要投资基金却不知道该选择哪一只基金时，使用基金筛选功能，可以很方便地选出适合自己的基金。

下面将介绍如何通过天天基金网的筛选和对比功能来选择基金的方法。

【案例分析】筛选近 1 年业绩前 20 强基金

进入天天基金网，在首页的“投资工具”栏中单击“基金筛选”链接，如图 2-13 所示。

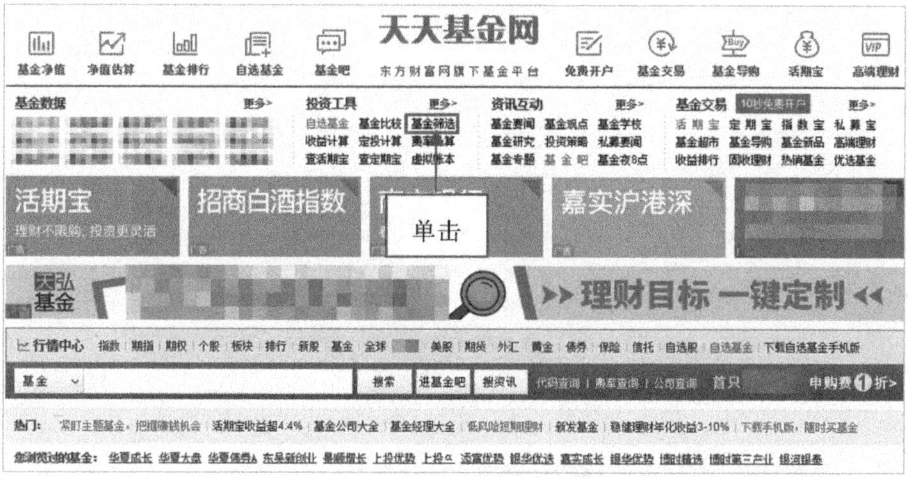

图 2-13 单击“基金筛选”链接

执行操作后，在新打开的页面中即可看到默认的“近 1 年业绩前 20 强基金”排行的基金列表，如图 2-14 所示。

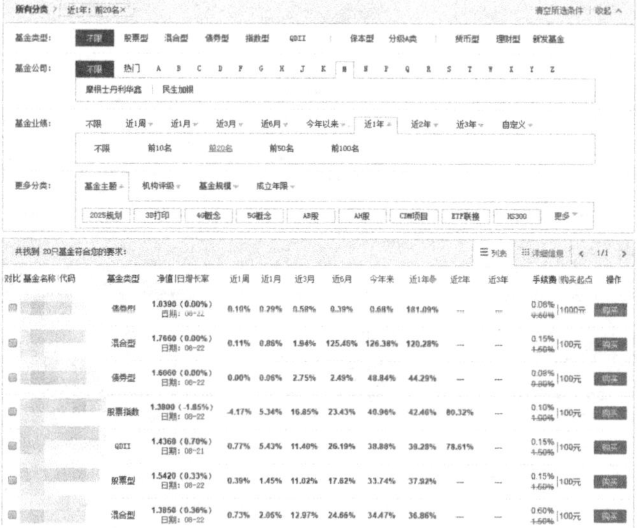

图 2-14 近 1 年业绩前 20 强基金列表

选择右侧的“自定义”选项卡后，单击下方的筛选内容按钮，即可设置筛选条件，每设置一个筛选条件，下方的基金列表即会出现变动，最终选择出投资者所需要的基金，如图 2-15 所示。

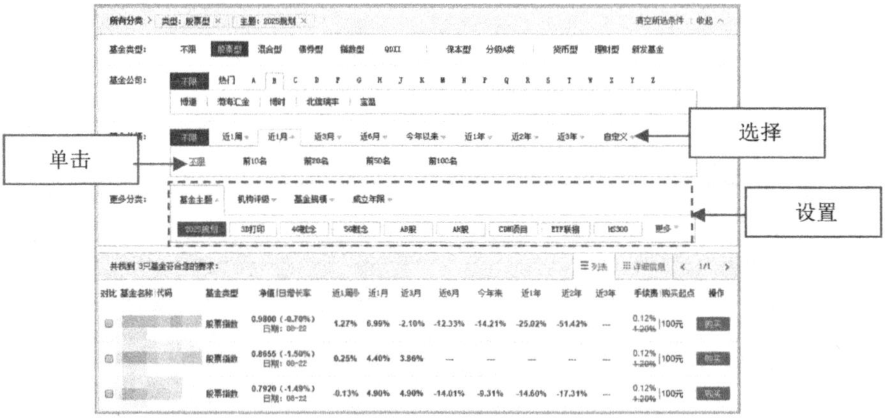

图 2-15 设置筛选条件

【案例分析】使用基金比较功能对比两只基金

如果投资者在两只基金之间犹豫不决，可以使用基金比较功能来比较这两只基金，具体操作如下。

进入天天基金网，在首页的“投资工具”栏中单击“基金比较”链接，如图 2-16 所示。

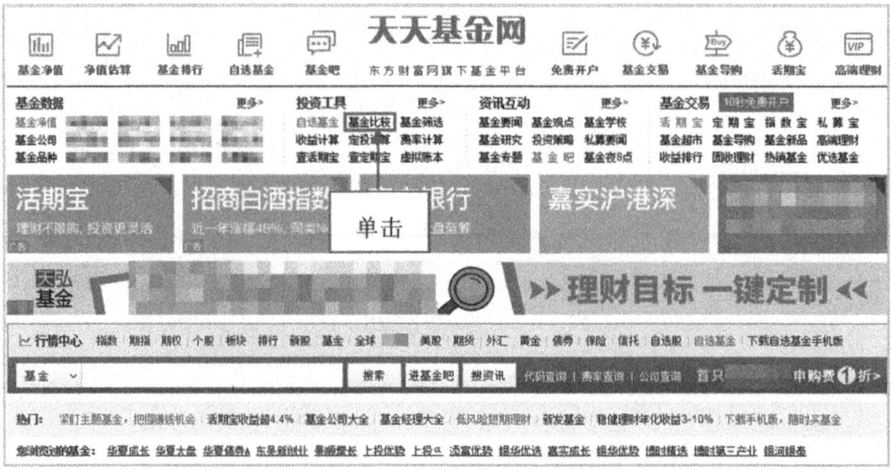

图 2-16 单击“基金比较”链接

执行操作后，在新打开的页面中单击“添加基金比较”下拉按钮，单击要比较的基金名称链接，如图 2-17 所示。

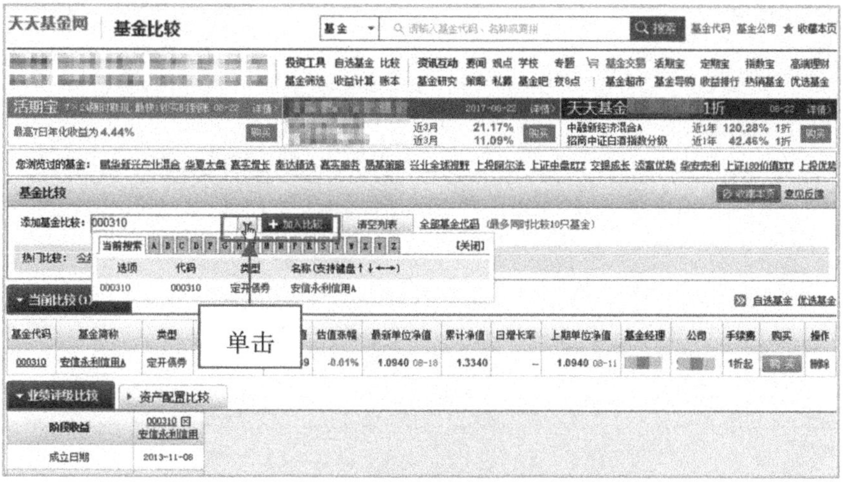

图 2-17 单击“添加基金比较”下拉按钮

在进行基金对比的时候需要注意，只有同一类型的基金才具有比较的价值，而如果是不同类型的基金，则比较的结构完全不同，没有参考价值。

在该页面下方的比较栏中，即可出现所比较的基金的业绩评级对比数据，如图 2-18 所示。

业绩评级比较　资产配置比较

阶段收益	000310 安信永利信用	000151 诺安信用一年	000335 安信永利信用	001583 安信新常态股	003345 安信新成长混	000150 华安双债添利
成立日期	2013-11-08	2013-06-18	2013-11-08	2015-06-07	2016-09-29	2013-06-14
今年来	2.72%	1.49%	2.48%	31.32%	4.82%	1.29%
近1周	0.00%	0.00%	0.09%	2.23%	0.11%	0.00%
近1月	0.28%	0.04%	0.28%	0.98%	0.23%	0.27%
近3月	3.21%	1.18%	3.07%	17.47%	2.65%	2.81%
近6月	2.43%	1.07%	2.28%	25.33%	3.55%	2.30%
近1年	1.67%	-2.44%	1.32%	20.33%	--	-1.10%
近2年	7.27%	3.94%	6.36%	23.70%	--	4.47%
近3年	25.63%	20.44%	24.10%	--	--	35.32%
近5年	--	--	--	--	--	--
成立来	36.05%	29.28%	34.03%	23.70%	4.51%	42.09%
历史年度收益	安信永利信用	诺安信用一年	安信永利信用	安信新常态股	安信新成长混	华安双债添利
2016年	1.91%	0.35%	1.45%	-15.89%	--	0.26%
2015年	13.77%	11.47%	13.36%	--	--	13.75%
2014年	13.21%	14.11%	12.72%	--	--	26.18%
2013年	--	--	--	--	--	--
2012年	--	--	--	--	--	--

图 2-18 业绩评级对比数据

在该页面下方，投资者还可以通过收益率的走势图来直观地比较两只基金，如图 2-19 所示。

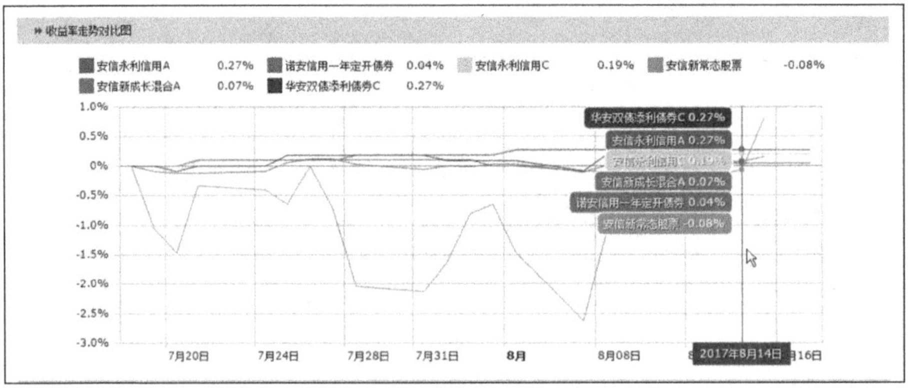

图 2-19 收益率走势图

与股市的“说变就变不同”，开放式基金的变化幅度通常比较小：既不太会涨停，也难以跌停。所以投资者选准了一只开放式基金之后，只需要适时进行查看即可，而无需时时刻刻盯着行情不放。如果因为过分关注行情而出现心情的剧烈变化，反而会显得有些得不偿失。

2.1.4 使用天天基金网的基金计算器

基金虽然可以使用简单的公式来进行计算，步骤比较简单，但因为基金计算涉及的内容非常多，包括申购费用、赎回费用、收益计算、定投计算等，所以投资者最好是使用网上的基金计算器来计算基金数据，并以此来作为选择基金的依据。

【案例分析】计算基金申（认）购费用、申购份额

天天基金网的基金计算器具体的操作方法如下。

从天天基金网首页的“工具”栏中，进入“自选基金”界面，并在该界面单击“基金计算器”链接，如图 2-20 所示。

进入计算器页面，选择一种计算器命令，输入相关数据，单击“计算”按钮即可在下方看到计算的结果，如图 2-21 所示。

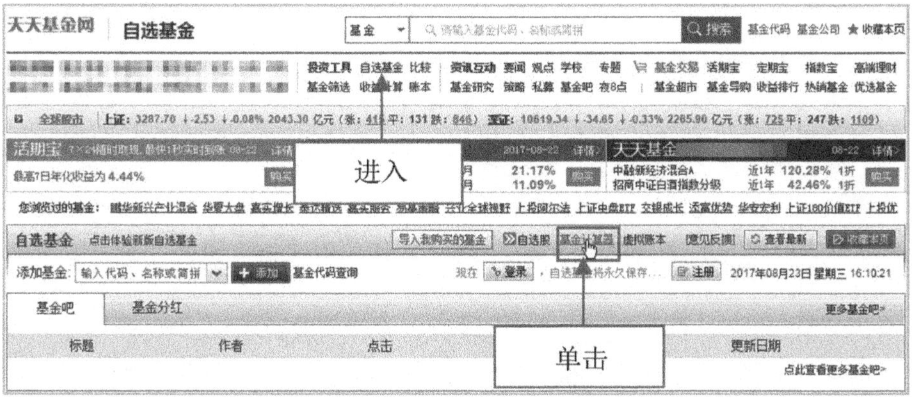

图 2-20 单击“基金计算器”链接

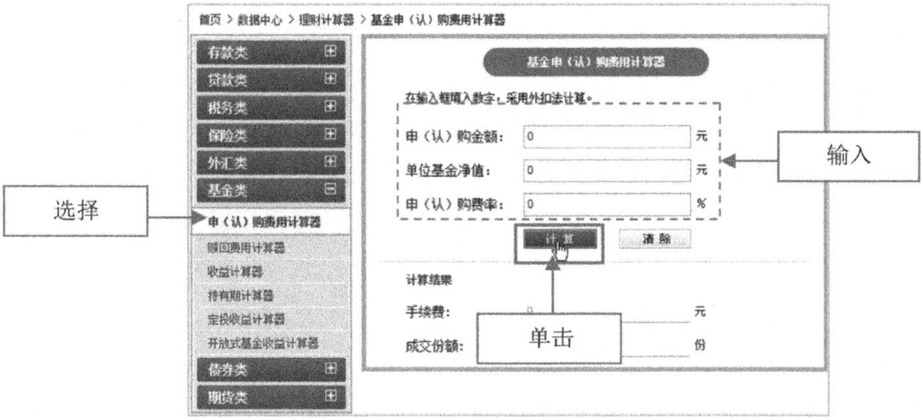

图 2-21 单击“计算”按钮

对于基金申(认)购费用、申(认)购份额的计算，其实存在着两种方法，即“内扣法”与“外扣法”。值得注意的是，这两种计算方法的计算结果是不一样的。

（1）内扣法。“内扣法”针对的是净申购金额，即从申购款总额中扣除申购费用；计算时用乘法，计算简单。

相关计算公式如下。

申购费用＝申购金额 × 申购费率

净申购金额＝申购金额 － 申购费用

申购份额＝净申购金额 ÷ 当日基金份额净值

（2）外扣法。“外扣法”是针对申购金额而言的，其中，申购金额包括申购费用和净申购金额；计算时用除法，比较复杂。

相关计算公式如下。

申购费用＝申购金额－净申购金额

净申购金额＝申购金额 ÷（1+ 申购费率）

申购份额＝净申购金额 ÷ 申购当日基金份额净值

2.2 通过基金评级与净值巧选基金

众多基金产品与投资者的盲目投资成了突出矛盾，该如何从上百只基金中挑选出优秀的基金便成了投资者亟待解决的问题，而基金评级和净值正是解决这一问题的良药。

2.2.1 通过基金的评级巧选基金

人们在购买各个金融机构推出的理财产品的时候，往往只会注意基金产品的收益率。其实，投资者在购买基金产品的时候，应注意每个基金产品的基金评级。基金评级是购买基金产品的重要考虑指标。

通过基金评级机构对于市场中的基金产品进行监管有利于基金市场的健康发展。

【技巧解析】基金评级的 5 大优点

基金评级有 5 大优点，具体介绍如下。

（1）对基金投资者的好处。评级结果是其投资行为的重要参考指标，有利于投资者科学地评价基金，挑选适合自己偏好的基金。

（2）从基金公司的内部管理角度来看，评级有利于基金经理公司评价旗下基金的经营业绩，还可以对基金经理人产生约束和激励，方便考核基金经理。

（3）从基金经理人的角度，来看评级可以反馈市场信息调整策略，有利于基金经理人研发新的基金品种。

（4）从市场监管部门的角度来看，评级有利于基金托管行更好地发挥监督职责，加强基金信息披露的规范化，增加基金管理公司透明度，方便监管部门监管。

（5）从基金业自身发展的角度来看，评级有利于基金研究数据平台的建设，其研究成果可以指导、促进基金市场健康发展。

【案例分析】查看所有股票型基金的评级

对于比较懒的投资者来说，通过网上查看基金评级不失为一种更快捷的方法。下面以天天基金网为例，介绍通过互联网查看基金评级的方法。

进入天天基金网，单击“基金评级”按钮，如图 2-22 所示。

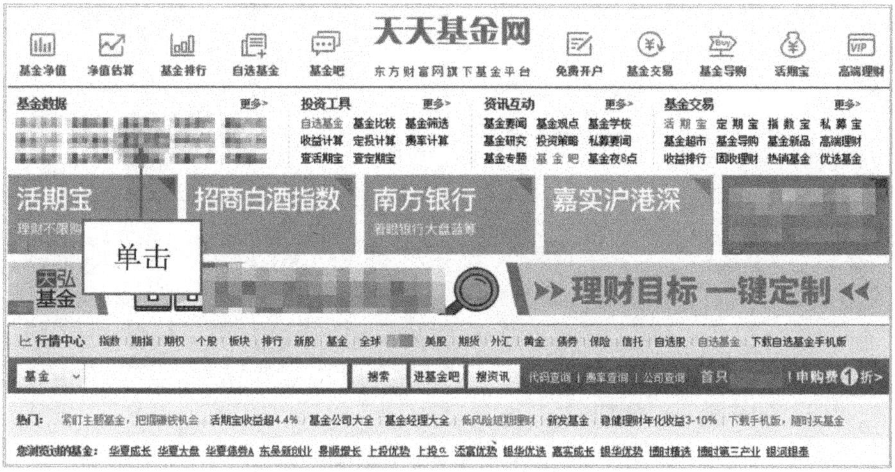

图 2-22 单击“基金评级”按钮

执行操作后，即可进入“基金评级”页面，默认显示全部基金的评级总汇，如图 2-23 所示。

基金评级　星数越多(最高5星)，评价越好　[意见反馈]

基金评级总汇 | 上海证券评级 | 招商证券评级 | 济安金信评级

全部 | 股票型 | 混合型 | 债券型 | 指数型 | 货币型 | 封闭式

评级汇总分类是天天基金网的分类,各机构分类详见机构评级。↑表示评级较上期上升 ↓表示评级较上期下降　--全部基金管理公司--

代码	简称	相关链接	基金经理	基金公司	5星评级家数	上海证券 2017-06-30	招商证券 2017-07-21	济安金信 2017-06-30	手续费	操作
000171	易方达裕丰回报债	估算图 基金吧 档案		易方达	3家	★★★★★	★★★★★	★★★★★↑	--	购买
519700	交银主题优选	估算图 基金吧 档案		交银	3家	★★★★★	★★★★★	★★★★★	0.15%	购买
110008	易方达稳健收益债	估算图 基金吧 档案		易方达	3家	★★★★★	★★★★★	★★★★★	0.08%	购买
519066	汇添富蓝筹稳健	估算图 基金吧 档案		汇添富	3家	★★★★★↑	★★★★★	★★★★★↑	0.15%	购买
151002	银河收益债券	估算图 基金吧 档案		银河	3家	★★★★★	★★★★★	★★★★★	0.15%	购买
121012	国投瑞银优化强债	估算图 基金吧 档案		国投瑞银	3家	★★★★★	★★★★★	★★★★★↑	0.08%	购买
519669	银河领先债券	估算图 基金吧 档案		银河	3家	★★★★★	★★★★★	★★★★★	0.08%	购买
110011	易方达中小盘混合	估算图 基金吧 档案		易方达	3家	★★★★★	★★★★★	★★★★★	0.15%	购买
340009	兴全磐稳增利债券	估算图 基金吧 档案		兴全	3家	★★★★★	★★★★★	★★★★★	0.08%	购买
540002	汇丰晋信龙腾混合	估算图 基金吧 档案		汇丰晋信	3家	★★★★★	★★★★★↑	★★★★★	0.15%	购买
000410	益民服务领先混合	估算图 基金吧 档案		益民	3家	★★★★★	★★★★★↑	★★★★★	0.15%	购买
020003	国泰金龙行业精选	估算图 基金吧 档案		国泰	3家	★★★★★	★★★★★	★★★★★	0.12%	购买
519069	汇添富价值精选混	估算图 基金吧 档案		汇添富	3家	★★★★★↑	★★★★★	★★★★★	0.60%	购买
110017	易方达增强债券A	估算图 基金吧 档案		易方达	3家	★★★★★	★★★★★↑	★★★★★	0.08%	购买
160211	国泰中小盘成长混	估算图 基金吧 档案		国泰	3家	★★★★★	★★★★★	★★★★★	0.15%	购买
180012	银华富裕主题混合	估算图 基金吧 档案		银华	3家	★★★★★↑	★★★★★	★★★★★	0.15%	购买
320006	诺安灵活配置	估算图 基金吧 档案		诺安	2家	★★★★★	★★★↓	★★★★★	0.18%	购买

图 2-23 “基金评级”界面

投资者可以设置相应条件，查看特定范围内的基金评级。例如，单击“股票型”链接，即可查看所有股票型基金的评级，如图 2–24 所示。

图 2–24 根据基金类型查看

在“全部基金管理公司”下拉列表中选择“嘉实基金”选项，即可查看嘉实基金管理公司旗下的所有基金评级情况，如图 2–25 所示。

图 2–25 根据管理公司查看

单击“上海证券评级”按钮，投资者还可以切换查看该评级公司对基金的评级情况，如图 2-26 所示。

图 2-26 根据评级公司查看

单击评级列表顶部的“3 年评级”链接，投资者还可以切换查看升序或降序的评级情况，如图 2-27 所示。

图 2-27 切换查看升序或降序的评级情况

2.2.2 通过基金的净值巧选基金

基民们往往单纯地将基金净值当成衡量基金前景的重要依据。有的基民认为净值较低的基金可能会给自己带来更为可观的利润；还有的基民认为净值较高的基金通常是老牌基金公司旗下的产品，这些基金公司经验丰富，所以它旗下的产品投资风险相对较小。

【技巧解析】基金净值选基金具体方法

其实以上这两种观点都过于片面，因为基金净值仅代表每个单位的价值量，它的高低不能完全预言基金的未来情况。虽然不能直接通过基金净值判断基金前景，但是基民们还是可以通过一些基金净值数据对基金进行选择的，其中最主要的方法有两个，具体如下。

（1）参考基金累计净值数值。基金累计净值代表的是当前基金净值与全部分红的累加，其代表了该基金的盈利能力。通常情况下，累计净值越高的基金，越可能获利。

（2）通过基金净值增长率评估。基金净值增长率代表的是该基金在一定时间内资产净值增长情况，其代表了该基金的利润空间。所以，净值增长率越高的基金，越能获得可观的利润。

【案例分析】查找国泰金鑫（519606）的净值情况

查找基金净值很简单，投资者只需在天天基金网首页的搜索栏中输入基金名称，便可在新跳出的页面中看到该基金的净值估算、单位净值和累计净值的当前数值及其变化情况了。如图 2–28 为国泰金鑫（519606）在 2017 年 8 月 23 日的净值情况。

图 2–28 “国泰金鑫（519606）”的净值情况

2.3 通过基金年报巧选基金

基金年报，顾名思义，就是指基金年度报告。基金公司每一年年末或年初都会公布本年度或上一年基金盈利等方面的具体情况，而这通过基金年度报告的形式展示。年度报告中包含一年间基金方方面面的内容，投资者可以根据这些内容选择自己看好的基金。如图 2–29 所示为国泰金鑫股票型证券投资基金 2016 年半年度报告（部分）。

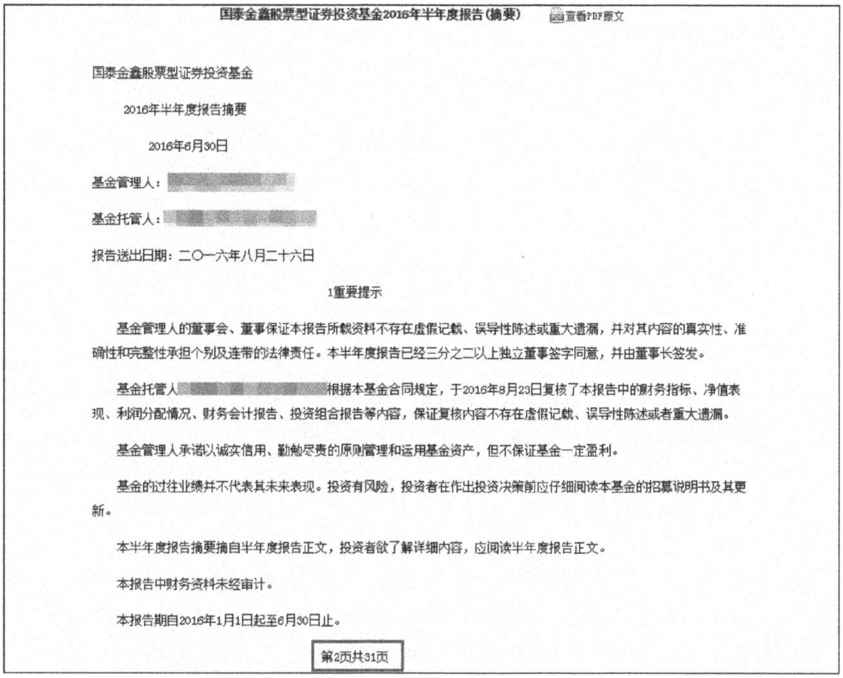
国泰金鑫股票型证券投资基金2016年半年度报告(摘要)　查看PDF原文

国泰金鑫股票型证券投资基金

2016年半年度报告摘要

2016年6月30日

基金管理人：[redacted]

基金托管人：[redacted]

报告送出日期：二〇一六年八月二十六日

1重要提示

基金管理人的董事会、董事保证本报告所载资料不存在虚假记载、误导性陈述或重大遗漏，并对其内容的真实性、准确性和完整性承担个别及连带的法律责任。本半年度报告已经三分之二以上独立董事签字同意，并由董事长签发。

基金托管人[redacted]根据本基金合同规定，于2016年8月23日复核了本报告中的财务指标、净值表现、利润分配情况、财务会计报告、投资组合报告等内容，保证复核内容不存在虚假记载、误导性陈述或者重大遗漏。

基金管理人承诺以诚实信用、勤勉尽责的原则管理和运用基金资产，但不保证基金一定盈利。

基金的过往业绩并不代表其未来表现。投资有风险，投资者在作出投资决策前应仔细阅读本基金的招募说明书及其更新。

本半年度报告摘要摘自半年度报告正文，投资者欲了解详细内容，应阅读半年度报告正文。

本报告中财务资料未经审计。

本报告期自2016年1月1日起至6月30日止。

第2页共31页

图 2–29　国泰金鑫股票型证券投资基金 2016 年半年度报告（部分）

毫无疑问，基金年报对投资者的基金选择的意义是重大的，但是基金年报报告的内容过多，一份基金年报通常会有数十页之多（国泰金鑫股票型证券投资基金 2016 年半年度报告便达到了 31 页，见图 2–29 中的框选区域），而且其中不乏专业术语。对于一个基金投资新手来说，即便花了大量的时间也未必能完全把握基金的方方面面。

因此，投资者们在查阅基金年报时不应一味地追求全面，而应该运用一些技巧，有重点地进行把握。总的来说，投资者在看基金年报时，需要具备 5 种技能，具体如图 2–30 所示。

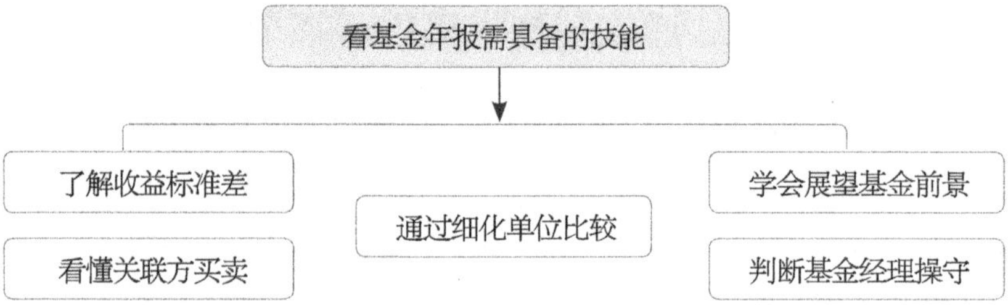

图 2-30 看基金年报需掌握的技能

2.3.1 了解收益标准差

如果说净值增长率呈现的是基金的盈利水平，那么，收益标准差就是对该盈利水平稳定程度的衡量。收益标准差是基金净值波动情况的直观呈现，是投资者投资时不可忽视的一个指标。但是基金年报中大多不会直接出现该数据，因此投资者需要自行计算。

虽然收益标准差对投资者投资基金意义重大，但是在实际操作中，还需注意两个问题，具体如图 2-31 所示。

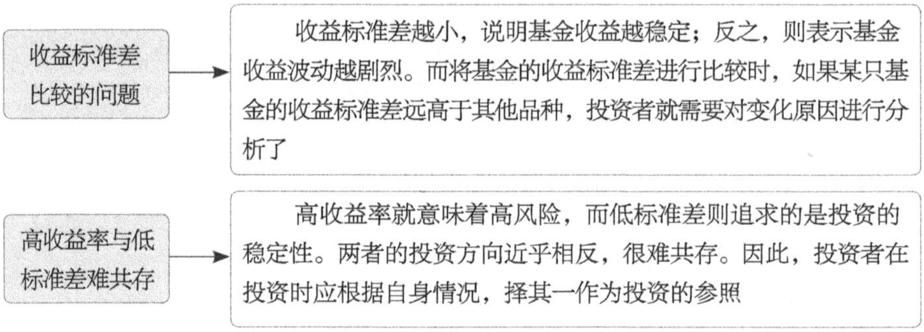

图 2-31 查阅收益标准差需注意的问题

2.3.2 看懂关联方买卖

基金的关联方，通俗地说就是指与基金控制有关联的一方或多方。基金公司的股东、基金公司的员工以及与基金股东或基金相关的企业等都可视作是基金的关联方，他们的买卖情况都可以在基金年报中看到。

因为关联方在投资本公司的基金方面比较专业，所以，他们在实际业务方面是优于普通基金投资者的。所以，投资者可以通过适度地跟随关联方的买卖进行交易，以减少可能存在的风险。

2.3.3 通过细化单位比较

基金公司的资产动辄数亿元，甚至数十亿元。投资者很难透过这些巨大的数字看清基金公司的具体情况。在这种情况下，投资者不妨在计算出基金的单位收益，并与其他基金进行比较之后，具体分析基金的盈利情况。

例如，某基金 2016 年为 1 亿基金单位，而年报中的总收益为 11 000 万元。那么，2016 年该基金的单位基金收益就是 11 000 ÷ 10 000 ＝ 1.1 元。这样看起来，基金的收益情况就一目了然了。

2.3.4 学会展望基金前景

基金前景的展望是基金经理需在年度报告中重点进行解读的内容，其包含基金经理对当前经济情况的分析以及未来一年的投资方向。如果投资者投资方向尚不明确，则可以适度地参考基金经理的前景展望，并将自己的资金交由看好的基金经理打理。

专家提醒

基金的前景展望决定基金的未来方向，其对于基金收益是至关重要的。因此，投资者需重视基金前景展望。如果觉得单凭基金经理在某个年度报告中的前景展望还不能看出该基金经理的水准，那么还可以查看该基金经理以往对前景的展望是否准确，并在此基础上做出慎重选择。

2.3.5 判断基金经理操守

选择了相应的基金公司后，基民还需要选择一个好的基金经理人。因为基金采取的是投资者委托基金经理进行操作的投资方式，所以，基金经理的职业操守可以从很大程度上影响投资者的盈亏情况。如果基金经理人很负责，那么投资者将资金交给他自然是放心的。但是基金市场也有部分基金经理人是不负责任的，投资者将资金交给他们无疑会给自己平添不少风险。

判断基金经理的操守就是选择合格的基金经理，因此，在选择基金经理人时，投资者应该做足功课，这样才知道自己的资金是否交给了具有合格职业操守的基金经理管理，投资的基金是否能真正地获得应有的回报。

要判断一位基金经理的职业操守，首先需要了解基金经理的相关信息，如图 2-32 所示。

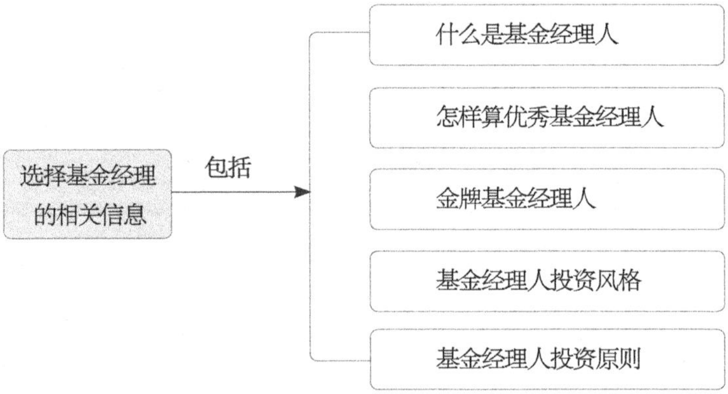

图 2-32 选择基金经理的相关信息

1. 什么是基金经理人

基金经理人是基金资产的管理者和运作者。基金收益的好坏取决于基金经理人管理运用基金资产的水平，因此必须对基金经理人的任职资格做出严格限定。各个国家或地区对基金经理人的任职资格有不同的规定，一般来说，申请成为基金经理人的个人要依照本国或本地区的有关证券投资信托法规，经政府有关主管部门审核批准后，方可取得基金经理人的资格。

2. 怎样算优秀基金经理人

由于基金经理人对基金非常重要，所以基金公司及证监会对基金经理人的筛选非常严格。从工作资历看，基金经理人必须具备证券投资分析经验，或者在专业的投资机构负责证券投资决策或买卖执行达 3 年以上，才有任职资格。

基民在选择基金经理人时，应参照以下几个标准，具体如图 2-33 所示。

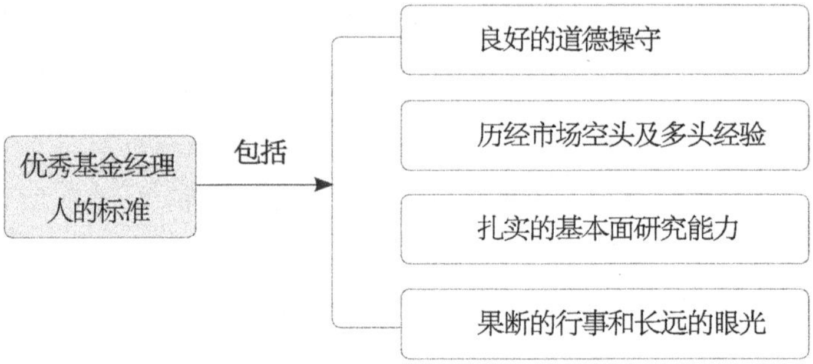

图 2-33 选择优秀基金经理人的标准

3. 金牌基金经理人

虽然业绩回报是判断基金经理人的最根本因素，但是，优秀的金牌基金经理还应当具有更多的其他素质，如图 2–34 所示。

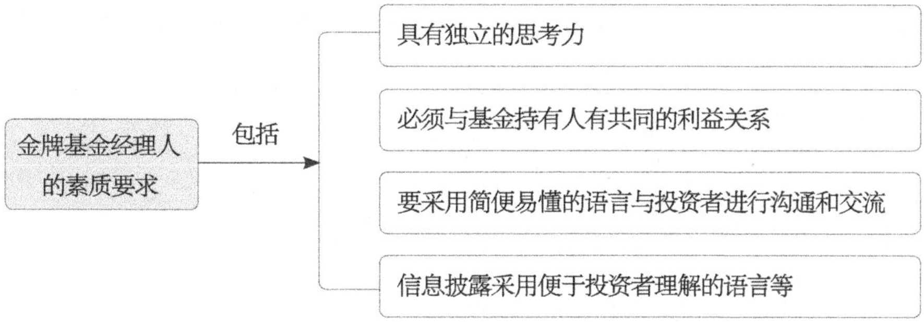

图 2–34 金牌基金经理人的素质要求

4. 基金经理人投资风格

投资者在选择基金经理时，需注意其投资风格。例如，投资风格为成长型基金的基金经理，一般都持有价格较高的股票，因为基金经理相信这些公司的成长速度高于市场水平的成长速度；投资风格为价值型基金的基金经理，一般都只有运行较为平稳的股票，基金经理相信这些股票的价格估值偏低；而平衡型基金投资风格的基金经理，则通常拥有上述两种类型比重相近的股票，或者拥有大量混合型股票。

投资者可以通过基金经理的投资风格及基金的风险程度，并把自己的基金与同类基金在风格上进行对比，指定一个风险和收益适度分散的基金组合。

5. 基金经理人投资原则

对于基金经理人来说，帮助投资者找到一个适合自己的投资原则相当重要。

（1）每个人因为年龄、收入、家庭状况不同，在投资时也会有不同的考虑。通常初入社会的年轻人比即将退休者承担风险的能力强，较适合收益高、风险高的基金产品。此外，个人的性格也是重要的因素。

（2）投资不能把所有的资金全部投入，首先要保留日常费用以及应急费用，剩余的资金才可用来考虑投资。投资有风险，如果把所有资金都用于投资，一方面投资者很难保持平静心态，另一方面从专业角度上讲也不科学。

（3）虽然开放式基金可以每天收购和赎回，但是投资基金还是要考虑中长期，最好是 3 ~ 5 年，甚至更长时间。投资者在考虑投资时，最好首先确定这笔资金可以使用的期限，如果是短时间的闲置资金，应该考虑风险相对较小、流动性较好但是收益相对较低的基金。

（4）投资者在准备买基金时，除了要考虑自身的投资目标、风险承担能力和资金的性质外，还要考虑哪种投资方式适合自己，是定额定时投入，还是一次性投入等。

第3章

买卖基金入门与实战

学前提示 >>>

随着中国基金市场的不断发展壮大，基金也日益成熟和完善，基金以其稳健性和收益性赢得投资者的青睐，越来越多的投资者选择基金作为投资组合的一部分。当投资者已经对基金的投资有一定了解并且已经选择一只基金之后，该如何进行买卖呢？本章将介绍基金的开户、申购和赎回等操作方法。

要点展示 >>>

开设基金账户的方法
开放式基金的买卖须知
封闭式基金的买卖须知

3.1 开设基金账户的方法

投资者在选择好购买渠道后，即可办理基金开户手续，即要开设基金账户和交易账户。

基金账户是指注册登记人为投资人建立的用于管理和记录投资人交易该注册登记人所注册登记的基金种类和数量变化情况的账户。

3.1.1 开户前的准备

投资者在办理认购、申购业务前，必须先开立基金账户。投资者在申请开立基金账户的同时，直销柜台将同时为其开立一个交易账户。办理基金账户的一般流程，如图 3-1 所示。

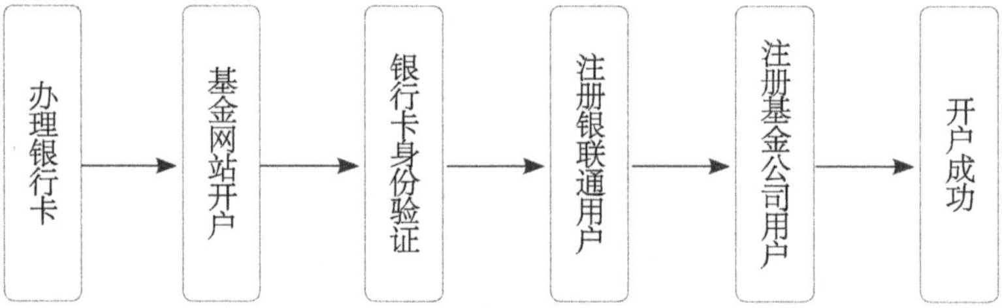

图 3-1 办理基金账户的一般流程

交易账户用于记录投资者通过该销售机构办理基金交易所引起的基金份额的变动及结余情况，通常是由销售机构为投资者开立的。

基金账户和交易账户是一对多的关系，一个投资者在银行只有一个交易账户，但是可以同时买多个基金公司的基金，这时是一个交易账户对多个基金账户的情况。

个人投资者开户需准备以下资料。

（1）出示有效身份证件原件，提供复印件（包括中华人民共和国居民身份证、中华人民共和国护照、军官证、士兵证、文职证及警官证）。除上述明确列举的有效身份证件以外，投资者提交其他证件的，由注册登记机构最后认定其是否有效。

（2）出示同名的银行卡或储蓄存折或指定银行账户开户证明原件，提供复印件。

（3）提供填妥的《开放式基金日常账户业务申请表》。

另外，基金开户必须由投资者亲自办理。投资者提交开户申请时，除了提供正确的姓名、证件类型、证件号码、银行账户的详细信息之外，还必须至少（但不限于）提供完整的通信地址、邮政编码以及联系电话。

机构投资者开户需准备以下资料。

（1）出示有效企业法人营业执照或注册登记证书原件，并提供加盖单位公章的复印件。

（2）提供填妥的《开放式基金业务授权委托书》。

（3）出示业务经办人有效身份证件，提供复印件。

（4）提供填妥的预留印鉴卡一式三份（注意：预留印鉴必须包括至少一个公章和一个私章）。

（5）出示指定银行交收账户的开户证明原件，提供原件或加盖公章或预留印鉴的复印件。

（6）提供填妥的并加盖公章和法定代表人签章的《开放式基金日常账户业务申请表》。

（7）机构投资者可以开通传真交易，需提供加盖公章和法人章的传真交易协议一式四份。

【技巧解析】基金开户 6 个注意事项

投资者在进行基金开户时，必须注意以下事项。

（1）开户确认成功后，机构投资者凭经办人的身份证件和预留印鉴办理业务；个人投资者凭身份证件办理业务。

（2）如果投资者类型为个人并且证件类型为身份证，则身份证号码必须合法，即位数、其中所含的出生年月信息、18 位身份证的校验位必须合法。

（3）如果投资者类型为机构，则其法定代表人及经办人的证件号码要一致。

（4）投资者 T 日开户当天，直销中心为其分配一个临时的基金账号和一个正式的交易账号。

（5）投资者可在 T 日使用临时基金账号或交易账号进行交易。如该投资者开户确认成功，则注册登记机构将为其分配一个正式的基金账号，投资者可在T+2日查询到该基金账号。

（6）投资者在直销柜台办理基金账户开户业务，必须遵循基金管理公司的基金业务管理规则以及其他有关法规、文件的规定。

3.1.2 利用网上银行开户

传统的开户方式即到银行办理第三方存管。这种开户方式适用于传统的柜台式基金投资，而如果投资者一般在网上投资基金，则开户自然也是在网上进行。

【案例分析】通过兴业银行网上开户

下面以兴业银行网上银行为例，介绍开设基金账户的具体操作方法。

进入兴业银行官网，在“登录区”单击“个人网上银行”按钮，如图3–2所示。在弹出的列表框中选择“登录”选项，执行操作后，即可进入登录页面，如果是用登录名登录，则切换至“登录名”选项卡，在输入登录名和登录密码后，单击“登录”按钮，如图3–3所示。

图3–2 单击“个人网上银行”按钮

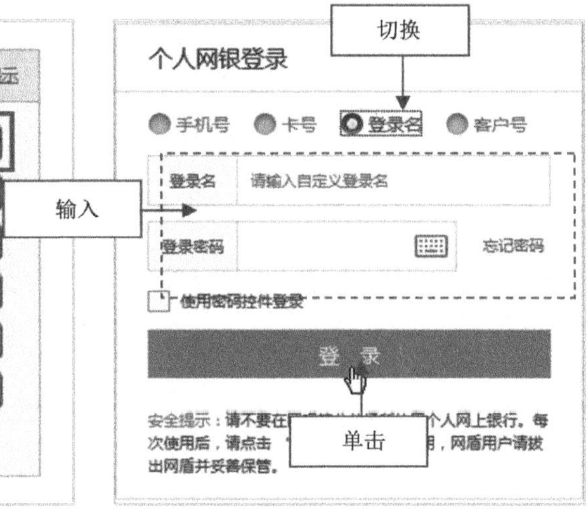

图3–3 单击“登录”按钮

登录网上银行后，单击导航栏中的“投资理财”按钮，如图3–4所示。

在弹出的列表框中选择“基金代销”|“开户”选项，如图3–5所示。

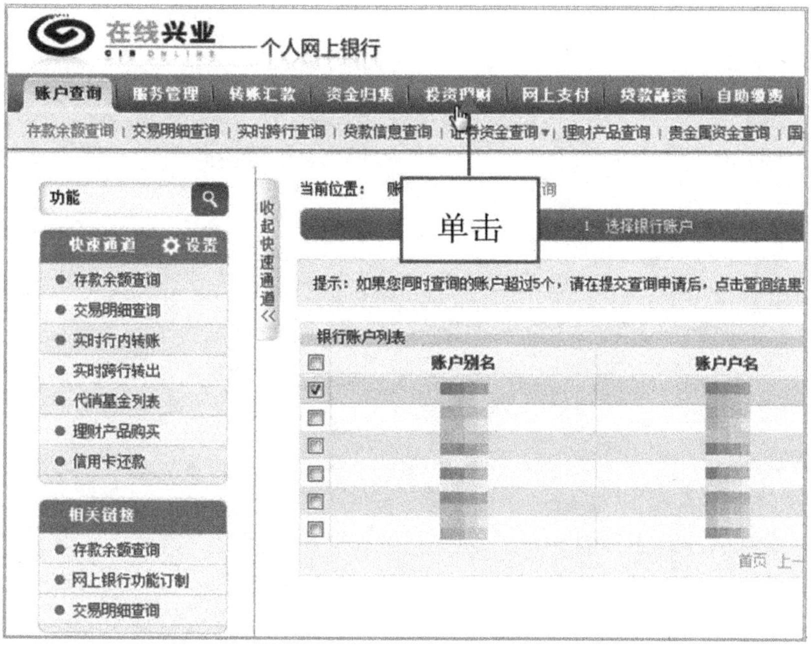

图 3-4 单击“投资理财”按钮

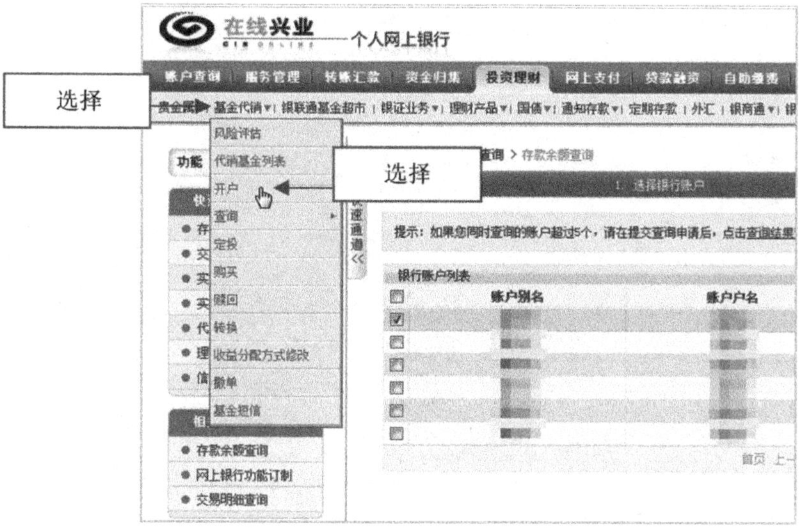

图 3-5 选择“开户”选项

在银行账户列表中，选中准备开设基金账户的银行账户前的单选按钮，如图 3-6 所示。

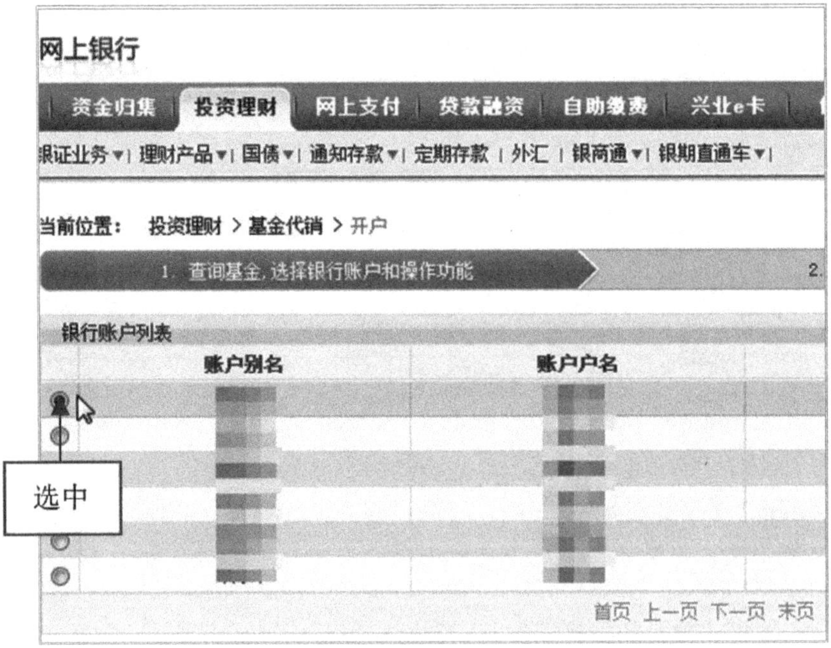

图 3-6 选择银行账户

在页面下方的代销基金列表中，选择相应的开户机构和基金，在“操作”列中单击“开户”链接，如图 3-7 所示。

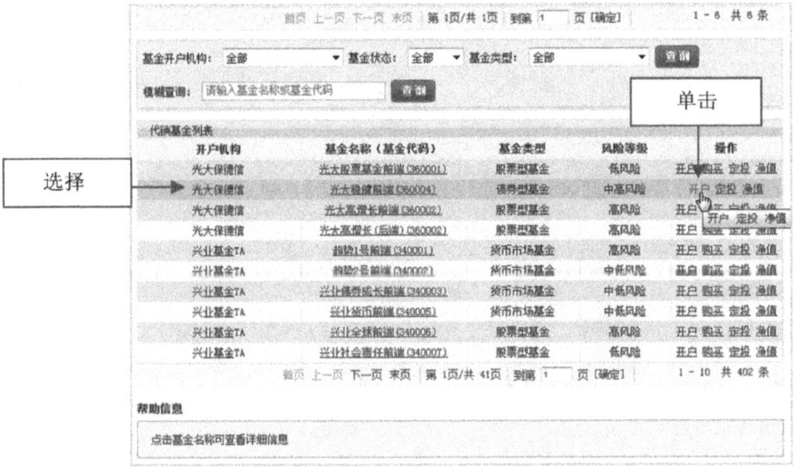

图 3-7 单击“开户”链接

执行操作后，进入“办理基金业务”界面，依次填写证件类型、证件号码、通信地址、邮政编码等选项，然后选中“本人同意”复选框，并单击“确认”按钮，如图 3-8 所示。

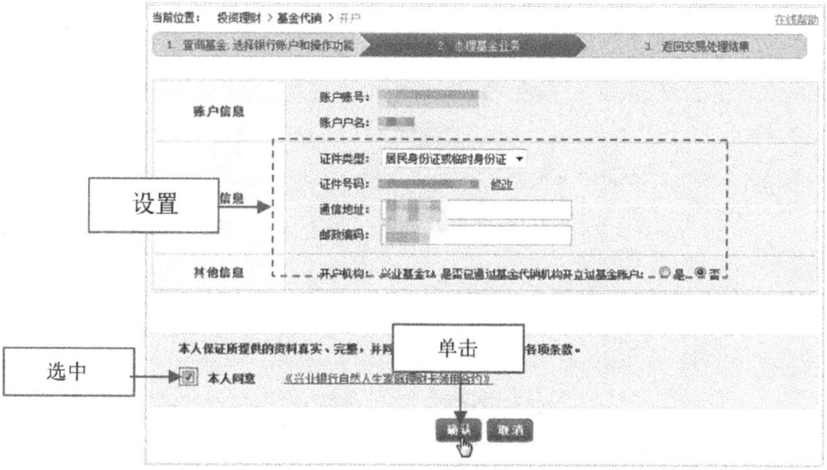

图 3-8 进入“办理基金业务”界面的操作步骤

执行操作后，进入“返回交易处理结果”界面，完成基金开户申请的提交过程，如图 3-9 所示。投资者可在此页面中单击“购买”或“定投”按钮，快速购买基金。

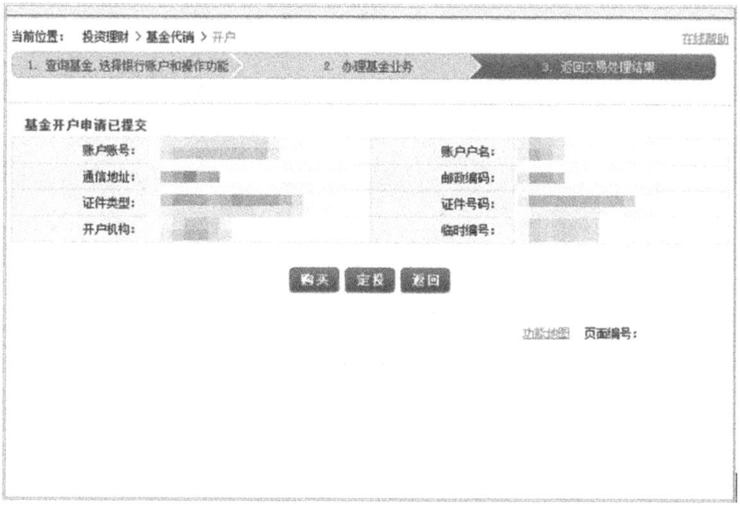

图 3-9 “返回交易处理结果”界面

3.1.3 利用理财平台代理开户

网上开户也有很多渠道，其中之一就是在天天基金网这样的综合类理财平台进行代理开户。

【案例分析】通过天天基金网开户

下面就将介绍在天天基金网开户的方法。

进入天天基金网，在其首页顶部的菜单栏中单击“免费开户”按钮，如图3-10所示。

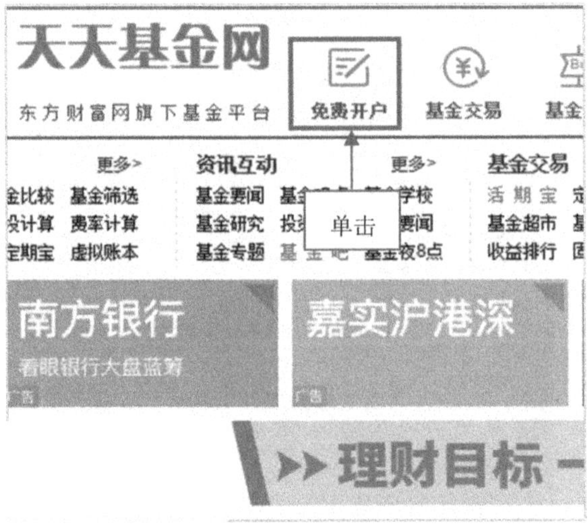

图 3-10 单击“免费开户”按钮

执行操作后，在新打开的页面输入手机号码、图形验证码和短信校验码后，单击“下一步”按钮，如图 3-11 所示。

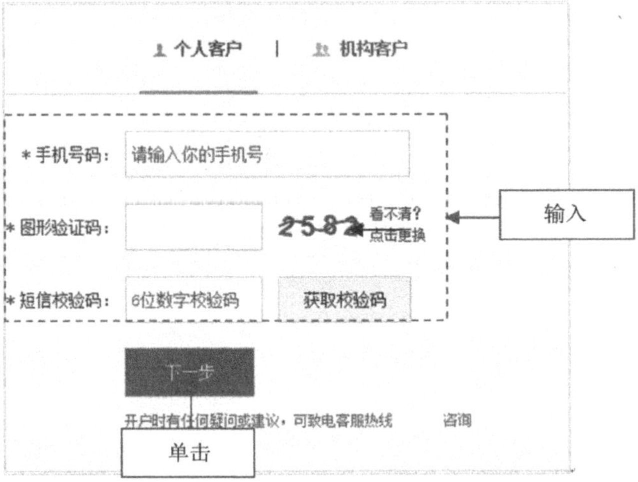

图 3-11 输入信息并单击“下一步”按钮

在新打开的页面中，设置交易密码，并单击“我已阅读并同意以下协议，下一步”按钮，如图 3–12 所示。执行操作后，进入“关联银行卡”界面，选中相应银行，如图 3–13 所示，单击“下一步”按钮。

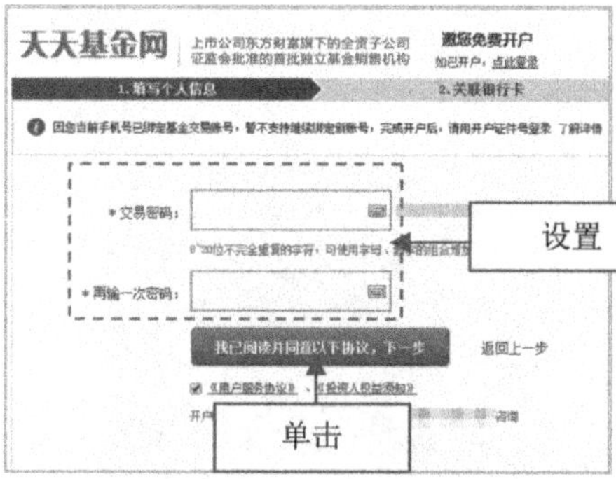

图 3–12 设置交易密码

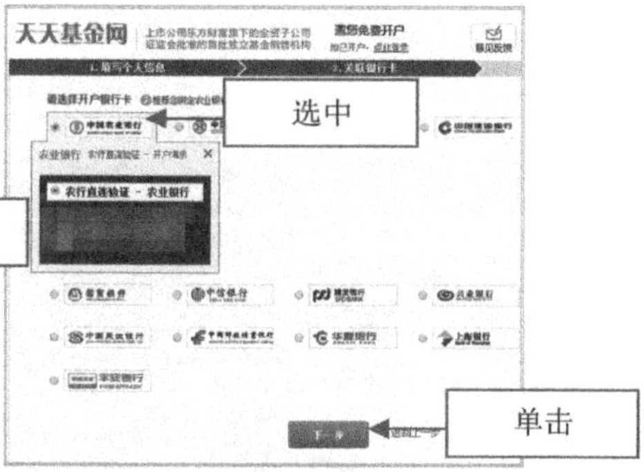

图 3–13 选择银行界面

在页面下方，设置相应的银行卡号、持卡人证件类型和号码、持卡人真实姓名，如图 3–14 所示，单击“开始安全验证”按钮。执行操作后，即可完成开户操作，如图 3–15 所示。

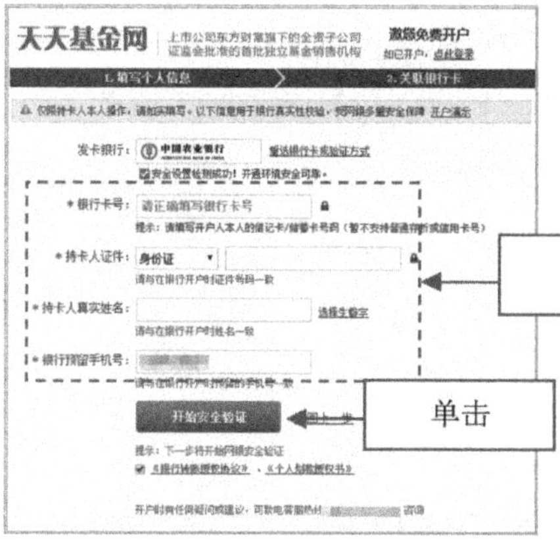

图 3–14 填写银行卡信息

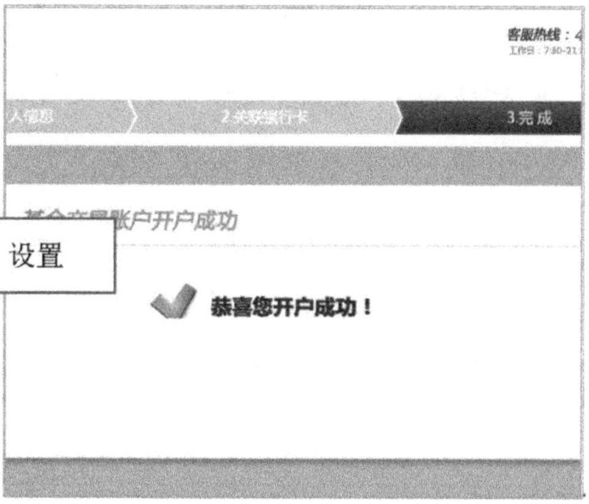

图 3–15 开户成功

3.1.4 利用基金公司官网开户

除了在上述的综合类基金投资平台开户之外，投资者还可以在基金公司进行开户。需要注意的是，在基金公司开立的基金账户，可能只允许购买该基金公司的基金，同时可能收取一定的费用。

【案例分析】通过南方基金公司开户

下面以南方基金公司开户为例，介绍具体的操作方法。

进入南方基金官方网站，在其首页的左上方位置单击“免费开户”按钮，如图 3–16 所示。

图 3–16 单击“免费开户”按钮

执行操作后，进入“南方 e 站通”界面，之后在该界面填写手机号、附加码和验证码，如图 3–17 所示，单击“下一步”按钮。

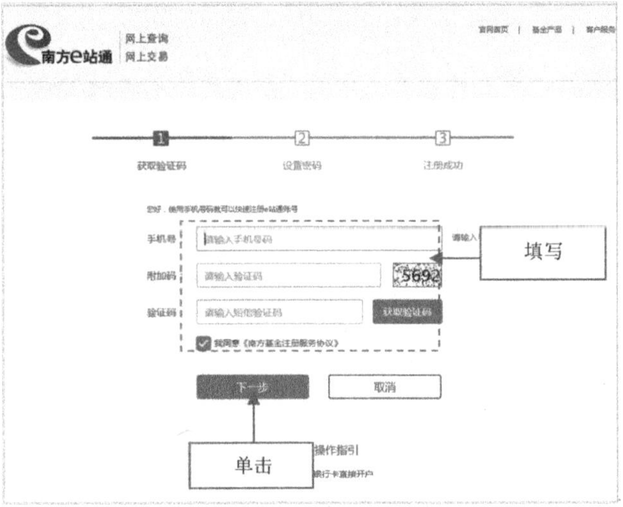

图 3–17 “南方 e 站通”界面

执行上述操作后，会弹出“设置密码”界面。投资者需在此界面设置并确认密码，如图 3–18 所示。设置完成后，单击“快速注册”按钮。

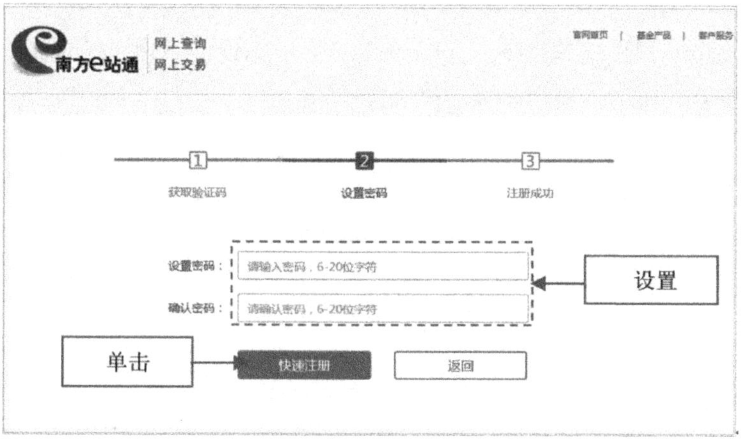

图 3–18 “设置密码”界面

执行上述操作后，便会转至“注册成功”界面，如图 3–19 所示。

图 3–19 “注册成功”界面

3.2 开放式基金的买卖须知

开放式基金的交易渠道主要有 3 个，即基金公司直销、证券公司代销和银行代销，它们各自的优势和不足如图 3-20 所示。投资者选择交易渠道，并办理好相关的手续，就可以进行基金的相关操作了。

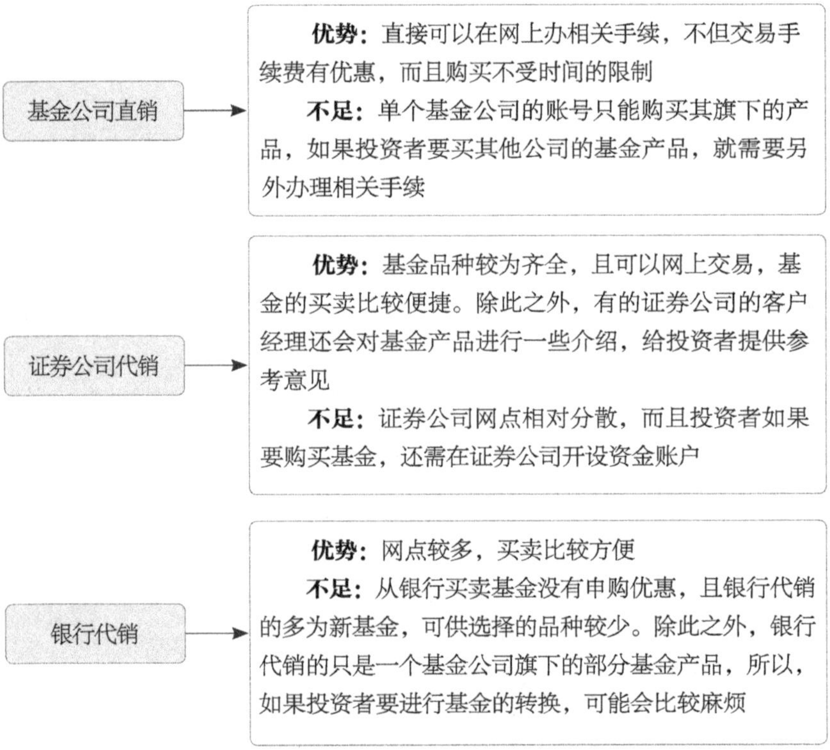

图 3-20 开放式基金各交易渠道的优势和不足

3.2.1 基金公司网上开户流程

在基金公司开设基金账户之前，投资者需要先到该基金公司指定的银行办理银行卡，并且开通网上银行的相关服务，只有在此基础上投资者才能顺利地在基金公司开设基金账户。

【案例分析】通过华夏基金管理公司开户

下面以华夏基金经理公司开户为例，介绍具体的操作方法。

进入华夏基金管理公司的官网，在其首页的右上方位置中单击“开户”链接，如图 3–21 所示。

图 3–21 华夏基金管理公司官网首页

执行上述操作后，跳转至“选择支付卡”界面，如图 3–22 所示。选择支付卡。

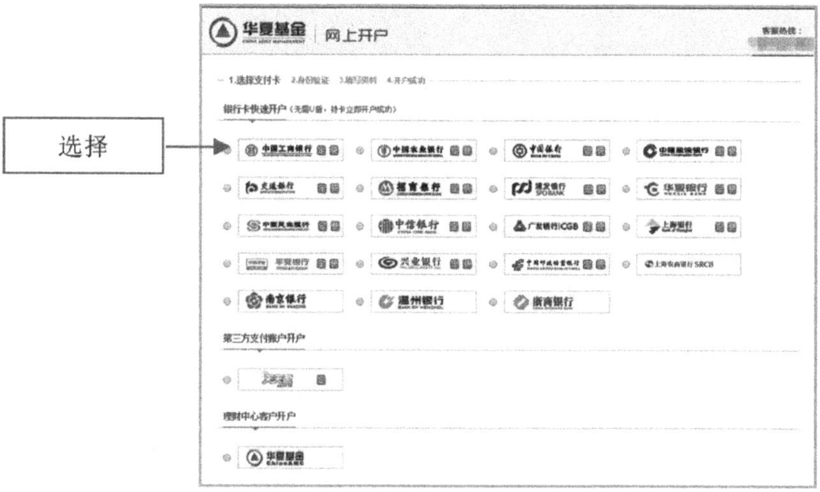

图 3–22 “选择支付卡”界面

支付卡选择完成后，页面将转至“身份验证”界面，如图 3–23 所示，在“身份验证”界面填写相关信息后，单击下方的“确认”按钮。

执行上述操作后，页面转至“填写资料”界面，如图 3–24 所示，在“填写资料”界面填写相关信息后，单击下方的“提交”按钮。

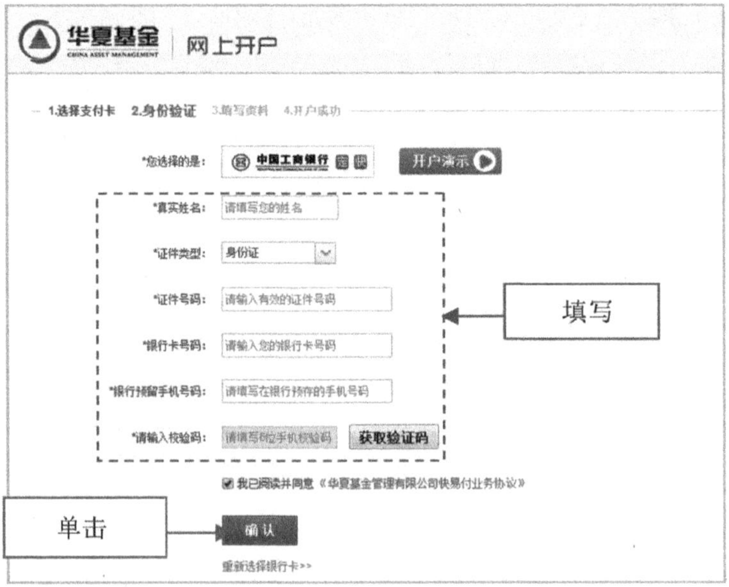

图 3-23 “身份验证”界面

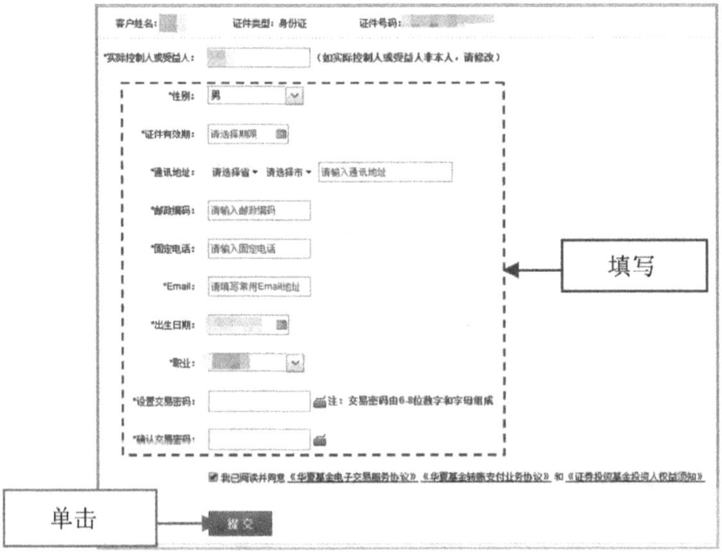

图 3-24 “填写资料”界面

执行上述操作后，如果页面转至“开户成功”界面，就说明开户完成了，如图 3-25 所示。

图 3–25 “开户成功”界面

3.2.2 银行或证券公司的开户

与基金公司网上开户不同，在银行或证券公司开户，需先到相关网点开通证券交易功能，并且还要开设 3 个账户，具体如图 3–26 所示。

基金资金账户 → 通俗地说，基金资金账户就是用于基金资金存取的银行账户。投资者在办理基金申购和赎回等业务时，需要用到该账户

基金账户 → 基金账户，也称之为“注册登记机构账户”。基金账户是基金公司为了了解投资者对自己的基金产品买卖情况而设立的一个账户。一般情况下，在投资者第一次购买某个基金公司的基金产品时，都会自动生成一个基金账户

基金交易账户 → 基金交易账户是投资者进行基金交易的账户。值得一提的是，如果投资者要到银行或证券公司购买或赎回开放式基金，则需先有一个基金交易账户

图 3–26 开放式基金的 3 个账户

基金账户和基金交易账户的不同之处在于：首先，这两个账户的开立机构是不同的，基金账户需在基金公司开立，而基金交易账户则是在代销机构开立的；其次，办理数量不同，例如，从基金公司来看，每个投资者只有一个基金账户，却可能拥有多个交易账户。

3.2.3 开放式基金的买卖

投资者如果有买入某基金的想法，应事先对目标基金品种的信息有所了解，并在此基础上对购买风险和收益情况等有一个大致的认知，不应因一时兴起，在对目标基金一无所知的情况下，盲目地进行购买。

而基金的赎回则意味着投资者要将一部分或全部持有的基金卖出变现。这虽是基金投资获利不可或缺的一步，但同时也表示投资者不再持有基金份额。因此，在进行基金赎回操作时，投资者需多一分慎重。

专家提醒

基金赎回是需要一个过程的，投资者提交赎回申请后，需先经过基金经理人的有效性确认，而在确认赎回有效之后，通常还要几个工作日，赎回款才能到账。但是赎回金额是以赎回申请当日的基金净值计算的，投资者的赎回申请得到基金公司确认后就不会再随时间变化了。

3.2.4 开放式基金认购须备

虽然不同基金的发行规则和认购流程可能会有所不同，但是投资者进行基金的认购通常要经过开户、认购和确认这 3 步。而在此过程中，资料的准备是重中之重。这一节就重点探讨基金开户和认购需要准备的材料。

【技巧解析】开户材料的准备

同样是基金开户，个人开户和机构开户之间在材料的准备上还是有所不同的。接下来就分别对个人开户和机构开户需准备的资料分别进行说明。

1. 个人开户的材料准备

个人开户通常需要准备 3 种材料，具体如图 3-27 所示。

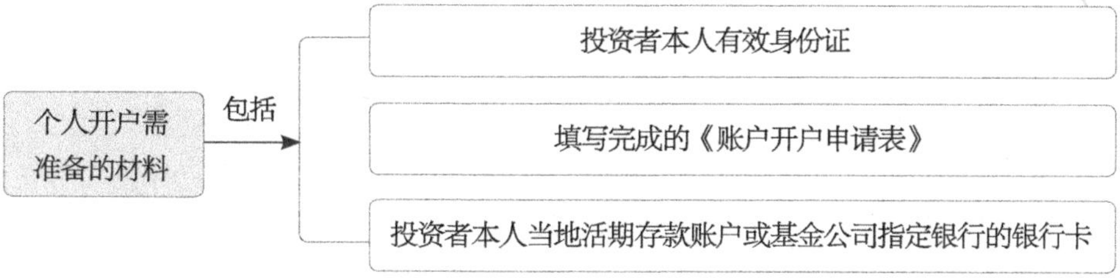

图 3–27 个人开户需准备的材料

2. 机构开户的材料准备

相较于个人开户，机构开户需要准备的材料要多一些。机构开户通常需要准备以下 5 种材料，如图 3–28 所示。

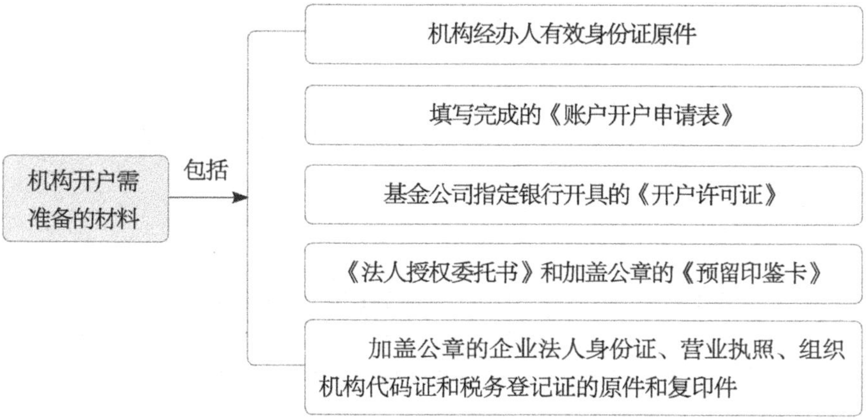

图 3–28 机构开户需准备的材料

【技巧解析】认购材料的准备

根据认购主体和认购渠道的不同，认购材料的准备可分为个人认购基金的材料准备、机构在基金直销中心认购基金的材料准备和机构在基金代销网点认购基金的材料准备 3 种。下面就对这 3 种认购方式需要准备的材料分别进行说明。

1. 个人认购基金的材料准备

个人认购基金通常需要准备 4 种材料，具体如图 3–29 所示。

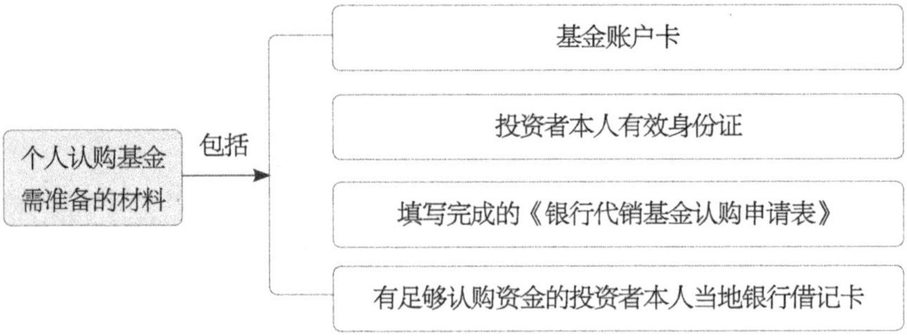

图 3-29 个人认购基金需准备的材料

2. 机构在基金直销中心认购基金的材料准备

机构在基金直销中心认购基金通常需要准备以下 5 种材料，如图 3-30 所示。

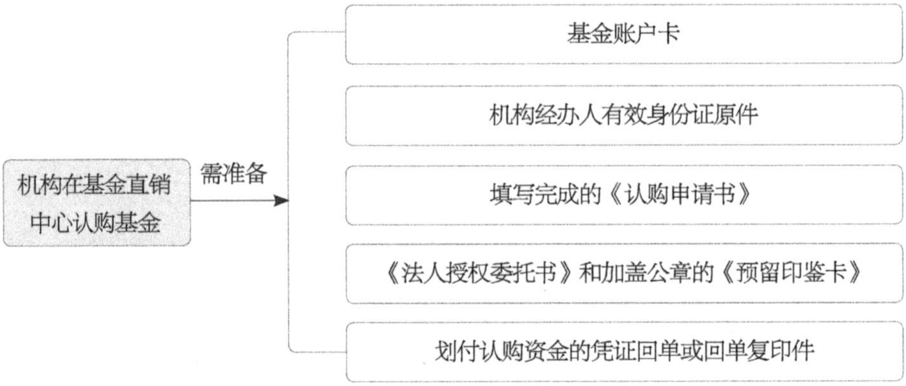

图 3-30 机构在基金直销中心认购基金需准备的材料

3. 机构在基金代销网点认购基金的材料准备

机构在基金代销网点认购基金通常需要准备以下 4 种材料，如图 3-31 所示。

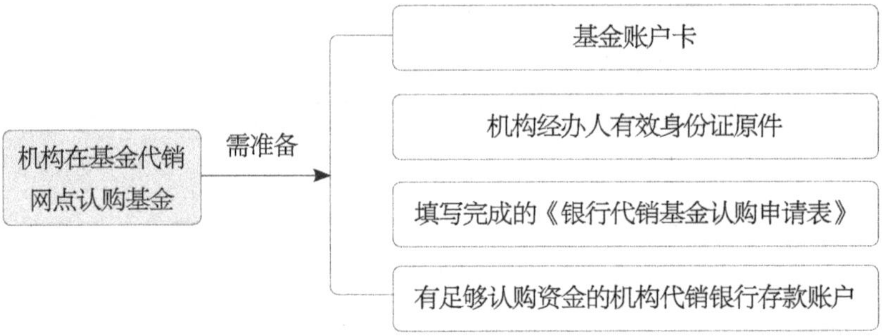

图 3-31 机构在基金代销网点认购基金需准备的材料

提交认购材料之后，投资者可以到基金销售机构查询认购结果，有需要的还可以到基金销售网点打印成交确认单。除此之外，因为投资者在认购时填写了预留地址，所以，基金成立后，投资者会收到基金公司寄来的确认认购的相关资料。

3.2.5 开放式基金申购须知

开放式基金的基金合同生效后，都会经历一个短暂的封闭期，期间无法进行赎回等操作，只有等封闭期结束，进入正常申购赎回期之后，投资者才可以在基金的开放日进行申购等操作。

【技巧解析】3 步申购基金

投资者申购基金通常需要经过以下 3 步。

（1）按照要求在基金销售网点办理相关手续，并在工作日的交易时段提出申购申请，并填写《申购申请表》。

（2）网点对投资者的申请表及账户卡等进行审核，审核完成后，录入信息、冻结申购款项，并且将信息上传给基金公司的过户经理。基金公司过户经理收到信息后会下传确认信息，并将相关信息上传给基金管理人。

（3）基金管理人收到申购申请后，将在3个工作日内对申购有效性进行确认。如果申购成功，则投资者可以通过领取确认凭证来确认申购的完成。

【技巧解析】申购选择须知

投资者在申购过程中填写资料时需重点把握两点，一是投资方式的选择，二是红利的选择。投资者需要结合自身实际情况做出选择。

投资方式的选择就是选择一次性投资，还是选择定额定期投资的问题：一次性投资可能会享受低费用的优惠，但是需要一次性投入大量资金；而定额定期投资虽每次只需要支付少量固定的金额，却无法享受低费用的优惠。

红利的选择分为红利再投资和现金分红两种：虽然现金分红的方式可以拿到实际的红利，但它也是将放弃这部分资金的再投资机会作为前提的；而红利再投资则是将获得的红利再次进行投资，虽有效地利用了资金，但也可能会给既得利润带来风险。

【技巧解析】自行封闭的基金

开放式基金的自行封闭是指当开放式基金达到规模后，基金公司对基金采取的只赎回、不申购的举措。

自行封闭是基金发展到一定程度之后，必然会经历的一个过程。因为当基金规模过大时，基金经理为了消化资金，需要到其他自己不熟悉的领域进行投资，这样一来就很难保持之前的盈利水平了。所以，为了保持基金的整体盈利水平，当基金发展到一定规模后，都会选择自行封闭基金。

3.2.6 开放式基金赎回须知

投资者可以在证券交易所的交易时间内，进行开放式基金的赎回。需要特别注意的是，基金的赎回以 15：00 时为界，15：00 时之前进行的赎回操作，以当日收盘后的基金净值进行结算；而 15：00 时之后进行的赎回操作，则是以次日收盘后的基金净值进行结算的。

【技巧解析】有限制的赎回

为了避免资金赎回过多而造成开放式基金无法正常运营，投资者进行基金赎回时，通常会受到一定的限制。

总的来说，基金赎回主要有 3 个限制，具体如图 3-32 所示。

时间限制 → 基金赎回时间限制主要体现在赎回时间和赎回款到账时间限制

具体来说，如果是基金首次募集的资金，通常要在基金运作 3 个月左右才能够进行赎回，且基金允许赎回之后，时间多被固定在某几个时间。而进行赎回之后，也要等待几天才能收到赎回款

额度限制 → 虽然基金一般都不会明确限制赎回的额度，但是当赎回量过大时，赎回申请可能会被顺延。例如，当单个开放日内的赎回量超过基金总量的 10% 时，超过 10% 的部分可能要到下一个交易日才能办理

费率限制 → 投资者赎回基金时，需要缴纳一些费用，而这个费用会随着基金的持有时间而变化。通常来说，基金持有时间越长，费用就越低

图 3-32 开放式基金赎回的 3 个限制

【技巧解析】3 步赎回基金

投资者进行基金的赎回通常需要经过以下 3 步。

（1）按照要求在基金销售网点办理相关手续，并在工作日的交易时段提出赎回申请，填写并提交《赎回申请表》。

（2）网点对投资者赎回的相关资料进行审核，审核完成后，录入信息、冻结赎回部分，并且将信息上传给基金公司的过户经理。基金公司过户经理收到信息后会下传确认信息，并将相关信息上传给基金管理人。

（3）基金托管人和网点下划赎回款，资金到账之后，投资者领取确认凭证，赎回就成功了。

【技巧解析】3大基金赎回技巧

除了急需将基金赎回兑现之外，基金的赎回既是对持有基金的结束，也是新一轮投资的开始。

因此，为了让赎回时获得的利润最大化，投资者需要掌握一定的赎回技巧。投资者掌握这些赎回技巧也时常能规避风险。

总的来说，基金赎回主要有3个技巧，具体如图3–33所示。

- 选择赎回时间 → 基金获益很关键的一点就是对赎回时间的把握，以股票型基金为例，只有当行情看跌的情况下进行赎回，才能保证收益
- 分析基金前景 → 是否对基金赎回，应该是建立在对基金前景的分析上的。如果基金未来可期，自然应该继续持有。但是，如果基金前景堪忧，就需要及时赎回，以保证既得利润
- 迂回赎回策略 → 即便是不看好当前的基金品种，也并不是只有赎回兑现这一种解决途径。投资者可以通过基金转换将当前持有的基金品种换成其他基金品种。这不仅解决了问题，更关键的是它还比直接赎回的费用低，可保障既得的利润

图3–33 基金赎回的3个技巧

3.3 封闭式基金的买卖须知

与开放式基金有很大的不同，封闭式基金的买卖是在证券交易所进行的。它的买卖方法与股票有着一些相似性。

下面就来看看关于封闭式基金买卖的一些注意须知。

3.3.1 封闭式基金的申购事项

在进行封闭式基金的申购时，投资者需要重点注意 3 大事项。

（1）**配号认购**。因为封闭式基金采取的是网上发行的方式，认购量必然会超过发行量，所以，它需要以“配号摇签”的形式对基金份额进行分配。只有当投资者的配号与中签号一致时，才说明申购中签了。

（2）**申购须知**。申购之前，投资者需要先获得一个可用于申购的账户，并在该账户内存入用于认购的资金。这个账户可以是基金账户，也可以是沪、深股票账户。如果确认中签了，还需要对申购的相关规则进行学习，“打有准备的仗”。

（3）**账户须知**。投资者拥有了股票账户之后，不要再去另外开设基金账户，且每个投资者对应一个资金账户，不得用多个资金账户进行申购。

3.3.2 封闭式基金的主要特点

封闭式基金主要有 7 个特点，具体如图 3–34 所示。

竞价定价	封闭式基金的开盘价并不是由基金公司制定的，而是采取集合竞价的形式进行确定的
T + 1 交易	与许多理财产品不同，封闭式基金采取的是 T + 1 的交易方式，也就是在买入之后的下一个交易日才能将其卖出
涨跌限制	封闭式基金单个交易日内的涨跌幅度控制在 10% 以内（上市首日除外）
交易量限制	封闭式基金的最小交易量限定为 100 个基金单位，如果剩下部分不足 100 个基金单位又要进行交易时，必须将剩下部分全部卖出
佣金标准	封闭式基金的买卖需要支付佣金，但是佣金的比例需低于成交量的千分之三，具体数额通常由券商和投资者协商决定
指定交易	在未办理完成转托管的相关手续的情况下，投资者只能在开户的证券营业部交易封闭式基金
单位规定	封闭式基金的委托价格以 1 基金单位进行计算，而申报价格的最小单位则是精确到小数点后四位，即 0.0 001 元

图 3–34 封闭式基金的主要特点

3.3.3 登录基金交易系统

封闭式基金采取的是网上发行的方式，投资者可以通过交易软件进行封闭式基金的相关操作。本节以华宝证券网上交易系统为例，进行具体说明。

【案例分析】登录华宝证券网上交易系统

华宝证券网上交易系统可采用如下方式登录。

登录“大智慧 365”软件，单击其页面右上方的“委托”按钮，具体如图 3-35 所示。

图 3-35 “大智慧 365”默认界面图

执行上述操作后，在新转出的“自助委托设置”界面，单击需要选择的委托方，如图 3-36 所示。

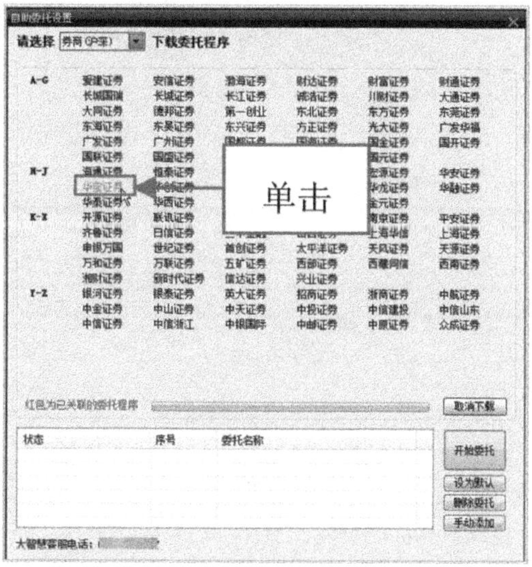

图 3-36 “自助委托设置”界面

下载和安装交易系统之后，打开交易系统，输入相关信息，然后单击“确定”按钮，如图 3–37 所示。

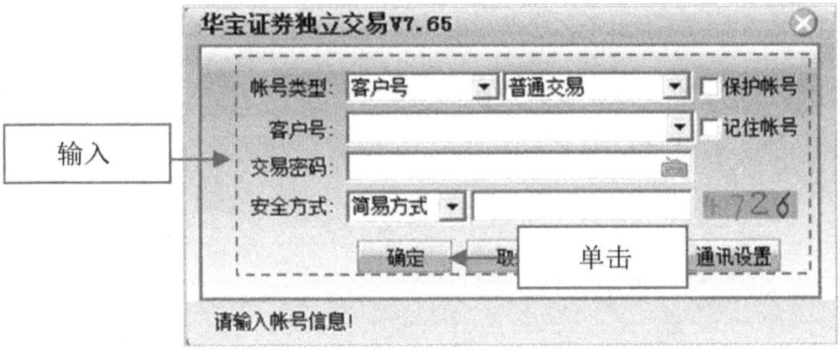

图 3–37 “华宝证券独立交易 V7.65”的登录界面

经过上面 3 步就可以登录网上交易系统了。在这里需要特别提醒的一点是，在买入封闭式基金之前，投资者必须保证基金账户内有足够购买基金的资金，如果基金账户内资金不足，要及时转入资金。

3.3.4 封闭式基金交易须知

登录交易系统后，投资者可以通过输入基金代码的方式了解目标封闭式基金的相关信息，并对其进行购买。

但是在真正买入基金时，投资者还需要把握买入的数量。软件中出现的“可买股”是投资者当前资金能够购买的封闭式基金的最大份额，投资者既可以按该数额买入，也可以买入低于该数额的封闭式基金份额。因此，投资者应该结合目标封闭式基金的行情以及自身具体情况填写买入数额，而不应一味追求买入量的最大化。

第4章

基金工具入门与实战

学前提示 >>>

作为最突出的理财方式之一，基金一直以来都有比较好的群众基础。其实，这与它网上投资的便利性有着很大的关系。

网上投资基金主要有3大方式，即在基金公司官网交易、利用软件交易和通过网银交易，本章将对其一一进行详细说明。

要点展示 >>>

查看基金行情信息
通过基金公司交易基金
通过炒基金软件投资基金
通过网上银行交易基金

4.1 查看基金行情信息

大多数炒股的行情分析软件上面，都有基金行情的相关信息，投资者如果有需要，可以进行查询。本节以大智慧软件为例，进行具体说明。

4.1.1 “大智慧”的下载与安装

“大智慧”是目前较为常用的证券信息平台软件，投资者可以下载并安装该软件，对基金的行情进行实时查询。该软件的下载与安装步骤具体如下。

首先进入大智慧的官网，单击其页面右侧的“电脑版大智慧 365”下方的“免费下载”按钮，如图 4–1 所示。

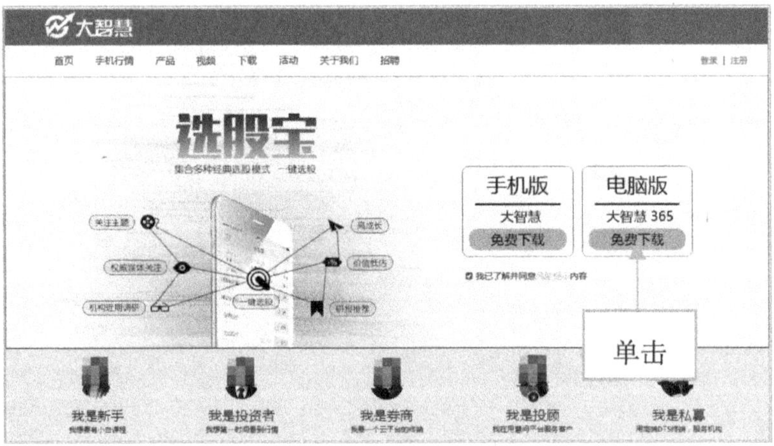

图 4–1 大智慧官网首页

然后在跳出的“新建下载任务”对话框中进行相关设置，接着单击“下载”按钮，如图 4–2 所示。

图 4–2 “新建下载任务”对话框

下载完成后，会在下载路径生成一个名为“365”的图标，如图 4–3 所示。双击该图标，进行软件的安装。

图 4–3 “365”图标

根据安装向导对软件进行安装，如果完成之后出现了一个名为“大智慧365”的快捷图标，如图 4–4 所示，就说明安装成功了。

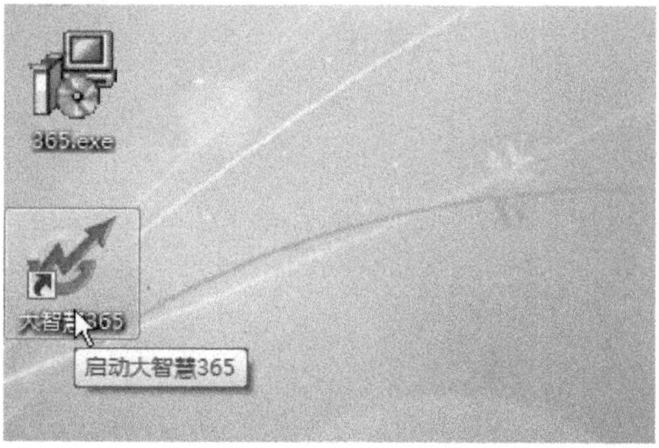

图 4–4 “大智慧 365”快捷图标

4.1.2 通过“大智慧”查询行情

“大智慧”安装完成后，投资者就可以进入软件，实时查询基金的行情了。通过“大智慧”查询行情的具体步骤如下。

首先双击“大智慧 365”快捷图标，进入“大智慧 365”的登录界面。在页面中输入用户名和密码后，单击“登录”按钮，登录软件，如图 4–5 所示。如果投资者还没有注册账号，可以单击页面右侧的“一步完成注册！”按钮，进行注册。

图 4-5 “大智慧 365”登录界面

完成上述操作之后，页面将转至“大智慧”软件的默认界面。单击该页面中的“基金”按钮，如图 **4-6** 所示。

图 4-6 单击“基金”按钮

专家提醒

如果投资者对系统默认的外观不适应，可以在软件中执行“菜单 | 终端 | 选项 | 外观”命令，对软件的外观进行设置。

执行上述命令之后，页面将转至基金分级行情界面。投资者可以在该界面看到基金的代码、名称及行情，如图 **4-7** 所示。

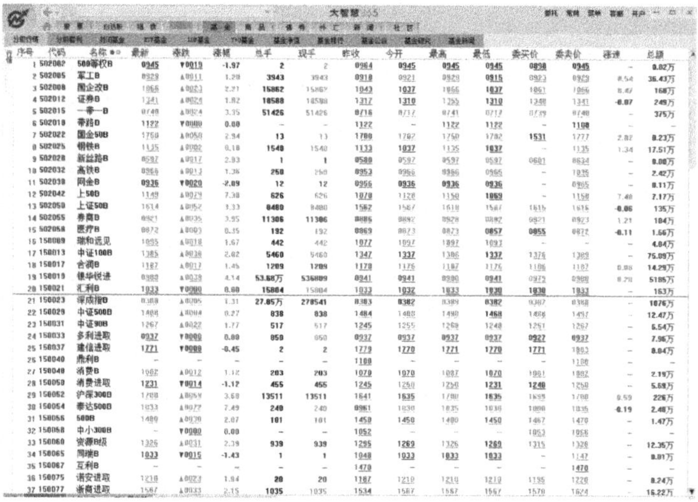

图 4-7 基金分级行情界面

最后如果投资者想了解某个基金品种的详情，还可以在基金报价信息界面单击其名称，实时查看该基金的分时走势、技术分析、基本资料以及其他信息，如图 4-8 所示为“500 等权 B”的分时走势图。

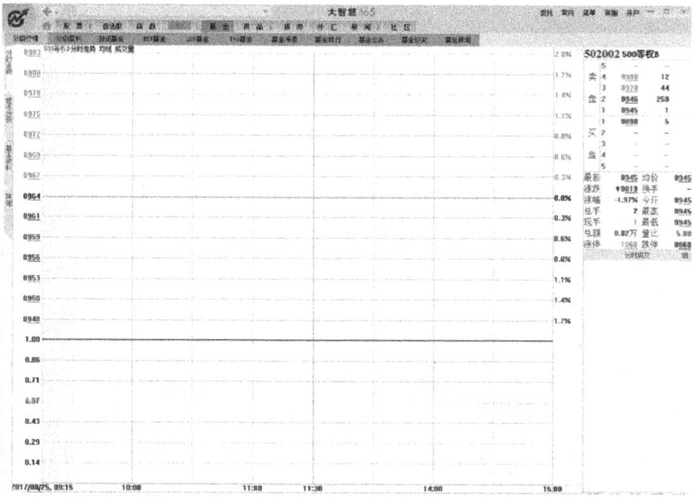

图 4-8 “500 等权 B”的分时走势图

专家提醒

除了在“分级行情”界面直接选择基金之外，投资者还可以根据基金的类别，对需要查看的基金进行选择，如图 4-9、图 4-10 所示分别为“ETF 基金”和“LOF 基金”的报价信息界面。

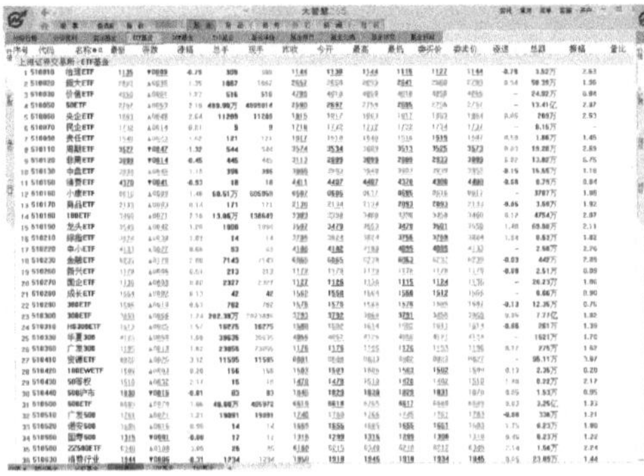

图 4–9 “ETF 基金”报价信息界面

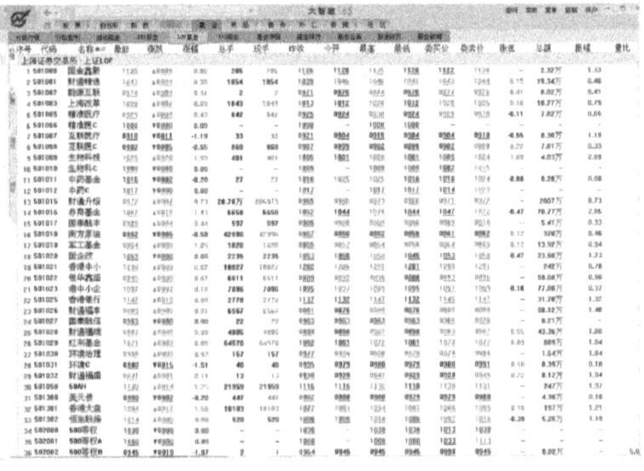

图 4–10 “LOF 基金”报价信息界面

4.2 通过基金公司交易基金

除了利用交易软件之外，投资者还可以通过基金公司的官网进行基金交易的相关操作。这一节将以南方基金管理公司的官网为例，进行具体说明。

4.2.1 基金公司官网的登录

投资者如果想通过基金公司进行基金的交易，必须先登录基金公司的网上交易系统，通常情况下，投资者在基金公司的官网即可直接进行基金的相关操作。也就是说，在交易之前，投资者需先在基金公司的官网上进行登录。下面以南方基金经理公司为例，讲解登录步骤。

首先进入南方基金管理公司的官网，单击其页面左上方的“快速登录”按钮，如图 4–11 所示。

图 4–11 南方基金首页

然后，在新转出的“用户登录”界面中正确输入账号和密码，并单击“登录”按钮，如图 4–12 所示。

图 4-12 “用户登录”界面

执行上述操作之后，如果页面转至“南方 e 站通”首页，即表示登录成功了，如图 4-13 所示。

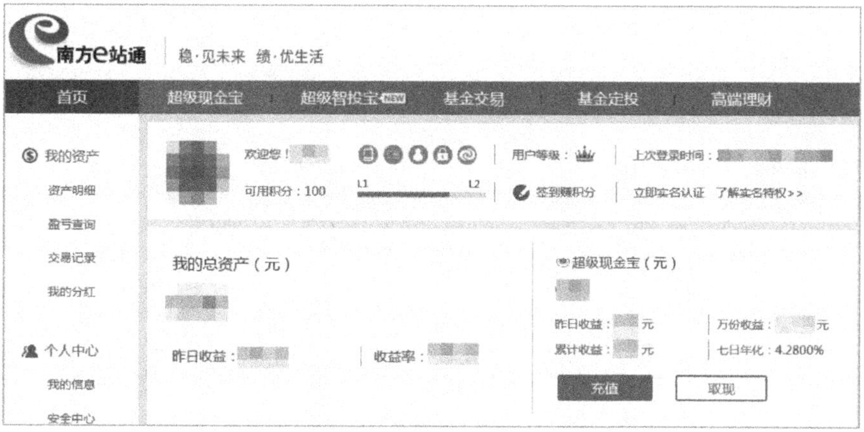

图 4-13 “南方 e 站通”首页

4.2.2 通过基金公司官网交易基金

登录基金公司的官网之后，投资者就可以进行基金的申购了。下面就将以南方基金官网为例，进行做具体介绍。

【案例分析】利用基金公司官网申购基金

首先进入“南方 e 站通”首页，并单击其上方菜单栏中的“基金交易”按钮，如图 4-14 所示。

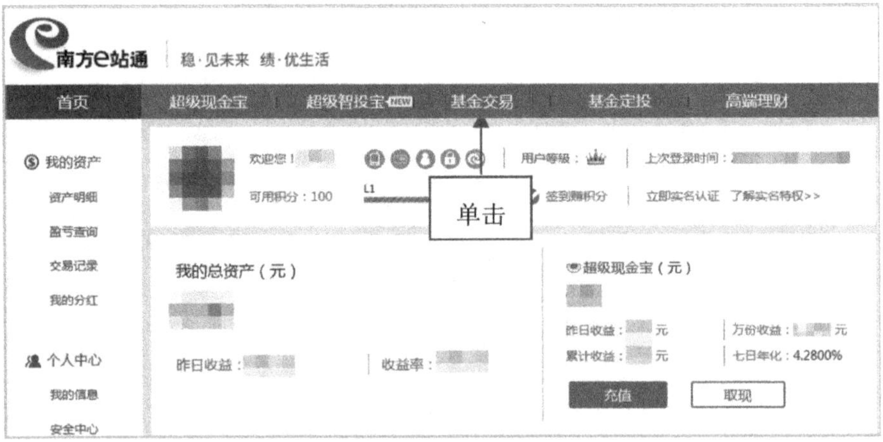

图 4-14 单击“基金交易”按钮

执行上述操作之后，页面将转至“基金购买”界面。选择好需要购买的品种之后，在对应位置单击“购买”按钮，如图 4-15 所示。如果投资者已经有了看好的基金品种，还可以利用搜索栏的搜索功能，快速锁定目标基金。

图 4-15 “基金购买”界面

单击“购买”按钮之后，页面将转至“申购基金”的申请“界面”。投资者需要在该界面填写申购基金的相关信息，并对购买的风险进行确认，做好这些之后，单击“下一步”按钮，如图 4-16 所示。

在新转出的“申购基金”的“付款”界面中对申购信息进行确认，并输入交易密码之后，单击“下一步”按钮，如图 4-17 所示。

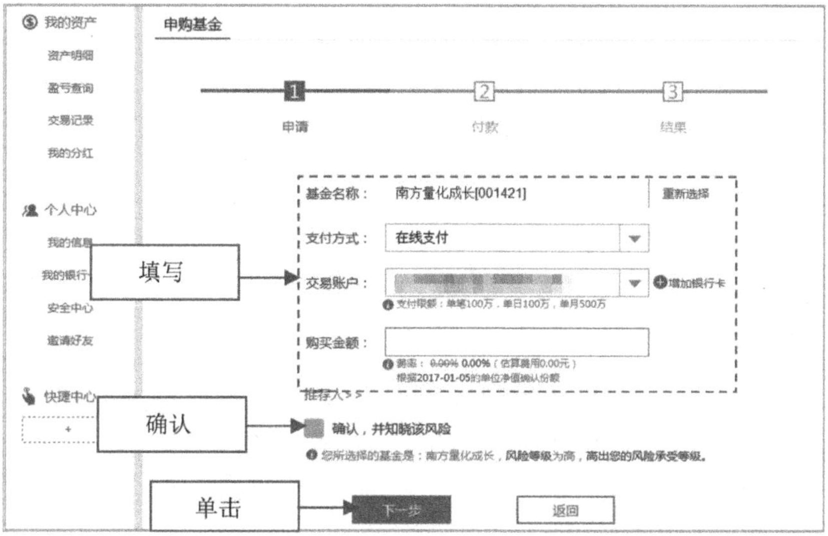

图 4–16 “申购基金”的“申请”界面

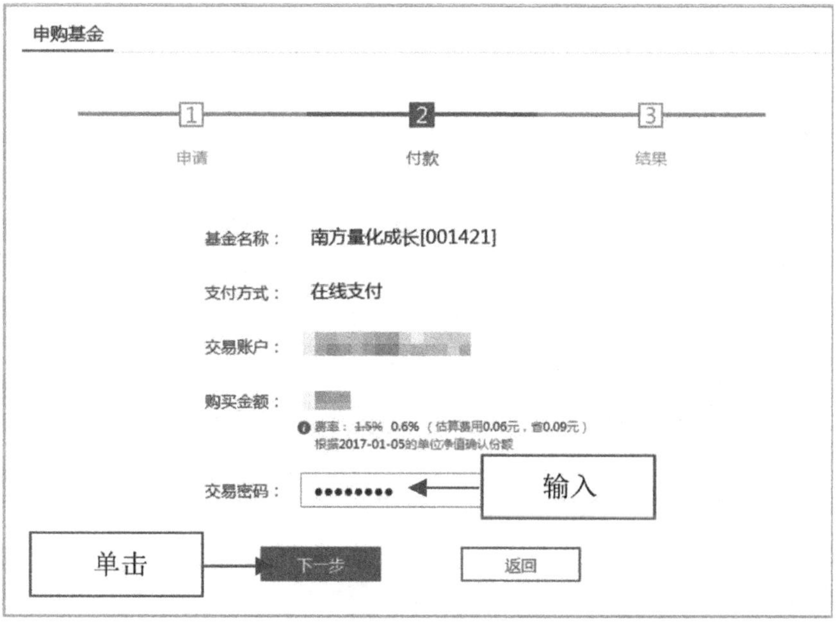

图 4–17 “申购基金”的“付款”界面

执行以上操作之后，如果页面转至“申购基金”的“结果”界面，并显示“支付成功”，就表示已经对目标基金进行了申购，如图 4–18 所示。

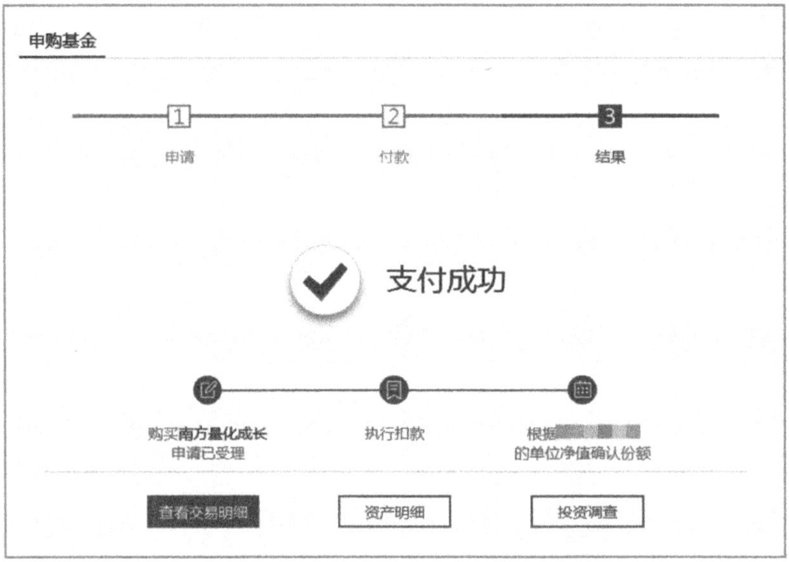

图 4-18 “申购基金”的“结果”界面

【案例分析】利用基金公司官网赎回基金

投资者通过基金公司的官网不但可以对该公司旗下的基金品种进行申购，还可以直接对持有的基金进行赎回。以南方基金的官网为例，其赎回流程具体如下。

进入“南方 e 站通”的“基金交易”界面，并单击页面中的“赎回 / 转换”按钮，如图 4-19 所示。

图 4-19 “基金交易”界面

执行上述操作后，页面转至“赎回 / 转换”界面。在该页面中选择需要赎回的基金品种，并单击其右侧的“赎回”链接，如图 4–20 所示。

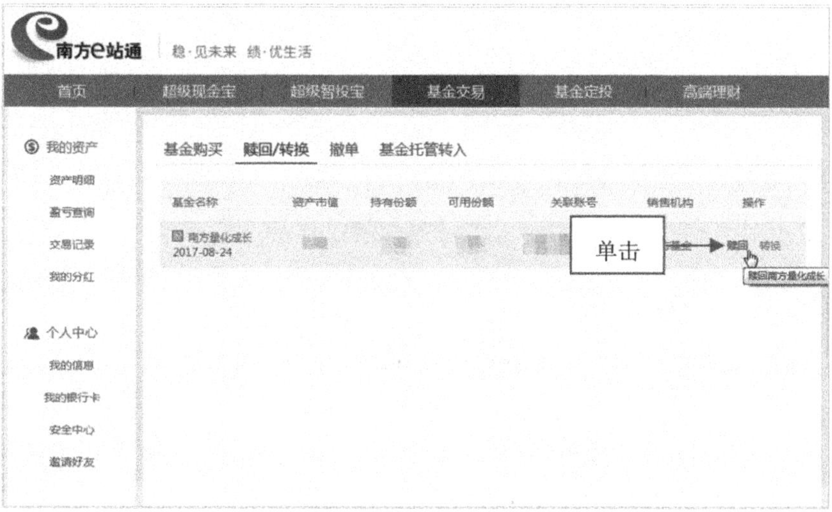

图 4–20 单击“赎回”链接

执行上述操作后，页面转至“基金赎回”的“申请”界面。投资者需要在该页面中，选择赎回的去向和巨额赎回的标志，并且填写赎回份额以及交易密码，如图 4–21 所示，在“基金赎回”的“申请”界面单击“确认”按钮。

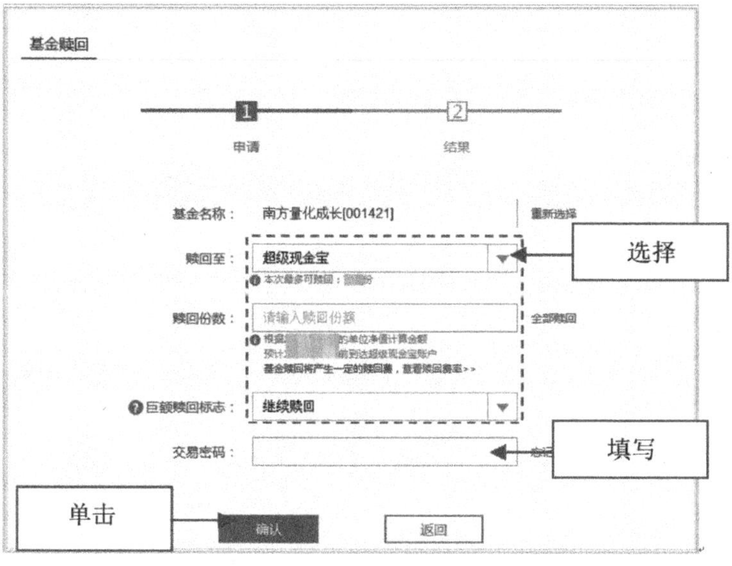

图 4–21 “基金赎回”的“申请”界面

执行上述操作后，如果“结果”页面显示为“操作成功”就说明赎回的申请发送成功了，如图 4-22 所示。

图 4-22 “基金赎回”的“结果”界面

【案例分析】利用基金公司官网转换基金

投资者直接在基金公司的官网对该公司旗下的基金品种进行转换非常方便。以南方基金官网为例，其基金转换步骤具体如下。

进入“南方 e 站通”，在“基金交易”界面中单击“赎回 / 转换”按钮。在新转出的页面中，单击需要转换的基金右侧位置的“转换”链接，如图 4-23 所示。

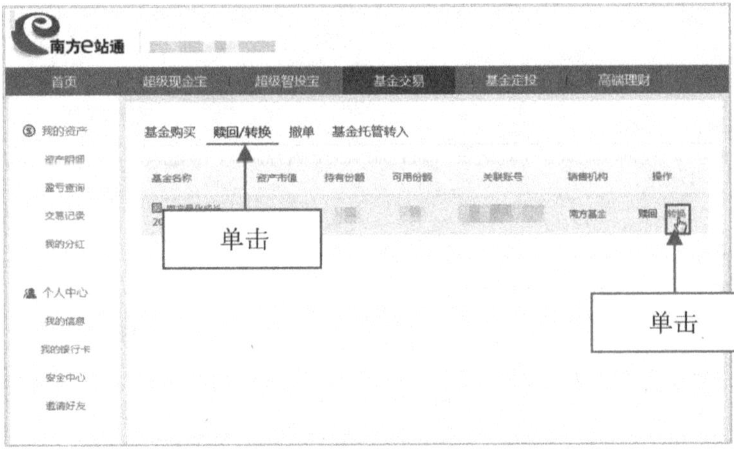

图 4-23 单击“转换”链接

执行上述操作后，页面将转至“基金转换”的“申请”页面。投资者需要在该界面正确填写转入基金、转出份额，并对巨额赎回标志进行选择，然后输入交易密码，最后单击“申请”界面中的“确认”按钮，如图 4–24 所示。

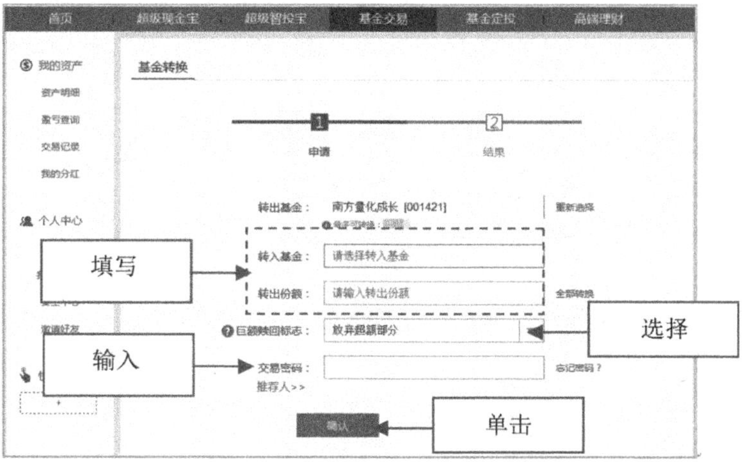

图 4–24 “基金转换”的“申请”界面

如果投资者需要对转换的基金品种重新进行选择，可以单击转出基金后方的“重新选择”按钮；如果投资者想要取消转换操作，可以通过单击“申请”界面中的“返回”按钮来实现。

执行上述操作后，如果新转出的“结果”页面中显示为“操作成功”，则说明基金转换成功了，如图 4–25 所示。

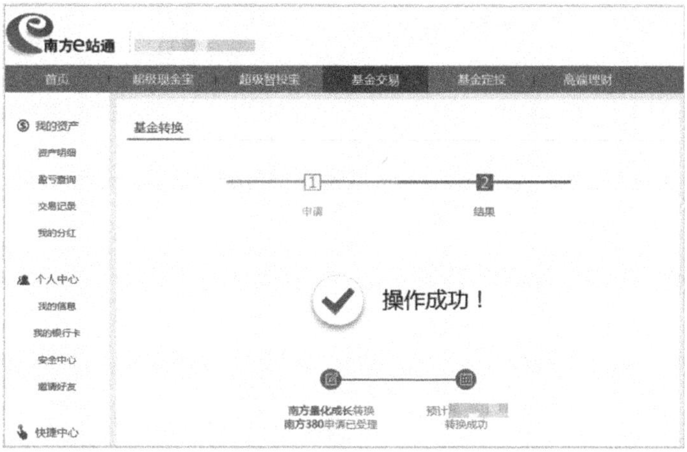

图 4–25 “基金转换”的“结果”界面

【案例分析】利用基金公司官网撤单

除了申购、赎回和转换基金之外，基金公司的官网通常还可以直接进行撤单操作。以南方基金的官网为例，其具体撤单操作如下。

进入“南方 e 站通”的“基金交易”界面，并单击页面中的“撤单”按钮，如图 4-26 所示。

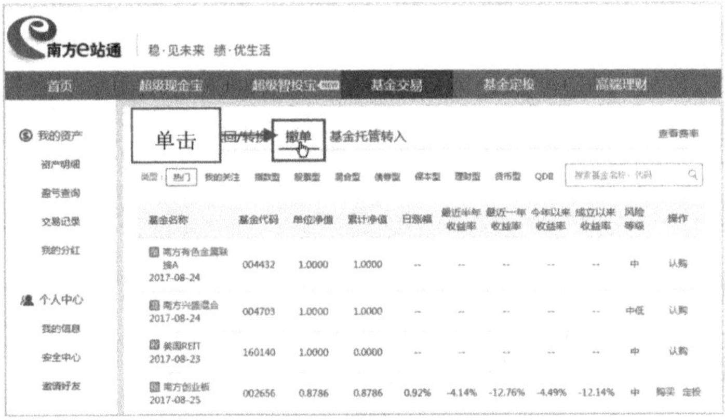

图 4-26 单击“基金交易”界面的“撤单”按钮

执行上述操作后，页面将转至“基金交易”的“撤单”界面。投资者可在该界面中单击需要进行撤单操作的基金品种后方的“撤单”按钮，如图 4-27 所示。

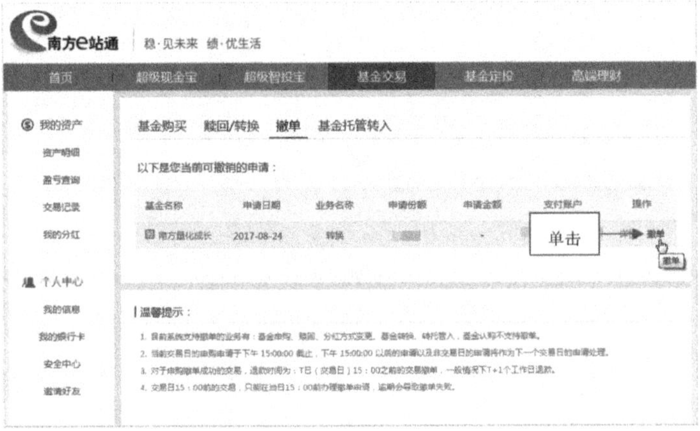

图 4-27 “基金交易”的“撤单”界面

执行上述操作后，页面将转至“确定撤单？”界面。投资者可在该界面中输入交易密码，并单击“确认”按钮，如图 4-28 所示。

图 4-28 “确定撤单？”界面

执行上述操作后，如果页面中显示为“撤单成功”，就表示撤单申请操作成功了，如图 4-29 所示。

图 4-29 “撤单成功”界面

4.3 通过炒基金软件投资基金

本节主要以“同花顺爱基金”软件为例，介绍炒基金软件的下载、安装、注册方法以及相关功能的运用。

4.3.1 下载、安装与注册基金软件

在网络中，同一品牌下的看盘交易软件也有很多版本，投资者在下载的时候要特别注意，因为不同的版本功能也不同，而且有可能会收取费用。下面介绍“同花顺爱基金”软件的下载方法。

【案例分析】下载炒基金软件

进入“同花顺爱基金”首页，单击左上角的“PC客户端”超链接，如图 4-30 所示。

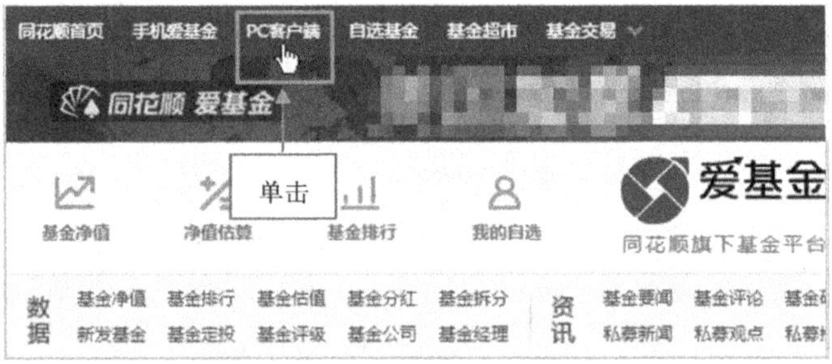

图 4-30 单击“PC 客户端”超链接

在新打开的页面中，单击“立即下载”按钮，如图 4-31 所示。

图 4-31 单击“立即下载”按钮

执行操作后，弹出“新建下载任务”对话框。投资者可在该对话框中设置文件名和保存路径，并单击“下载”按钮，如图 4-32 所示。执行上述操作之后，等待下载完成，即可在保存路径中找到软件的安装包。

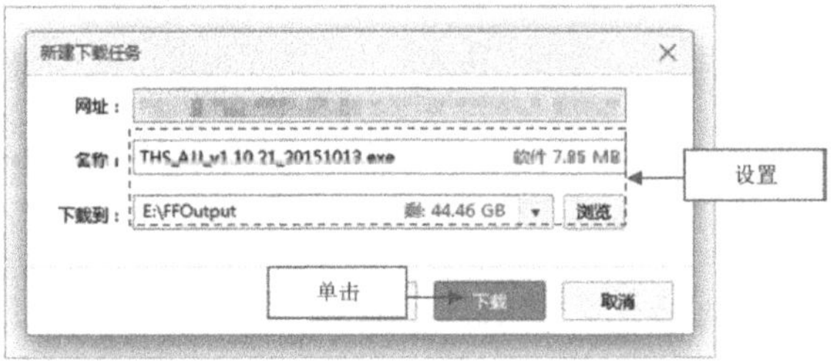

图 4-32 “新建下载任务”对话框

【案例分析】安装炒基金软件

下载完成后，可以将其安装，以进行相应的操作。下面介绍“同花顺免费版”

的安装方法。

找到软件安装包的保存位置，并使用鼠标左键双击相应交易软件的安装程序，如图 4–33 所示。

执行操作后，弹出“安装 – 同花顺爱基金”对话框，可在对话框中勾选“已阅读并接受”，并单击“下一步”按钮，如图 4–34 所示。

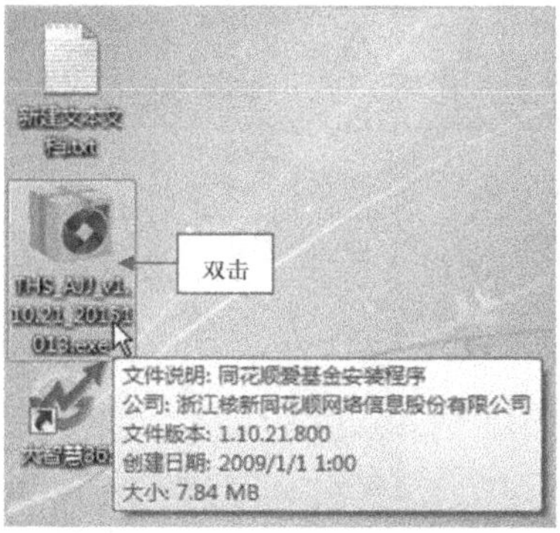

图 4–33 双击交易软件安装程序

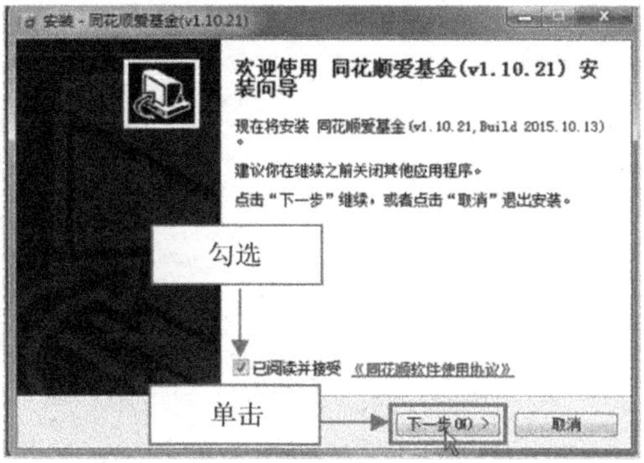

图 4–34 单击“下一步”按钮

执行操作后，进入“选择目标位置”界面，单击“浏览”按钮，如图 4–35 所示。弹出“浏览文件夹”对话框，设置安装路径，如图 4–36 所示，选择好安装路径后，再单击“确定”按钮。

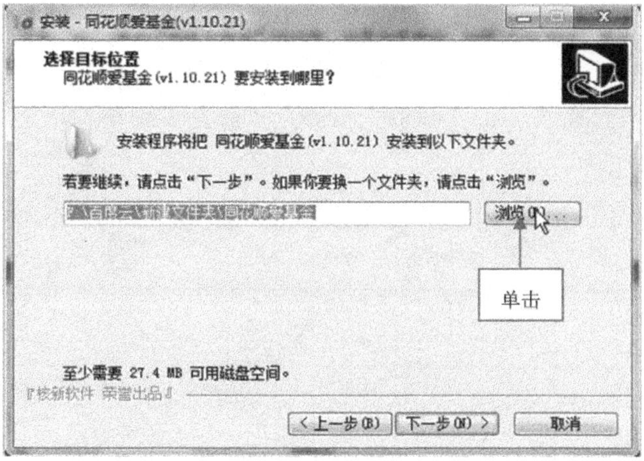

图 4–35 单击“浏览”按钮

执行操作后，返回到“选择目标位置”界面，单击“下一步”按钮，如图 4–37 所示。

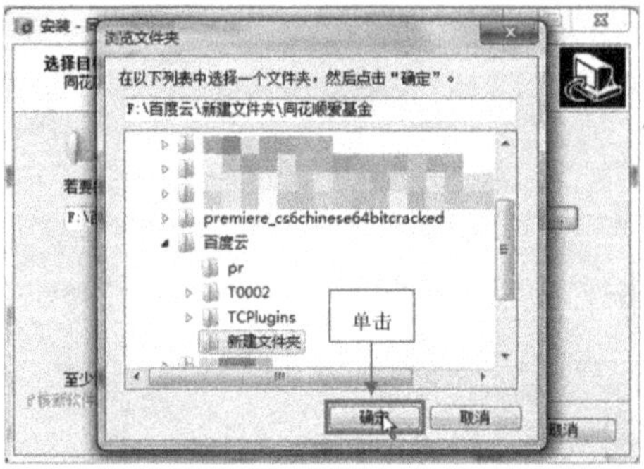

图 4-36 设置安装路径

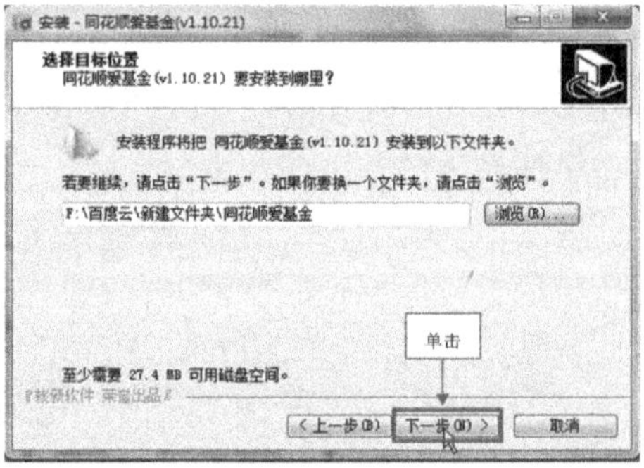

图 4-37 单击"下一步"按钮

执行操作后，进入"选择附加任务"界面，在该界面设置图标创建位置，并单击"下一步"按钮，如图 4-38 所示。

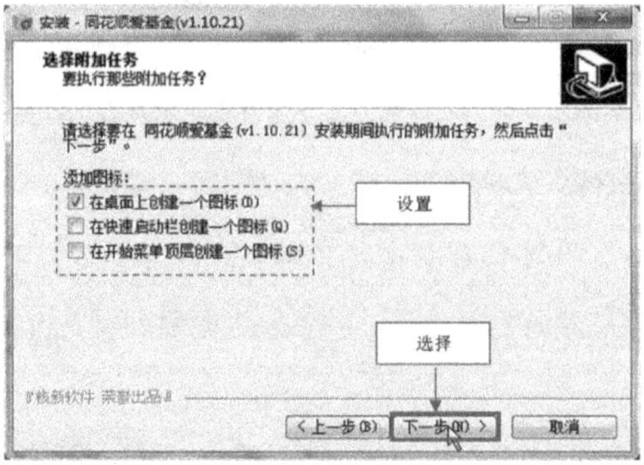

图 4-38 "选择附加任务"界面

执行操作后，进入"正在安装"界面，开始安装软件，并显示安装进度，如图 4-39 所示。

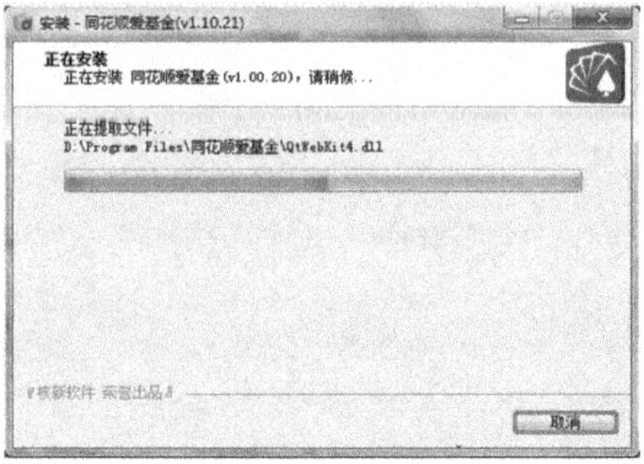

图 4-39 显示安装进度

安装完成后，即可自动打开“同花顺爱基金”首页，如图 4-40 所示。

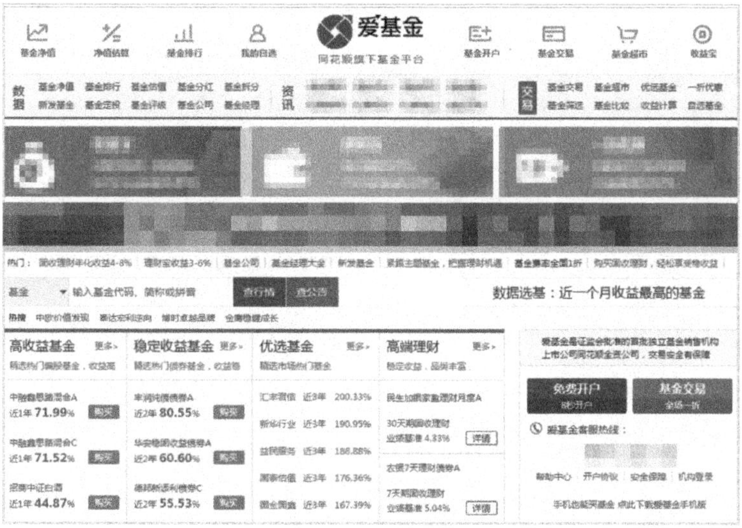

图 4-40 “同花顺爱基金”首页

【案例分析】注册与登录

炒基金软件下载安装完成后，一般需要注册与登录才可以使用，登录炒基金软件也是有一定技巧的。下面介绍“同花顺爱基金”的注册与登录方法。

首次打开“同花顺爱基金”时，软件会提示用户进行注册，单击“免费注册”按钮，如图 4-41 所示。

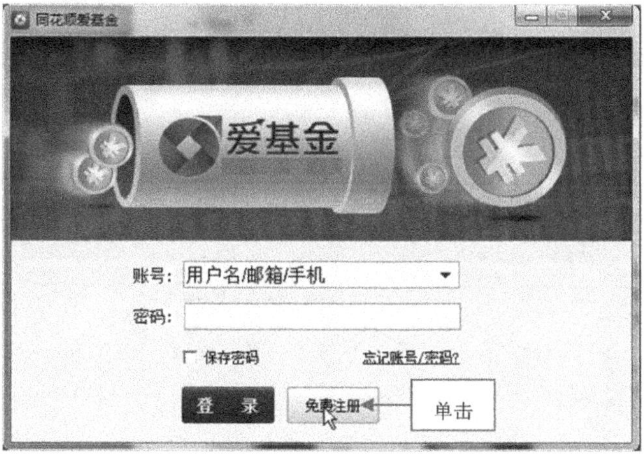

图 4-41 单击“免费注册”按钮

执行操作后，弹出“同花顺注册”对话框。投资者可在该对话框中设置账号、密码、手机号码、安全邮箱等选项，之后，单击“立即注册”按钮，如图 4–42 所示。

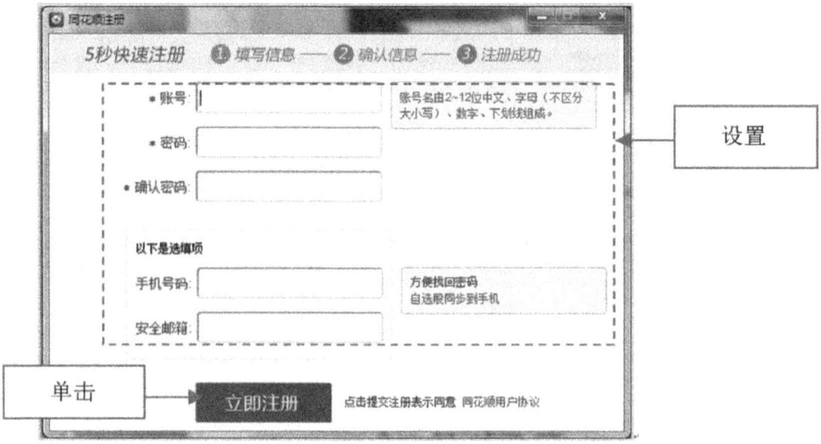

图 4–42 单击“立即注册”按钮

进入“确认信息”界面，用户可根据提示完成手机认证和邮箱验证，完成相关验证操作后，即可成功注册，如图 4–43 所示。

图 4–43 “注册成功”界面

然后返回“同花顺爱基金”登录界面，并输入账号和密码，再单击“登录”按钮，如图 4–44 所示。

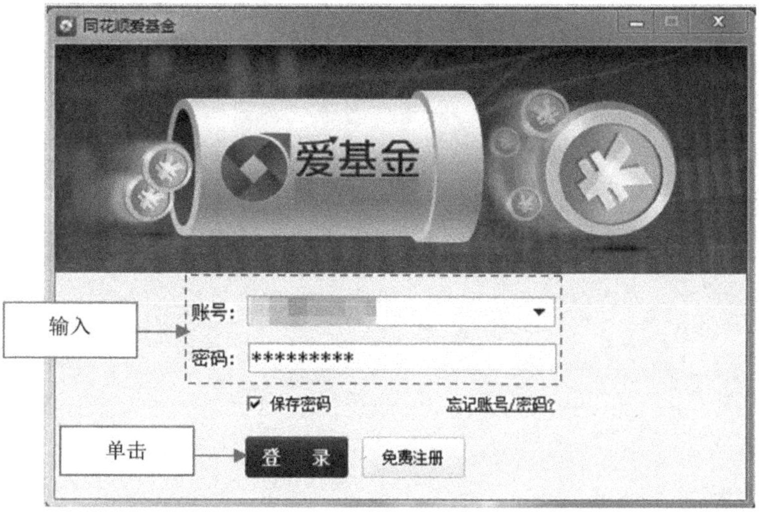

图 4-44 输入信息并单击"登录"按钮

执行操作后，即可成功登录"同花顺爱基金"软件。

4.3.2 掌握基金行情

大多数炒基金软件除了 PC 客户端版本之外，还会有更为便利的手机端版本。有了手机端的炒基金软件，投资者可随时随地掌握基金行情。

下面就以"同花顺爱基金"的手机 APP 为例，带大家了解通过 APP 的辅助功能来投资基金的方法和技巧。

【案例分析】通过 APP 查看基金报价

报价页面主要以表格的形式显示基金的各种信息。报价页面可以同时显示多个品种，并对这些品种的某项数据进行排序，让投资者对所关注的各种变化一目了然，并方便、快速地捕捉到强势、异动的基金。

下面介绍"同花顺爱基金"APP 的报价分析功能使用方法。

在"市场"界面单击"收益排行"这个选项，如图 4-45 所示。

图 4-45 单击"收益排行"选项

在“收益排行”选项区中，单击“混合型”标签可以切换至其选项卡，显示混合型基金的收益排行列表，如图 4-46 所示。单击“最新净值↓”标签，页面将以降序的形式对基金的最新净值进行显示，如图 4-47 所示。

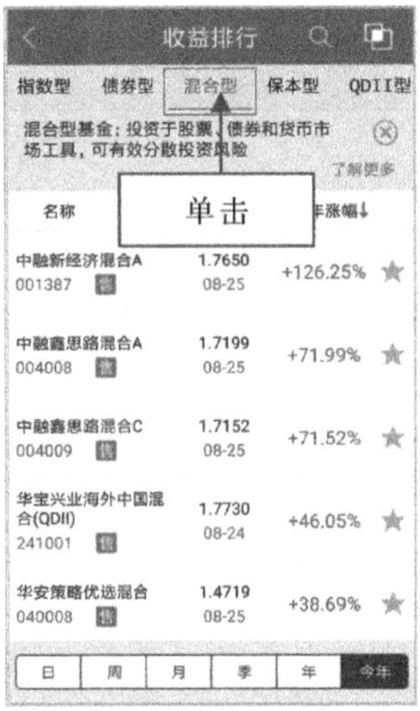

图 4-46 单击“混合型”标签

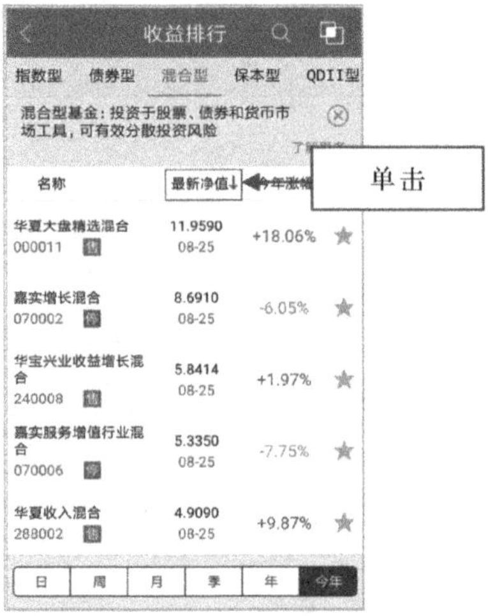

图 4-47 降序排列表格

再次单击“最新净值↑”标签，即可按此栏目的升序排列表格，如图 4-48 所示。单击界面下方的时间段选项，可以查看不同时间段的排行，如图 4-49 所示。

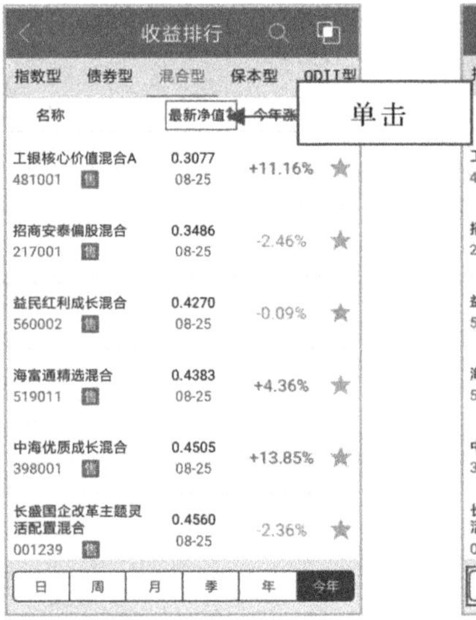

图 4-48 升序排列表格

图 4-49 选择时间段选项

【案例分析】通过 APP 查看基金走势

在炒基金 APP 上查询基金走势，比在网页上更加详细专业。下面介绍通过“同花顺爱基金”查询基金走势的方法。

登录“同花顺爱基金”APP，单击想要查询的基金名称超链接，如图 4–50 所示。执行操作后，即可看到该只基金的走势图，投资者可以在此查看该基金的实时评估、近日净值、时间段等信息，如图 4–51 所示。

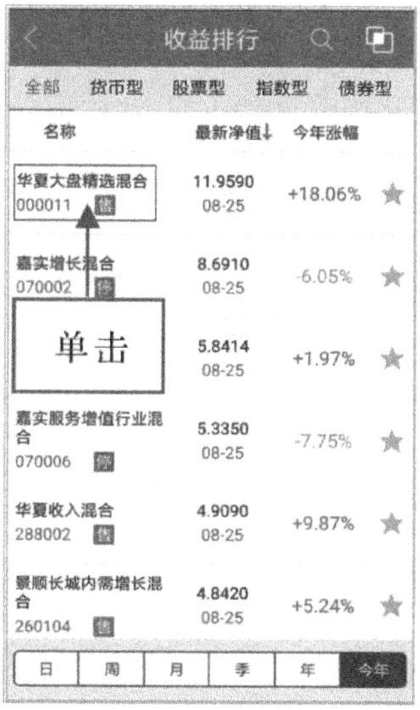

图 4–50 单击相应基金名称

图 4–51 基金走势图

在图表框中会直接显示“沪深 300”和“本基金”相应的叠加走势曲线，如图 4–52 所示。

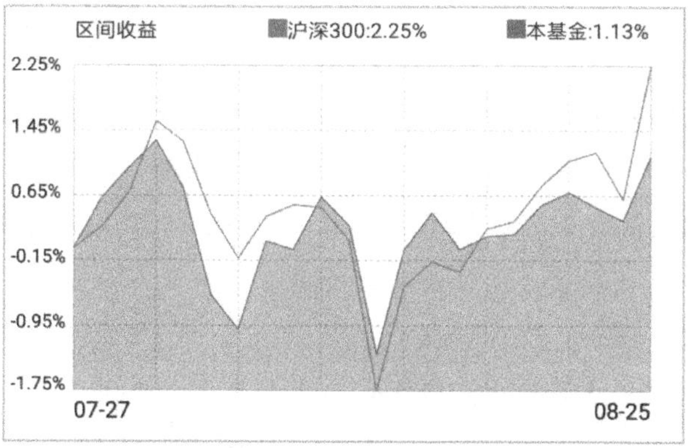

图 4–52 叠加走势显示

单击右侧的星标按钮，然后在“自选基金”界面，即可看到添加关注的基金，如图 4-53 所示。

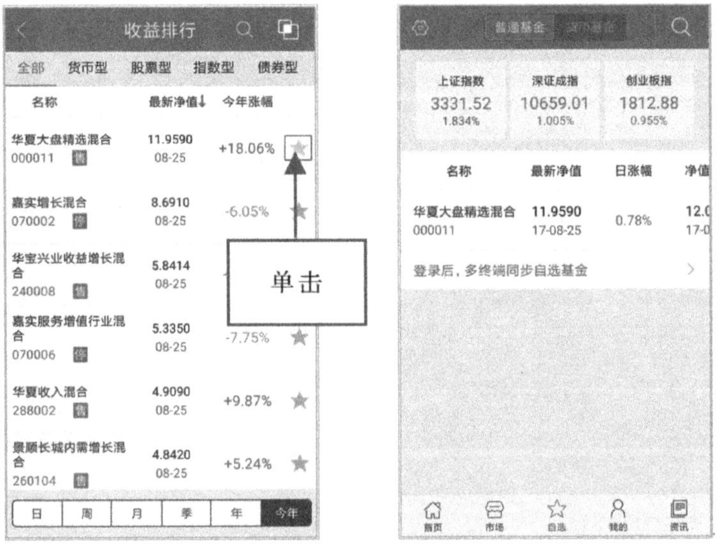

图 4-53 添加自选基金

【案例分析】通过 APP 分析财务状况

在基金投资的分析中，有一项是针对基金经理公司财务数据图表的分析。这项分析从某种程度来说，需要建立在投资者已经掌握了一定财务专业知识的基础之上。进行基金投资的投资者中，有一部分是没有财务分析经验的，那么，他们的投资会不会因此受阻呢？

答案是否定的。这部分投资者可以通过炒基金软件工具的应用，来弥补专业知识的不足，如通过“同花顺爱基金”APP 进行基金的相关操作等。

在某只基金的走势图界面中，单击上方的“产品详情”按钮进入其窗口，用户可以在此查看该基金的名称、成立日期、投资目标、投资范围、投资策略、业绩标准以及所属基金公司等资料，如图 4-54 所示。单击旁边的“基金经理”按钮进入其窗口，可以查看该只基金的所有基金经理人简历、任职日期以及历任业绩回报情况，如图 4-55 所示。

基金公司通常会将基金的投资策略和基金的产品特征体现在基金名称中。从现在较为常见的基金关键词（如成长、增长、优选、精选和稳健等），就可以看出基金的侧重点，投资者可以据此对基金的财务有一个大体的把握。

图 4-54 查看基本概况

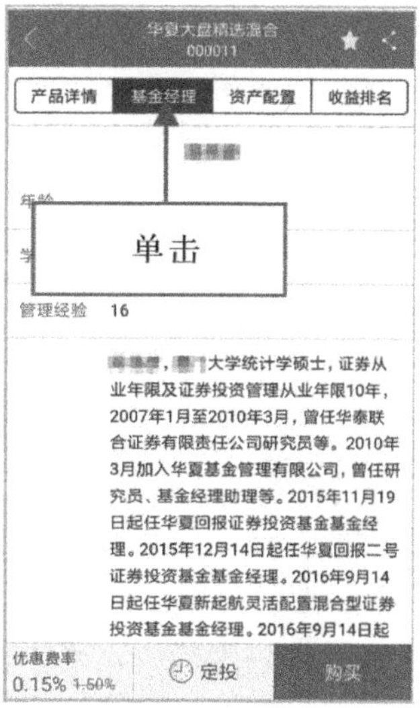

图 4-55 查看基金经理

单击右侧的“资产配置”按钮进入其窗口，可以查看该只基金的资产类别、市值、占净值比例、季度净值比例增减等数据，如图 4-56 所示。单击旁边的“收益排名”按钮进入其窗口，可以查看该基金在不同时间区间中与同类产品的对比信息，如图 4-57 所示。

图 4-56 “资产配置”界面

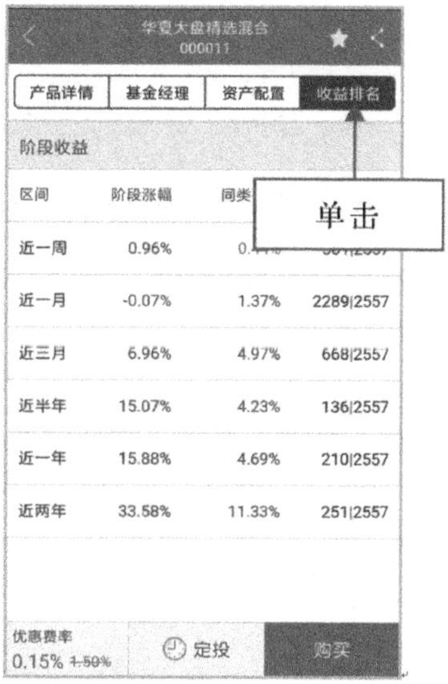

图 4-57 “收益排名”界面

作为基金投资管理中较为关键的环节之一，资产配置通过对投资组合的预期回报率、标准差以及组合间的协方差的预判，计算出由这些组合种类组成的新组合的预期回报率和标准差。如果这些新组合产生出了有效群，则会依据基金投资者的无差异曲线来确定资产配置的组合。

【案例分析】通过 APP 进行净值估算

使用炒基金软件，可以准确、快速、实时获得所有基金的每日净值，消除了投资者来回奔波于不同基金公司网站页面查看净值的烦恼。另外，这些软件通常还具有先进的净值估算引擎，提供快捷净值估算服务。

开放式基金的净值公布时间通常在当日收盘后的几个小时之后。但这也不代表投资者一定要等那么久才能对基金的净值有所把握，因为炒基金的软件一般都可以进行净值的估算，投资者可以据此得到基金净值的近似值，并在此基础上进行相关的操作。

下面介绍“同花顺爱基金”APP 的净值估算功能。

在某只基金的“走势图”界面中，单击左侧的“实时估值”按钮进入其窗口，在实时估值图中，移动标杆指针，即可查看相应时间的估值，如图 4-58 所示。

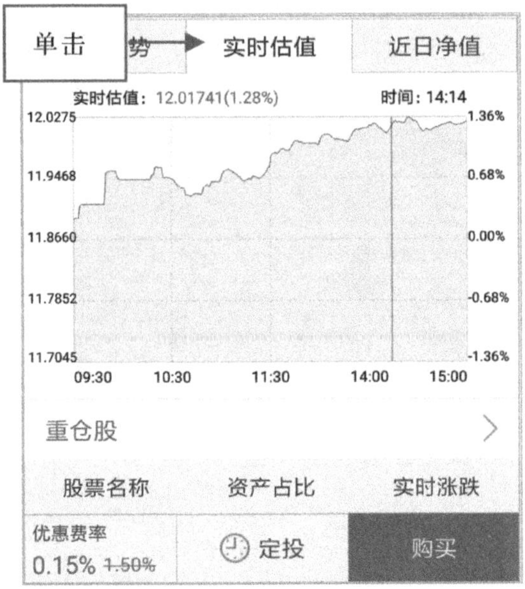

图 4-58 查看不同时间的基金估值

如果投资者想准确地把握基金的计价和报价，让基金价格更加贴近它的真实价值，就应该对相应时间节点上该基金的基金单位实际价值进行估算，并将估值结果以资产净值的形式呈现。

单击菜单栏中的“近日净值”按钮进入其界面，即显示出了所有基金的净值估算表格，投资者可以在此查看基金的净值日期、单位净值、估算偏差率、日涨跌等数据，如图 4–59 所示。

图 4–60 “近日净值”界面

【案例分析】使用 APP 智能选基功能

通过炒基金软件的智能选基功能，投资者可以在茫茫基金池里快速选出自己关注的基金。投资者只需用鼠标单击选取各个筛选指标，就能实时选出符合条件的基金。下面介绍“同花顺爱基金”的智能选基功能。

单击右上角的基金筛选按钮，如图 4–60 所示，然后进入“基金筛选”界面。投资者可以在该界面中根据基金公司、时段排行等条件筛选基金，如图 4–61 所示。

图 4-60 单击筛选基金按钮

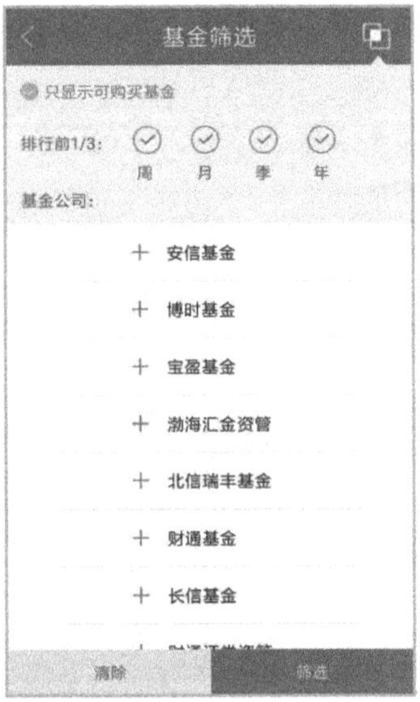

图 4-61 “基金筛选”界面

【案例分析】使用 APP 评星评级功能

基金评级是指由基金评级机构收集有关信息，通过科学定性定量分析，依据一定的标准，对投资者投资于某一种基金后所需要承担的风险，以及能够获得的回报进行预测，并根据收益和风险的预测对基金进行排序。

炒基金软件特有的“基金评级”功能则可简单快速地让投资者了解某只基金的基本面并掌握基本面变动情况，为投资者提供价值投资参考。

基金评级常用的排序方法如下。

(1)按照收益高低对基金进行排序。

(2)按照风险大小对基金进行排序。

(3)按照风险调整后收益进行排序。

下面介绍“同花顺爱基金”APP 的基金评级功能。

对于单只基金，可以直接在详情界面中查看其风险评级，如图 4-62 所示。

图 4-62 详情界面中的风险评级

4.4 通过网上银行交易基金

除了通过基金的官网和炒基金软件之外，利用网上银行进行基金交易也是一个不错的选择。这一节将以中国工商银行为例，对通过网上银行交易基金的相关操作，进行详细的说明。

4.4.1 登录网上银行

在中国工商银行的官网中可以直接进行基金交易的相关操作，投资者只要登录其官网就可以对基金进行投资了。中国工商银行官网的具体登录步骤如下。

首先进入中国工商银行的官网，并单击其页面左侧位置的“个人网上银行”按钮，如图 4–63 所示。

图 4–63 单击“个人网上银行”按钮

然后在新转出的页面中正确输入账号、密码和验证码，并单击“登录”按钮，如图 4-64 所示。执行上述操作之后，如果进入“我的网银”界面，并且菜单栏上方的位置，显示了用户名，就表示登录成功了，如图 4-65 所示。

图 4–64 “登录”界面

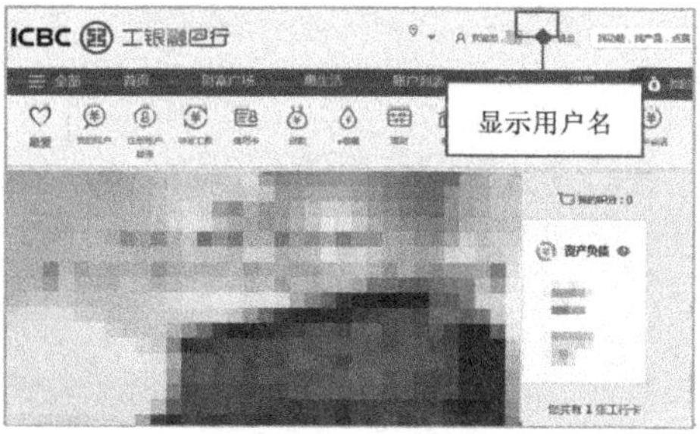

图 4–65 “我的网银”界面

4.4.2 通过网银交易基金

登录网上银行后即可通过网上银行交易基金，下面就将带大家了解通过网银交易基金的具体操作和细节。

【案例分析】通过网银购入基金

登录网上银行之后，就可以进行基金的购买了。以中国工商银行的网银为例，其购买基金的具体方法如下。

首先进入中国工商银行的“我的网银”界面，并单击其页面中的“基金”按钮，如图 4-66 所示。执行上述操作之后，页面将转至“基金购买”界面。如果投资者事前已经有了看好的基金品种，可以直接在搜索栏中进行搜索。如图 4-67 所示为搜索“工银瑞信”的结果。

图 4-66 “我的网银”界面

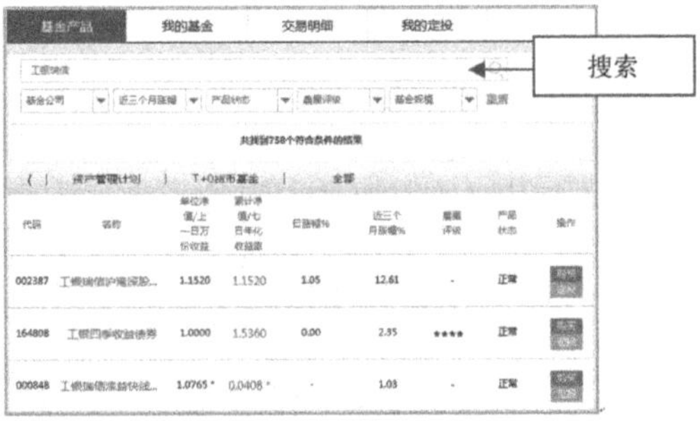

图 4-67 搜索“工银瑞信”的结果

在“基金购买”界面单击需要购买的基金品种后方的购买按钮，页面将转至基金购买的信息填写界面，如图 4-68 所示。在基金购买信息填写界面中，填写相关信息，并单击“提交”按钮。

图 4-68 基金购买信息填写界面

执行上述操作之后，页面将转至基金购买信息的确认界面，如图 4-69 所示。在基金购买信息的确认界面中对信息进行确认之后，单击“确认”按钮。

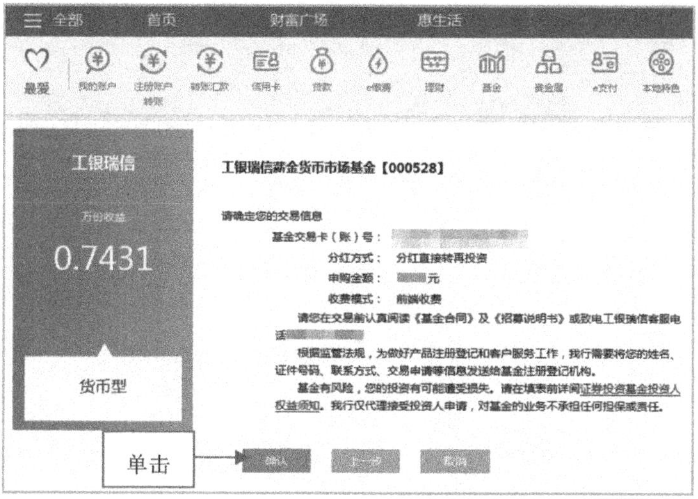

图 4-69 基金购买信息确认界面

执行上述操作之后，如果新转出的页面中显示“交易成功”，就说明基金申购申请提交成功了，如图 4-70 所示。

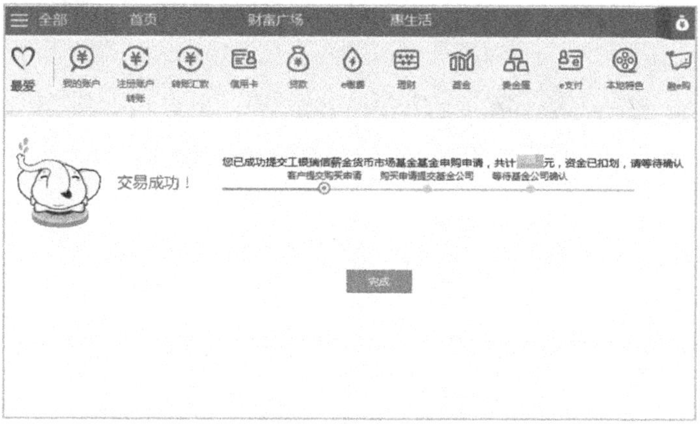

图 4-70 基金申购申请提交成功界面

【案例分析】基金的赎回和转换

除了进行基金的申购之外，银行的网银还可以直接进行基金的赎回和转换操作。以中国工商银行的网银为例，其基金赎回步骤具体如下。

进入“我的基金”界面，并单击需要赎回的基金品种后方的“赎回”按钮，如图 4-71 所示。

图 4-71 “我的基金”界面

执行上述操作后，页面将转至“填写赎回信息”界面。投资者需要在该界面选择收费模式和赎回份额，如图 4-72 所示。赎回信息填写完成后，单击“提交”按钮。

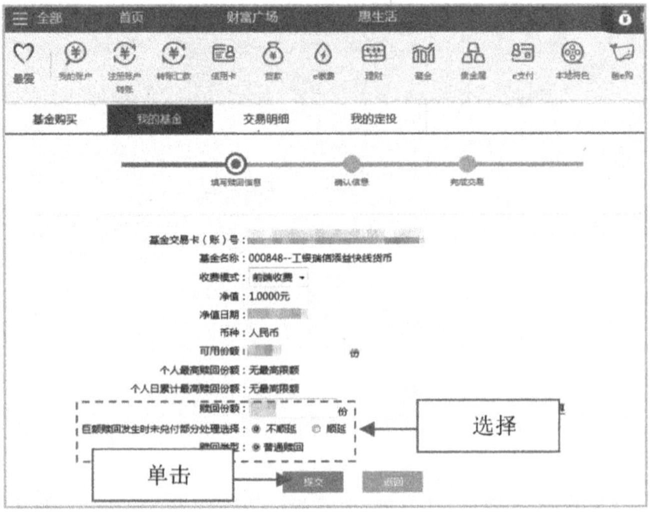

图 4-72 “填写赎回信息”界面

执行上述操作后，页面将转至“确认信息”界面，如图 4-73 所示。确认赎回信息后，单击“确认”按钮，赎回过程便完成了。

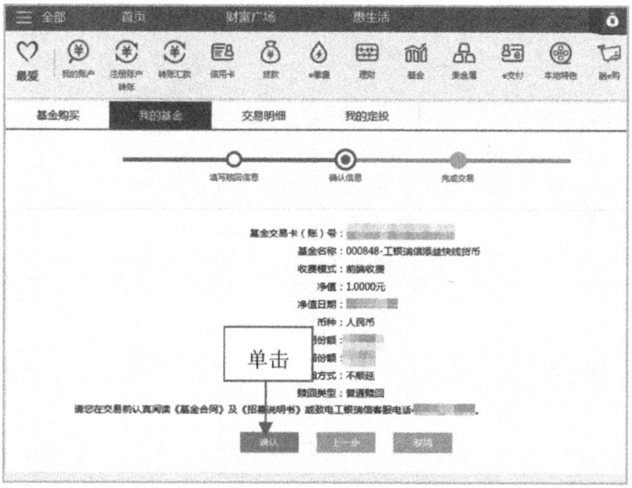

图 4-73 “确认信息”界面

基金的转换步骤与赎回大致相同，只需在“我的基金”界面，单击需要转换的基金后方的“更多”按钮。然后在展开界面单击“转换”按钮，并根据指示进行操作即可，这里就不进行详细说明了。

【案例分析】通过网银定投基金

除了即时申购之外，部分基金还可以进行定投。以中国工商银行的网银为例，基金定投的具体步骤如下。

进入“基金”界面，并单击其菜单栏下方的“随时投定期投”按钮，如图 4-74 所示。

图 4-74 “基金”界面

在新转出的界面中，单击需要定投的基金品种后方的“定投”按钮，如图 4–75 所示。

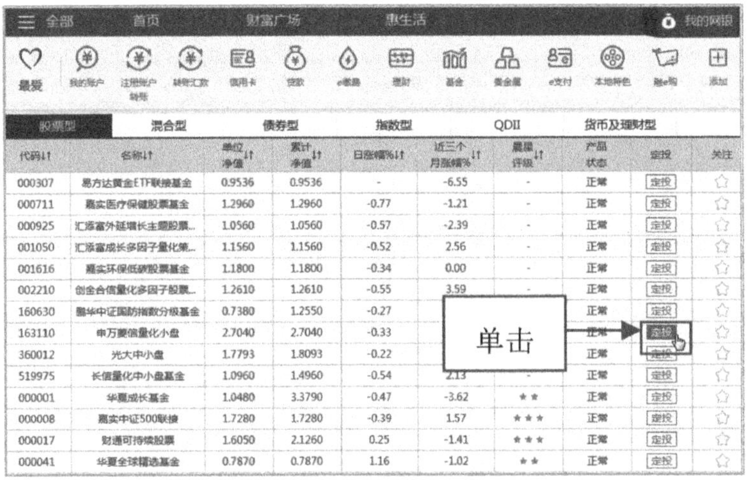

图 4–75 单击“定投”按钮

执行上述操作之后，页面将转至“中国工商银行网上基金定投业务须知”界面，如图 4–76 所示。

中国工商银行网上基金定投业务须知

一、基金定投业务是指在一定的投资期内客户定期等额申购某只基金的基金申购业务。中国工商银行作为基金代销人，受基金注册登记机构的委托，根据客户的要求每一期次从客户指定的基金账户扣划固定的款项。基金定投业务的最低投资额由基金管理公司和注册登记机构设定。

网上基金定投业务为网上银行注册客户提供在线办理基金定投设定、撤销等服务。其中，设定指投资人申请开通基金定投业务，撤销指投资人申请停止基金定投业务。

二、基金定投业务的设定、撤销等，均由客户自愿提出。

三、客户申请办理网上基金定投业务的，应已开立了我行的基金交易账户和指定基金公司的TA账户，且指定基金公司已经开办了基金定期投资业务。

四、中国工商银行24小时受理客户提交的网上基金定投业务申请。客户网上基金定投业务设定成功后，将于下一个基金开放日结束前办妥申请确认手续。

五、客户的基金定投申请经确认后，中国工商银行于客户设置的参加日期进行首期次扣款用以申购客户指定的基金，客户设置的参加日期为非基金开放日的，扣款将顺延至下一基金开放日进行；以后期次于每一期次的第一个基金开放日自动从客户资金账户扣除约定款项，用以申购客户指定的基金。如客户资金账户余额不足，扣款将顺延至下一基金开放日进行，直至在此期次内扣款申购成功为止，实际扣款日即为基金申购日。

六、客户在委托期间应保证资金账户的状态正常，并有足额的款项用于基金定投申购。如在约定的期次内客户指定的资金账户内余额少于申购金额或账户处于非正常状态，表示投资人放弃该期的定投申购交易，下一期次需将上一期次未交的款项一并存入资金账户；当投资人指定的资金账户内连续三个期次没有足额的申购款项或账户处于非正常状态，基金定投申购交易自动终止。

图 4–76 “中国工商银行网上基金定投业务须知”界面

阅读定投须知后，单击下方的“我要办理”按钮，页面将转至“输入定投信息”界面，如图 4–77 所示。在“输入定投信息”界面选择基金交易卡号、收费模式和定投方式，然后勾选“已阅读并认可《中国工商银行基金定投业务须知》”，并单击“确定”按钮。

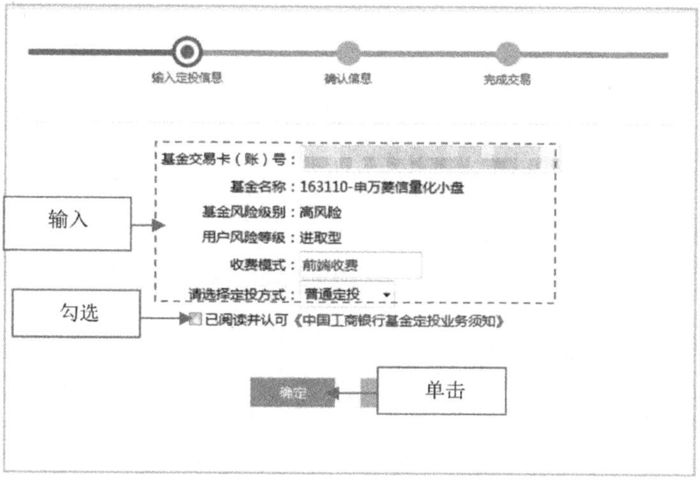

图 4-77 “输入定投信息”界面

执行上述操作之后，页面将转至详细定投信息输入界面，如图 4-78 所示。详细填写定投信息之后，单击“提交”按钮。

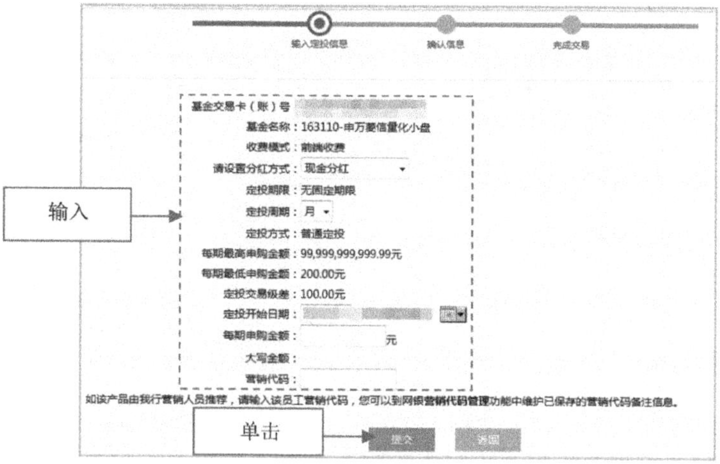

图 4-78 详细定投信息界面

执行上述操作后，页面转至“确认信息”界面，如图 4-79 所示。定投信息确认后，单击“确认”按钮。

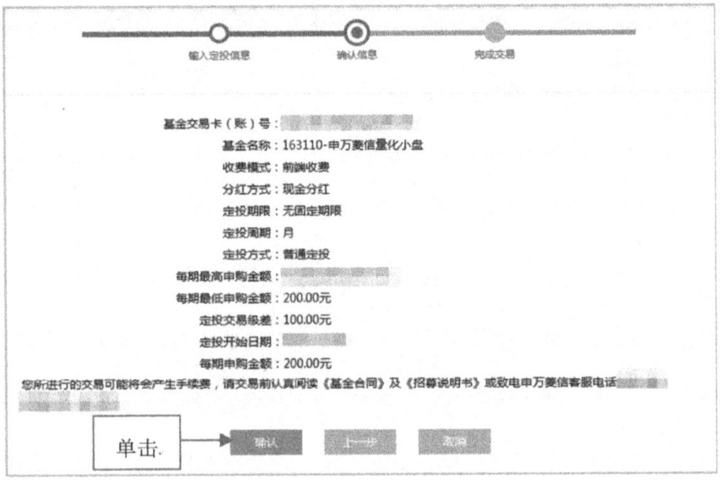

图 4–79 “确认信息”界面

执行上述操作后，如果新转出的页面中显示“基金定投成功”，就表示定投申请发送成功了，如图 4-80 所示。

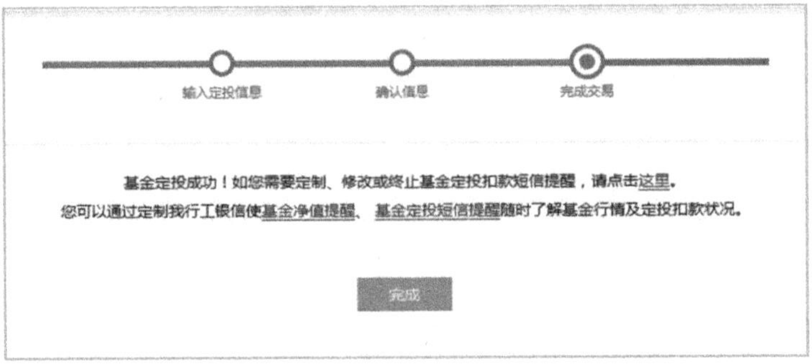

图 4–80 定投成功界面

第5章 基金投资入门与实战

学前提示 >>>

俗话说：“智者顺时而谋，愚者逆理而动”。任何事情都要遵循一定的规律和技巧，投资基金也一样。投资者需要对投资技巧进行明确的分析和掌握，并据此进行操作，才能在投资基金中获取最大的收益。

要点展示 >>>

有备无患，做好投“基”准备

合理运用基金投资技巧

改掉不良的投资习惯

5.1 有备无患，做好投“基”准备

投资基金是集中众多投资者的闲散资金，交由专门的基金经理人进行投资，而投资收益由原有出资者按出资比例分享的一种投资工具。基金的最低投资量起点都比较低，而且可以满足各种投资者的投资需求，不同的投资者也可以根据自身的情况来决定投资量，使得投资过程非常方便。投资基金的流动性比较强，当投资者急需资金时可以很快收回现金，而且不需要向国家缴纳任何税金。

基金投资者在投资过程中，一定要注意：投资基金也存在风险性。因此，在进行基金投资前，投资者一定要了解相关知识，做足投资准备工作。

5.1.1 投资基金应做好的心理准备

投资基金，除了前期的资金准备及基金相关知识的准备之外，投资者还要做好心理准备，因为基金虽然相对股票等投资方式而言比较稳定，但多多少少也还是存在一定风险的。

【技巧解析】投资者应该要做好的准备

基金投资要做好的心理准备有以下 3 点，如图 5-1 所示。

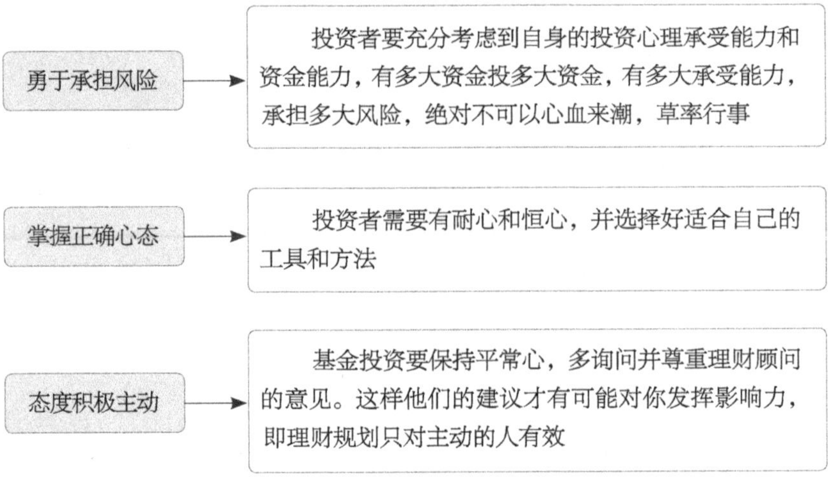

图 5-1 投资基金应做好的心理准备

5.1.2 投资基金的具体准备工作

无论做何种投资，投资者都必须根据自身的具体情况进行分析，分析自己适合什么样的投资、适合进行多大的投资、投资的期限有多长等。也就是说，投资者在投资之前必须找到一个适合自己的具体投资流程，投资基金也是一样，投资者应先做好如图5–2所示的准备工作。

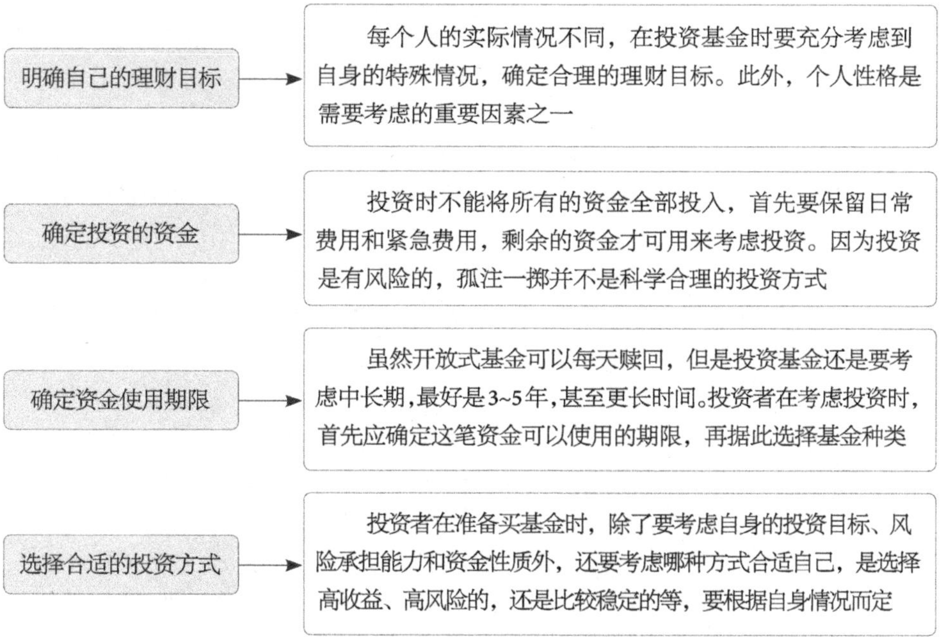

图5–2 投资基金的具体准备工作

投资者可以把这些要求进行量化，然后写在纸上，时刻提醒自己，这样在进行基金投资时才不至于迷失方向。

5.2 合理运用基金投资技巧

基金具有分散风险、由专家理财的优势，是老百姓最适合的理财工具。但是与存款不同，投资基金是一门学问，并不是所有的基金都能带来同样的收益。

尽管基金投资是面向普通百姓的投资方式，但是对于基金初学者而言，其不仅要具备必备的基金入门的基础知识，还需要掌握一定的基金投资技巧，进而在基金投资过程中取得理想的投资效果。

5.2.1 降低基金交易成本

目前，主流的开放式基金交易成本较高，基金投资金额较大甚至要支付上万元的费用，尤其是有的投资者将基金当股票一样高卖低买、频繁申购和赎回，使投资基金的成本侵蚀了自己的大量投资收益。因此，投资者可以采用一定的方法，降低基金交易成本，具体如图 5–3 所示。

利用网上电子直销 →	投资者要善于利用网络交易，因为网络交易方式不仅方便快捷，更重要的还可以“天天特价”，很好地降低投资成本
采用后端收费模式 →	后端收费指赎回时再支付费用，如果投资者打算进行中长期投资，就要选择后端收费方式，这样会大大降低投资成本
选择合适的投资方式 →	投资者可以与朋友和同事一起购买，也就是基金团购，这使一次性购买的基金额度达到享受手续费优惠的金额，就有可能节省大笔费用
避免频繁买卖基金 →	基金本身所奉行的价值投资理念决定了其收益是细水长流式的，适合于长期投资，因此投资者不要频繁地买卖基金
分批建仓，摊薄成本 →	如果基金投资的费用比较高，投资者可以利用分摊成本的方法来降低成本，增加收益，即按照股票建仓那样分批买进，这样一来降低风险，二来降低交易成本

图 5–3 降低交易成本的技巧

专家提醒

对于大多数基金产品来说，申购、赎回的手续费都是比较高的。股票型基金申购费率通常在 1.5% 左右，对于持有期少于一年的投资者来说，赎回率也要 0.5%。如果投资者仅持有几个月就退出投资，每次 2% 的交易费用就显得很高。

5.2.2 基金红利再投资

基金投资者可以选择现金红利和红利再投资两种方式来掌握基金红利。为了鼓励投资者继续投资，基金公司对红利再投资一般不收取申购费，红利部分将按照红利派现日的每单位基金净值转化为基金份额，增加到投资人账户中。红利再投资不但能节省再投资的申购费用，还可以发挥复利效应，从而提高投资的实际收益。

例如，华夏回报的最大特点就是“到点分红”，将每次现金分红和红利再投资的收益率做了对比，结果非常惊人，如图 5–4 所示。华夏回报单位净值 1.604，累计净值 3.271，现金分红收益率为 227.1%；而采用红利再投资方式实际收益率为 402.46%，由此可以看出两者差异甚大。

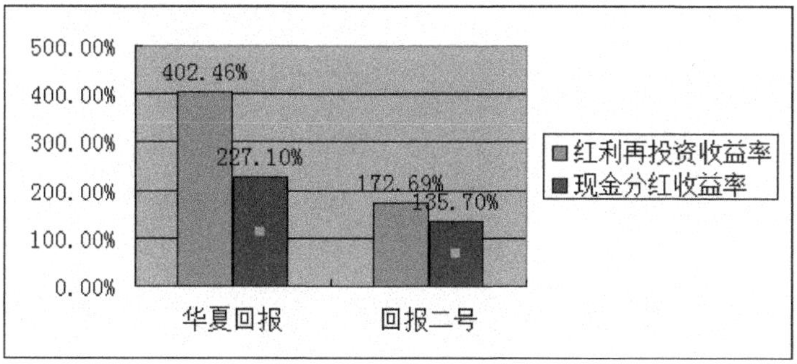

图 5–4 不同分红方式收益率比较

在市场良好的情况下，投资者用分红所得现金再参与投资，就晚一步享受基金净值上涨的利益。而选择红利再投资，就可以在分红当天实现复利投资下“利滚利”的高收益。因此，投资者如果想让分到口袋里的利益更多，就应该选择红利再投资的分红方式。

下面就以常用的“支付宝”手机 APP 平台为例，为大家介绍设置基金红利再投资的方法。

首先进入“支付宝”APP 主页面，单击“更多”按钮，如图 5–5 所示。

图 5–5 单击“更多”按钮

然后在展开的选项菜单中找到“财富管理”一栏，单击其中的“蚂蚁财富”按钮，如图 5-6 所示。

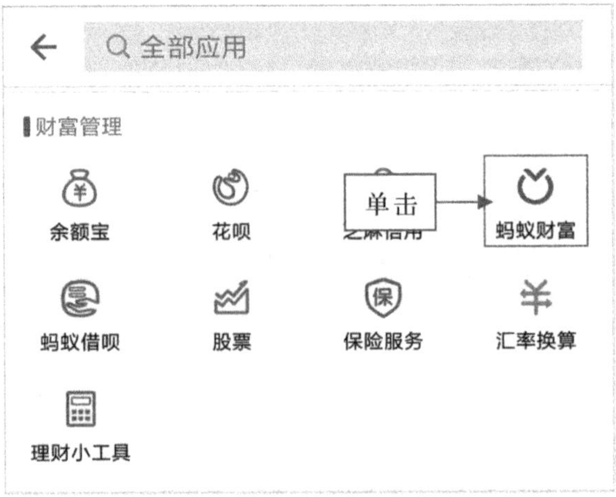

图 5-6 单击“蚂蚁财富”按钮

执行上述操作后，即可进入相应界面，在新界面中单击下方的“理财”按钮，如图 5-7 所示。

进入“理财”界面后，单击最上方的“基金”按钮进入“基金”页面，如图 5-8 所示。

图 5-7 单击“理财”按钮

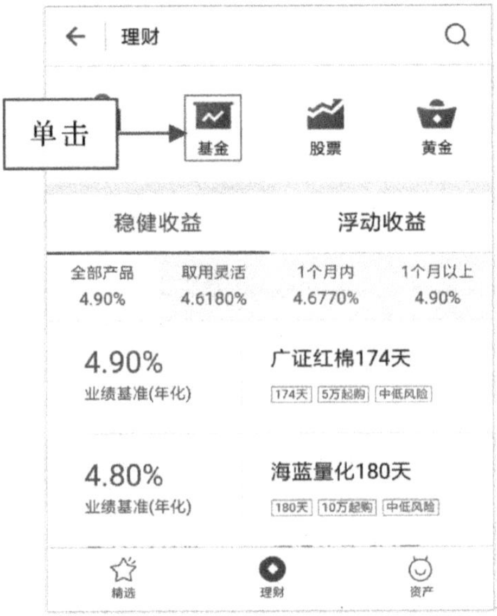

图 5-8 单击“基金”按钮

执行上述操作后，即可进入“基金”界面，然后单击下方的“持有”按钮，如图 5-9 所示。

之后便可以选择一只持有的基金，进入基金详情页面后单击下方的“分红方式”按钮，对其进行红利再投资设置，如图 5-10 所示。

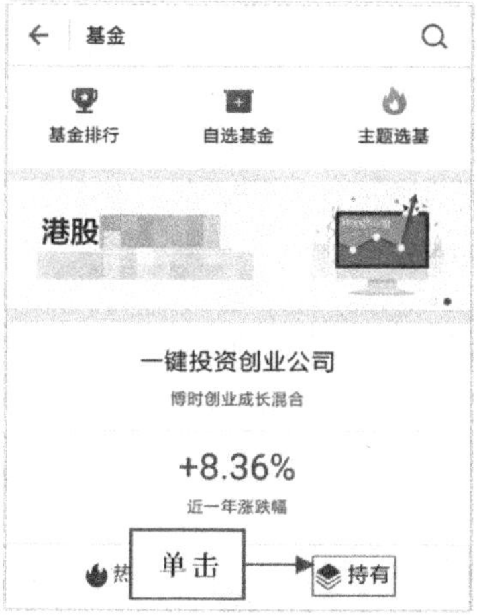

图 5-9 单击“持有”按钮

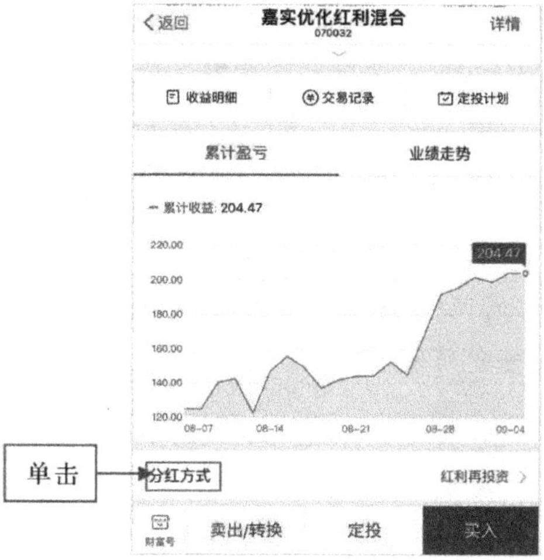

图 5-10 单击“分红方式”按钮

执行上述操作后，即可进入“修改分红方式”界面，再单击“红利再投资”按钮，其后出现“√”标记即表示红利再投资设置成功，如图 5-11 所示。

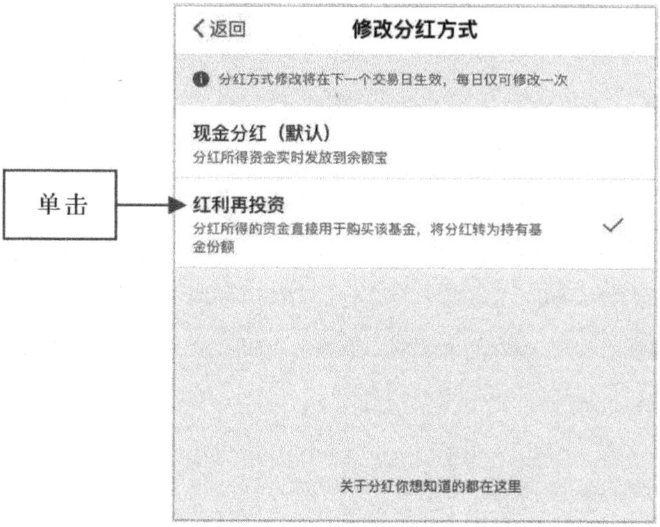

图 5-11 单击“红利再投资”按钮

5.2.3 不做波段操作

波段操作和长期持有是投资基金的两种操作方式：波段操作指最低点买进，最高点卖出，这样的收益肯定最高；长期持有指把投资时间拉长，忽略掉震荡的风险，可以实现最低点买进，最高点卖出的收益。

资本市场的走势历来都如小孩的表情一般变化无常，涨跌很难把握。在专业的研究团队都很难把握走势的情况下，非专业投资者若靠自己的分析预测去投资，多半辛苦攒下来的钱会像“肉包子打狗”一样，一去不复返。

基金投资的相关人士建议是不要做任何的波段操作，不要预测市场是高还是低。也许做一、两次波段操作会成功，这不奇怪，但通过市场分析家们对历史数据的分析证明，除非你能有70%以上对市场的正确判断，否则波段操作还不如长期持有。

专家提醒

当然，投资基金是波段操作还是长期操作，本身没有答案，仁者见仁，智者见智！但是，它有一个关键点，那就是要看投资者是什么样的人，如果投资者不具备深刻的投资理念，不具备高超的股票技术，也没有超人的股市预测能力等，而只是普通的朝九晚五的上班族，则长期持有基金对这类投资者是最合适的投资方式。

5.2.4 巧用基金套利

套利就是指通过各类投资产品市场的定价缺陷，进行获取利润的行为。对于不同的基金，其套利的方式也是不尽相同。

（1）**封闭式基金套利**。目前的封闭式基金价格与净值之间的偏差而产生的高折价率，将为投资封闭式基金带来较大的套利空间。另外，封闭式基金因在二级市场挂牌交易，本身也存在一定的价差套利机会。

（2）**跨市场套利**。目前已经成功开发的指数基金，如上证50ETF、LOF等基金品种，既提供了二级市场的交易功能，又提供了场外的申购、赎回功能。投资者除可进行二级市场的价差套利外，还可以进行场内、外的跨市场结算，从而实现套利目的。

（3）**开放式基金套利**。目前，还没有基金抵押贷款业务，投资者赎回基金难免遭受损失。在证券市场发生阶段性市场行情时，投资者只要把握市场行情的节奏，完全可以在行情启动前的时点购买股票型基金，而在行情阶段性见顶时，选择赎回。当基金净值的波动幅度所产生的收益足以抵偿申购、赎回费，并有较大盈利时，此法才可采用，从而实现开放式基金本身套利的目的。

（4）**模拟套利**。投资者购买基金不但从基金的分红中获利，还应当指导自身的证券市场投资。运用一部分资金跟踪基金的投资品种，并依基金的净值变化而决定所投资股票的买卖参考，从而实现投资基金的模拟套利。

（5）**基金品种之间的套利**。投资者在购买一家基金管理公司旗下的多只基金时，应选择适当时机进行基金之间的巧转换，从而实现基金之间的转换套利。如在证券市场转暖时，购买货币市场基金的投资者可择机将其转换成股票型基金，从而获取高于货币市场基金的收益。

（6）**政策套利**。目前，国内的基金市场还不是很完善，为获取某种基金产品的较高收益提供了一定的机会。如央行执行货币政策手段的变化，直接导致了货币市场基金主要投资品种央行票据收益发生变化，从而使货币市场基金的单位收益发生变化，产生套利机会。

了解了基金套现的方式，下面将介绍基金套利的技巧。

【技巧解析】掌握基金套利的时机

由于基金净值与证券市场有很大的关联，大盘的震荡调整，同样会促使基金的净值发生波动。对于投资者来说，与其担心基金净值的变化对今后的分红造成冲击和影响，还不如在掌握证券市场行情调整的情况下把握时机，进行基金套利，相关策略如下。

（1）选择下午 2:30 之前进行赎回，除非出现尾盘跳水情况，一般当日只要证券市场处于持续上涨阶段，在牛市行情中收阳的概率大大增加。

（2）证券市场不发生 5% 以上的深幅调整，不做基金的套利行动，其原因在于保守的基金认购或申购费率是 1.5%，赎回费率是 0.5%，特别是为重新买回基金所需的手续费为 1.5%。

（3）套利不会轻易拿绩优成长型基金做尝试。

5.2.5 分级基金套利

分级基金具有份额配对转换机制，这是分级基金套利的基础机制。基金份额的配对转换有拆分和合并两种转换行为，如图 5–12 所示。

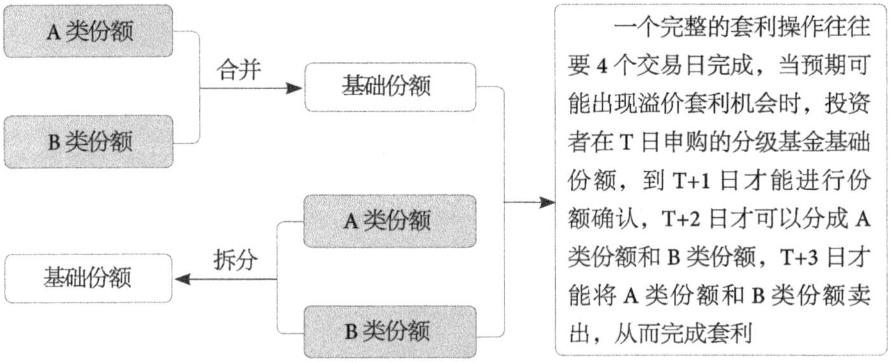

图 5–12 分级基金的套利机制

分级基金的套利操作主要发生于个别板块或市场短期大幅上涨时，资金追捧相关分级基金的 B 类份额，B 类份额溢价率短期内持续快速上升，使得分级基金 A 类份额和 B 类份额相对于基础份额的整体溢价率大幅超出正常水平（一般为 2%）。在存在份额配对转换机制的情况下，场外资金将通过申购基础份额并分拆为 A 类份额和 B 类份额并在场内卖出的方式实施套利操作，以在短期内获取溢价收益。

5.2.6 巧用基金转换

通常，投资者遇到在市场行情不好时会赎回基金，等待行情转好后再申购，这样一来一回要花费很多的手续费，因此可以利用基金转换业务节省这部分费用。不少基金公司为了推广基金转换这一业务，进行了不少的优惠措施。基金转换是指投资者将所购买的基金转换为同一基金公司旗下其他类型基金的一种业务。基金转换与赎回后重新购买最大的不同是转换更及时，一般只需要两个工作日即可完成，并且可以节省手续费。

【案例分析】在兴业银行中进行基金转换

下面以兴业银行的网上银行为例，介绍基金转换的操作方法。

登录网上银行后，单击导航栏中的“投资理财”按钮，在弹出的列表框中选择“基金代销 | 转换”选项，如图 5–13 所示。

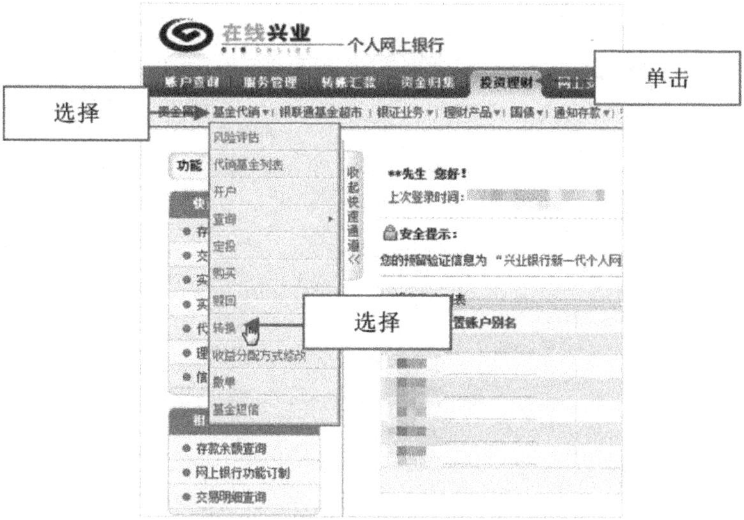

图 5-13 选择“转换”选项

执行操作后，进入“转换”界面，在银行账户列表中选中相应账户前的单选按钮，如图 5-14 所示。

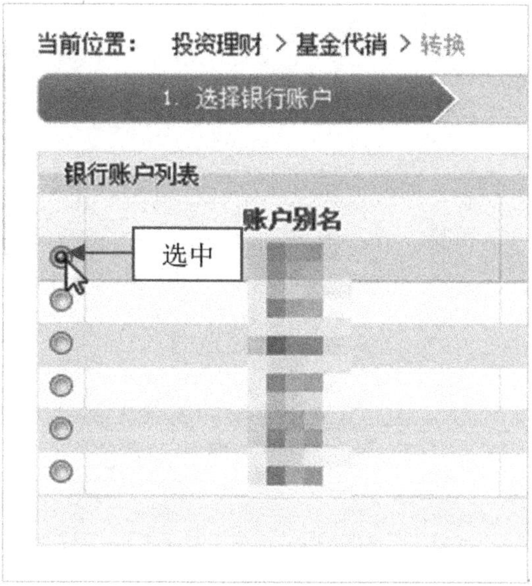

图 5-14 选择银行卡账户

单击“确认”按钮，进入“查询持仓基金”界面，在“基金持仓查询明细”列表中选择基金，单击右侧的“转换”链接，如图 5-15 所示。

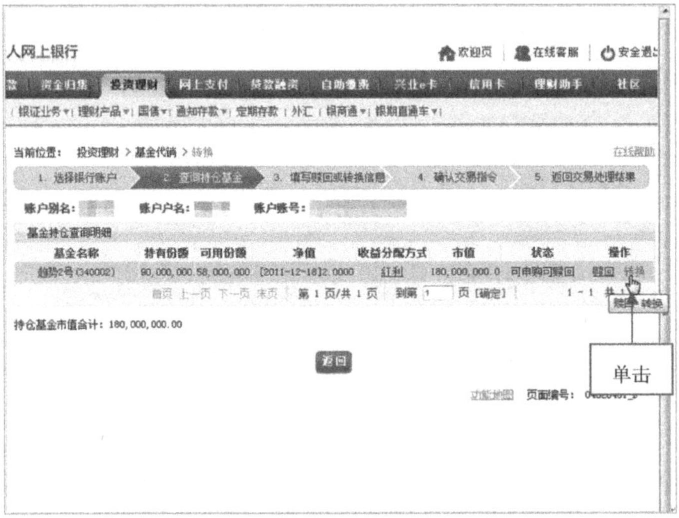

图 5-15 单击“转换”链接

执行操作后，进入“填写赎回或转换信息”界面，在“转入基金”列表框中选择要转换的基金，如图 5-16 所示。

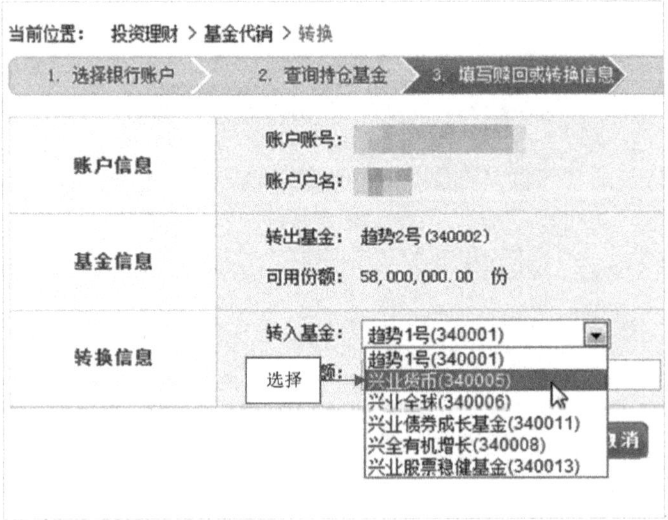

图 5-16 选择要转换的基金

设置相应的转出份额后，单击“下一步”按钮，即可发送转换基金的交易指令，如图 5-17 所示。

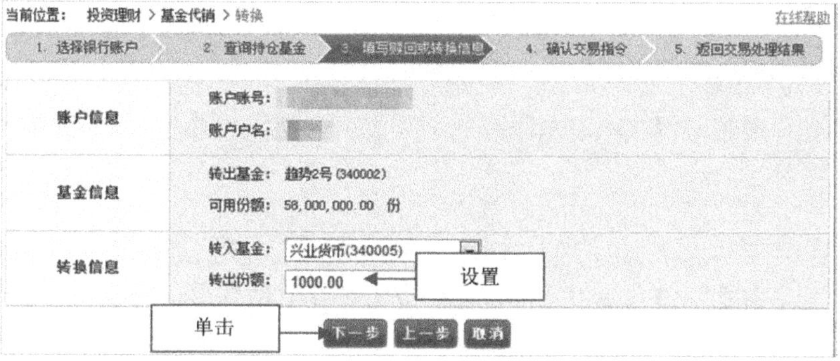

图 5-17 单击“下一步”按钮

5.2.7 新、老基金的选择

许多投资者认为：买老基金好一些，因为经过时间的检验，可以通过以往的业绩做出对比，而没有经过市场检验的新基金风险则相对大一些。这种看法是错误的，其实新、老基金各有各的优势和不足，不能笼统地说老基金就一定比新基金有优势。

新基金的优势主要表现在以下几个方面，如图 5-18 所示。

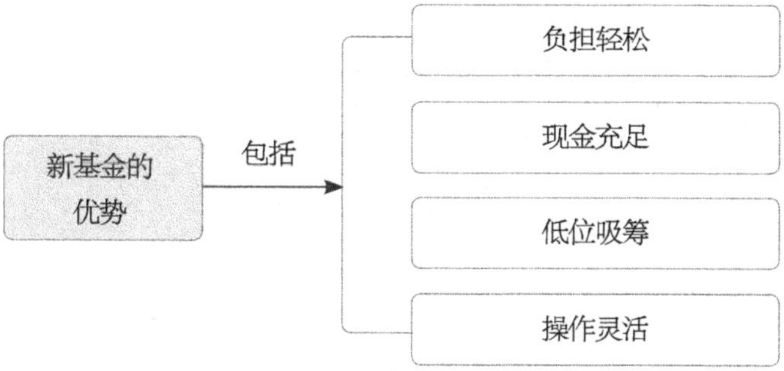

图 5-18 新基金的优势

下面将对图 5-18 新基金优势的 4 方面进行一一介绍。

1. 负担轻松

新基金刚进入金融市场，没有之前遗留下的调仓负担，更容易抓住投资市场上的机遇。

2. 现金充足

新基金由于刚进入金融市场，资产还没有用于建仓持股，有充足的资金用于申购新股，从而获得更多的利益。

3. 低位吸筹

新基金通常可以在金融市场的低位吸收更多便宜的筹码，从而得到更为有利的投资起点。

4. 操作灵活

新基金由于刚进入金融市场，还没有得到充分的发展，所以一般规模都不会太大，因此很容易操作，特别是在“熊市”时，灵活的操作让新基金更容易成为投资市场的“黑马”。

老基金也有其优势，主要有以下方面，如图 5-19 所示。

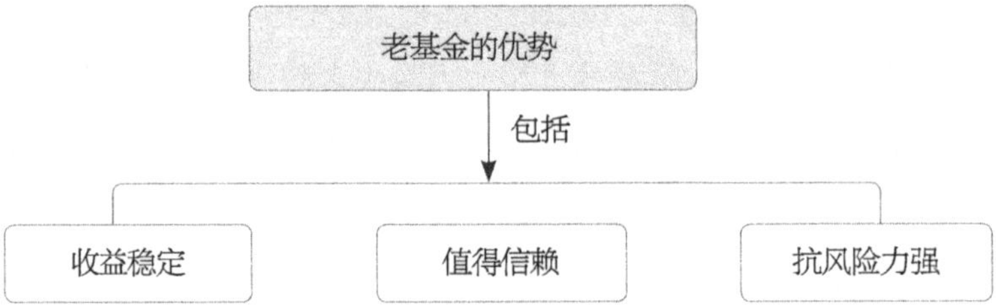

图 5-19 老基金的优势

【技巧解析】掌握购买基金的最佳时机

基金投资者在选择基金的时候，应该视时机而定，如图 5-20 所示。

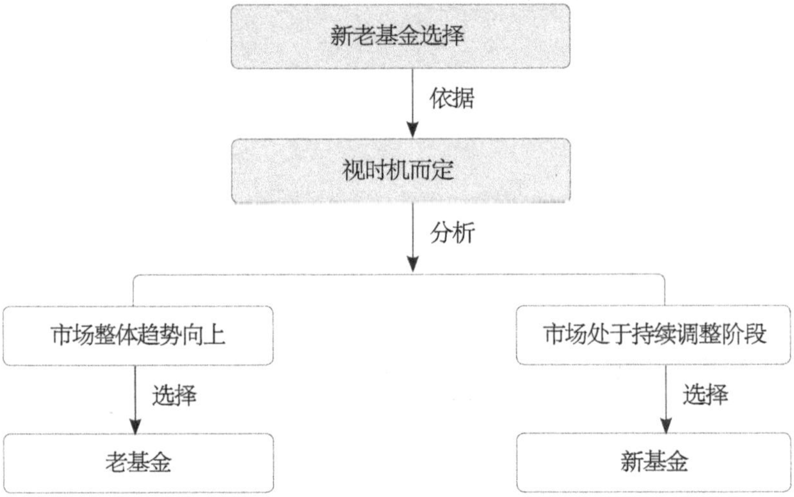

图 5-20 “视时机而定”选基金

对于新、老基金的选择来说，投资者一定要看清市场处于什么状态：如果市场处于牛市（指价格长期呈上涨趋势的证券市场），则购买老基金收益会更高；如果市场正处于熊市（指价格长期呈下跌趋势的证券市场），那么购买新基金则更有优势。此外，老基金的缺点在于已经有了很大的涨幅，申购费也会比新基金高，其优点则在于基金经理人经历了不同的市场行情，投资能力得到验证，便于投资者选择。相对来说，新基金的申购费用比较低，但是投资者选择的难度也比较大。

总之，新、老基金各有其利弊，投资者一方面要根据投资市场所处的格局进行选择，另一方面对于具体基金应该进行具体的分析总结。

5.2.8 注重价值投资

有一句谚语叫做："十鸟在林，不如一鸟在手"。意思是说，把握自己能把握的，即使少，也比那些没有把握到的东西强。投资基金也是一样的道理，这句谚语可用来类比成长投资和价值投资。投资者必须注重价值的投资，价值投资的要点如图 5-21 所示。

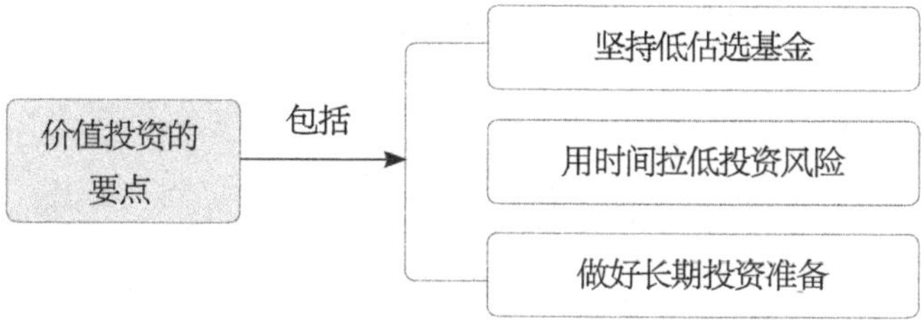

图 5-21 价值投资的要点

下面就将对图 5-21 中 3 个价值投资的要点一一做出解析。

1. 坚持低估选基金

只有低估了的基金才有安全边际，才有投资价值。市场短期来看是一个报价器，而长期来看却是一个称重器。在乐观的时候，报价器会报一个过高的价格；在悲观的时候，它又会报一个过低的价格。

作为一个价值投资者，就是要发现这种被报低的机会，买入并耐心持有，直到市场对它的错误报价进行修正之后再卖出，实现投资的正收益。

2. 用时间拉低投资风险

短期投资风险很大，长期投资风险很小。没有高收益、低风险的事，想要降低风险只有增加投资期限。

因此，股票型基金最好是长期投资，用来养老或者存给子女上大学；如果投资者 3 ~ 5 年就要结婚买房子，最好选择债券型基金；如果只想投资 3 个月、半年，则选择货币型基金比较好。

3. 做好长期投资准备

发现好基金后等待安全边际的出现，买入基金后等待其价值回归，卖出基金后等待下一次机会的来临，这些都需要耐心等待。

只有学会了耐心等待，投资者才能在投资市场中获得丰厚的回报。但是要做到这一点很难，因为这不仅需要对基金价值和前景的有深刻的理解，还需要克服人类固有本性：贪婪和恐惧。

5.3 改掉不良的投资习惯

有些基金投资者屡屡亏损，一个重要的原因就在于其思维方式的钝化，总是以经营门店的逻辑来推导基金市场，以致养成了许多不良投资习惯，无疑会在很大程度上影响投资回报，所以必须加以剖析和改正。

5.3.1 基金投资的不良习惯

归纳起来，投资者在进行基金投资时主要有 6 种不良习惯，如图 5–22 所示。

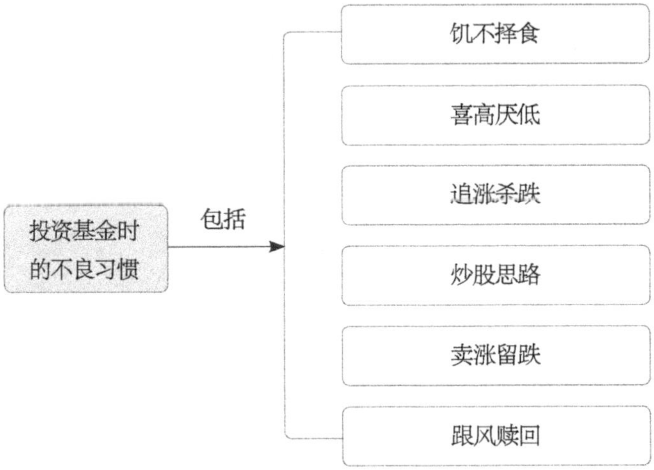

图 5–22 投资基金主要的 6 个不良习惯

下面就将对图 5–22 中 6 个不良投资习惯一一做出解析。

1. 饥不择食

部分投资者发现牛市行情降临，价格大幅上涨，由于担心错失机会，慌忙买进，结果不是买的基金有问题，就是买的时机出差错，有时甚至在强势基金的阶段性顶部位置介入，因而很难获利。

2. 喜高厌低

开放式基金并没有“贵贱”之分，在某个时间点上，所有的基金不问净值高低，都是站在同一起跑线上的，基金经理人的综合能力和给投资者的回报率才是取舍基金的依据。

3. 追涨杀跌

这类投资者惯性思维比较严重，市场行情上升的时候全力追涨，市场行情下跌的时候急忙“割肉”，结果使得市值在反反复复的操作中不断缩水。

4. 炒股思路

这类投资者把基金等同于股票，以为净值高了风险也高，用高抛低吸、波段操作、追涨杀跌、逢高减磅、短线进出、见好就收、买跌不买涨等股票炒作的思路来对待基金。这样做常常既赔了手续费，又降低了收益率。

5. 卖涨留跌

行情好时，大多数投资者会选择将获利的基金卖出，将被套的基金继续留着。结果，获利卖出的基金仍在继续上涨，而留在手中的被套基金却依然在低位徘徊。

6. 跟风赎回

很多投资者没有主见，看到别人赎回，唯恐自己的那份资产会受损失，也跟着赎回。而决定投资者进退的依据，应该是基金管理公司的基本面、投资收益率，和投资者对后市的判断。

5.3.2 基金投资的禁忌

投资理财，当家之道，用钱生钱的事现在更是大行其道。其实，投资基金并不是随随便便购买一、两只基金就一定能赚钱的。那么究竟怎样才能获得收益的最大化呢？最主要的一点就是投资者在投资基金时要讲究策略，注意一些投资“禁忌”，这样才能获得稳定的收益。

基金投资中主要有 4 大“禁忌”，如图 5-23 所示。

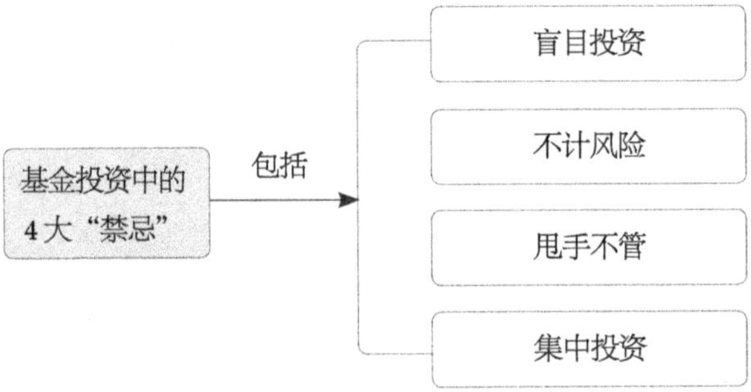

图 5-23 基金投资中的 4 大“禁忌”

1. 盲目投资

投资者应该对投资产品有深入了解，然后根据自己的投资目标有针对性地选择基金或投资组合，绝不能凭一时的冲动，盲目投资。

2. 不计风险

投资者一定要明白一个道理，任何投资都有风险，即便是现金也存在着灭失、贬值等风险。所以在投资的大方面上，投资者要先考虑自身对于风险的承担能力。

3. 甩手不管

投资者购买基金后可能会因为基金市场或单只基金净值出现较大变化，而形成投资损失。所以，购买基金后，投资者应通过基金网站、理财报刊及时关注基金的走势和运作情况，以免造成较大的投资损失。

4. 集中投资

集中投资会使投资者的抗风险能力大大下降，投资集中了，风险也会相应集中。投资适当分散，是避免风险集中的重要办法。

第6章

货币基金入门与实战

学前提示 >>>

当互联网金融的风暴来袭，最先发生改变的是互联网理财产品：货币基金变成了一种没有门槛限制、没有时间限制，并且随时随地可以投资的产品。随着互联网金融的发展，大量的网络理财产品不断涌现，随着“各种宝”等理财产品的火热推出，互联网销售理财产品开始接连掀起“抢钱”活动。

要点展示 >>>

货币基金：“宝宝”们的春天

市场全知，热门互联网理财产品

购买实战，宝类基金玩转攻略

6.1 货币基金："宝宝"们的春天

随着以余额宝为代表的理财产品的崛起，货币基金已成为公募基金的中坚力量，且正成为银行活期存款的有力竞争对手。

6.1.1 什么是互联网理财产品

从农耕时代到工业时代再到信息时代，技术力量不断推动人类创造新的世界。互联网，正以改变一切的力量，在全球范围掀起一场影响人类所有层面的深刻变革。互联网不断地颠覆着每个行业，传统的理财方式和观念也都在改变。

传统理财产品是商业银行与金融机构合作发行，将募集到的资金根据产品合同约定投入相关金融市场及购买相关金融产品，获取投资收益后，根据合同约定分配给投资者的一类理财产品。

互联网理财产品是去掉银行这个中介，通过互联网，让投资者的资金直接汇集到金融机构的一类理财产品。理财产品的投资项目有多种，包括股权投资、债权投资、信托贷款、证券投资、组合投资以及权益投资和另类型投资等。但从目前的实际情况来看，能够被互联网金融所接受的理财产品，只有低风险的投资项目，如图 6-1 所示。

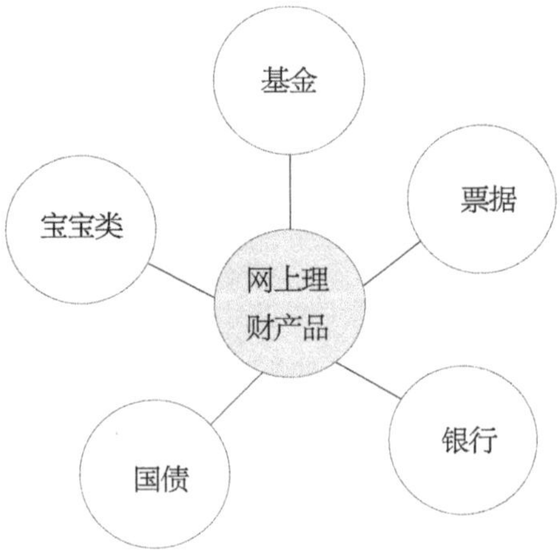

图 6-1 互联网理财产品

与券商的网上开店相比，基金们的策略简单而直接，效果也更明显，典型代表就是余额宝。基金公司设立货币型基金产品通过向网络公司提供接口，直接面对投资者，对接网上资金。天弘基金的增利宝（即余额宝）、华夏基金的财富宝、嘉实基金的活期宝等"宝宝"产品均成就了之前不敢奢望的产品规模。

另一方面，银行也纷纷推出"宝宝"产品，在尽力争取和挽留客户。银行与互联网在争夺客户的过程中，基金作为产品提供方，资产规模反而获得大发展。这既体现在与银行或互联网企业合作开发"宝宝"产品的基金公司资产规模上，也体现在整个行业的资产规模上。

无论是阿里巴巴集团的余额宝、百度推出的“百发”，还是腾讯的“理财通”和“现金宝”，都是与货币基金合作推出的产品。因此，互联网新型理财产品可以被看作是“第三方支付软件 + 货币基金”。

6.1.2 了解货币基金基础知识

货币市场基金投资的范围都是一些高安全系数和稳定收益的品种，在通常情况下能获得高于银行存款利息的收益，但货币基金并不保障本金的安全。货币基金的相关知识如图 6–2 所示。

风险方面 →	货币基金是流动性强、风险极低的现金管理工具，主要投资于债券、票据、定期存款等低风险产品
预期收益率 →	7 日年化收益率是货币基金的一个数据指标，但这个指标只能代表基金的历史，并不代表未来收益，且这个指标短期内甚至可以达到 10% 以上。因此，只有长期稳定的 7 日年化收益率才有参考价值
实际收益 →	近年来，货币基金的年最高收益率也才 4.85%。其实，货币基金更多是用来代替活期存款做更好的现金管理，而不是一个高收益的投资工具
挑选方式 →	由于货币基金的投资方向是低风险产品，因此规模越大的货币基金议价能力越强，更容易产生高收益

图 6–2 认识货币基金

货币基金资产主要投资于短期货币工具（一般期限在 1 年以内，平均期限 120 天），如国债、央行票据、商业票据、银行定期存单、政府短期债券、企业债券（信用等级较高）、同业存款等短期有价证券。

【技巧解析】七日年化收益率与每万份收益

在基金投资中，有两个非常重要的数据，这就是 7 日年化收益率与每万份收益。这两个数据与基金的收益息息相关。下面，就让我们来认识一下这两个数据。

（1）7 日年化收益率：是指货币基金最近 7 日的平均收益水平，进行年化以后得出的数据，如图 6–3 所示。

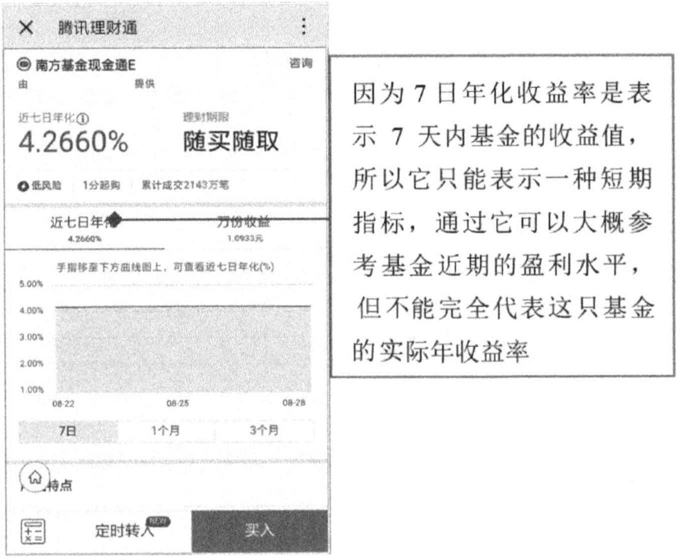

图 6-3　7 日年化收益率

（2）每万份收益：是指把货币基金每天运作的收益平均摊到每 1 份额上，然后以 1 万份为标准进行衡量和比较的数据，如图 6-4 所示。

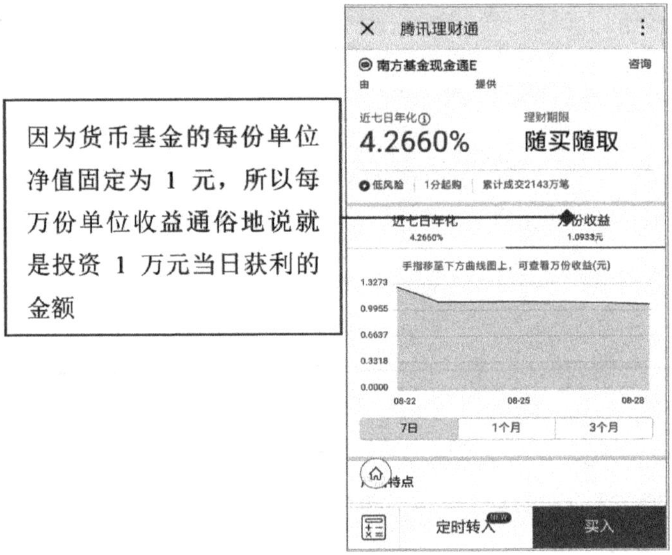

图 6-4　每万份收益

如今，很多基金网站或者投资机构不仅会给出基金的 7 日年化收益率，还会相应地计算出 3 日年化收益率、14 日年化收益率、30 日年化收益率等。这些数据可供不同期限的投资者进行参考。

【技巧解析】货币基金投资的常见误区

货币基金是绝佳的现金管理工具，跟活期存款、短期定期存款等产品组合一起可作为大部分普通投资者的现金管理工具。以余额宝为代表的 T＋0、日复利创新，基本上已经取代了活期存款和短期定期存款。

但是，对于普通投资者而言，如果不了解现金管理背后的现金使用行为和投资，就会出现一些投资误区。

（1）把所有钱都存在货币基金里

货币基金的一般年收益率在 3%~5% 之间，仅用于现金管理，由于其具备极强的流动性因此收益不会太高。投资者应将主要的投资资金放在其他更有较大收益的理财产品中，这样的投资才更科学合理。

（2）只看到投资收益

一些投资者了解到货币基金的低风险后，觉得相对于储蓄高收益的货币基金是十分值得投资的，因此往往忽略了资金流动性的问题。

（3）频繁“跳槽”

如果投资者只想把少量钱放在货币基金里，余额宝、理财通这样的投资工具无疑是最好的选择。一旦选定了平台，无论收益高低都不应频繁更换平台，而应将更多时间用在其他投资工具的研究和使用上。

专家提醒

根据历史收益频繁更换基金并不会获得更高的收益，即使是某一基金比另一基金高出 1% 的收益，用 1 万元投资一年才多出 100 元的收益。不过，不同于股票或衍生品等投资，理财产品是微中取利的增值方式，短期看并不能显著增加投资者收入；但是如果从长期来看，即使只有一、两个百分点的利息差异，几年后其收益的差距也会比较明显。

【技巧解析】货币基金投资的 4 大技巧

对大多数工薪族来说，若将 10 万元投入互联网理财产品，一年差不多能获得 6 千元收益，这无异于涨了一次工资。货币基金的主要投资标的是国债和银行间市场，等于把钱借给了国家和银行，其风险程度与存款并无区别。

虽然货币基金投资稳定，但在具体产品的选择上，还是有技巧可言的。总的来说，货币基金投资主要有 4 个技巧，如图 6-5 所示。

优先考虑老基金	这些老基金都经过一段时间的运作，其业绩变得十分明朗，而新发行的货币基金能否取得良好的业绩却需要时间来验证。同时，投资者应尽量选择年收益率一直名列前茅的高收益率的货币基金类型
多关注基金的过往业绩收益	通常，7 日年化收益率较高的货币基金，获利能力也相对较高。但是要注意的是，这个指标具有一定的局限性：因为如有某一天的收益特别高的话，那么含有这一天的 7 日年化收益都会被拉抬上去，所以 7 日年化收益章只能作为一个选择产品的参考指标而已，重要的还是要看过往的历史业绩和评价
参与基金分红	货币基金的分红方式只有“红利转投”，所以每个月基金公司会将累计的收益转化为货币基金份额，直接分配到投资者的基金账户里，同时货币基金赎回费率为 0，没有手续费
节假日前，可提前申购	在日常的节假日和周末，货币基金是同样会有收益的，所以遇到一些长假，可以提前在放假前的两个工作日前进行货币基金的申购，来获得假期的收益。货币基金一般在月末和季末还有年末这些时段中，收益率较高

图 6-5 货币基金投资的技巧

6.2 市场全知，热门互联网理财产品

目前，互联网理财产品形成了“百家争鸣”的状况，各大互联网公司都已上线理财产品，比较热门的有以下 9 种：阿里余额宝、微信理财通、百度“百发”、工银薪金宝、天天基金网活期宝、苏宁零钱宝、网易现金宝、华夏薪金宝、京东小金库。

下面就将为大家具体介绍上述 9 种互联网理财产品。投资者可以根据自己的实际情况，选择适合自己的互联网理财产品。

6.2.1 阿里余额宝

余额宝是内置于支付宝钱包的“挣钱功能”。它让用户的“电子钱包”变

成了“会挣钱的电子钱包”，如图 6–6 所示。

余额宝是支付宝打造的余额增值服务。把钱转入余额宝即购买了由天弘基金提供的增利宝货币基金，可获得收益。另外，余额宝内的资金还能随时用于网购支付，提取灵活。

图 6–6 “余额宝”首页

【技巧解析】余额宝的收益计算公式与规则

余额宝是支付宝为个人用户推出的通过余额进行基金支付的服务。把资金转入余额宝即为向基金公司等机构购买相应理财产品，余额宝的收益便来自所购买的理财产品的赎回收益资金。余额宝的具体收益计算与规则如下。

（1）每天的收益计算公式

当日收益=（余额宝已确认份额的资金 /10 000）× 每万份收益。假设用户已确认份额的资金为 20 000 元，当天的每万份收益为 1.10 元，代入计算公式，用户当日的收益为 2.2 元。

（2）余额宝的收益结算规则

余额宝的收益每日结算，每天下午 15：00 左右前一天的收益到账。购物消费支付和快速转出（实时到账和 2 小时内到账）的资金当天起没有收益。普通转出资金自资金到账日起没有收益。

（3）余额宝转入金额限制规则

用余额转入余额宝无额度限制，用不同银行借记卡快捷转入余额宝，其额度不同，以收银台提示限额为准。

（4）余额宝转出至银行卡到账时间

实时到账支持光大银行、平安银行、招商银行 3 家银行，转出限额以银行签约为主。

6.2.2 微信理财通

腾讯微信理财通是一款货币基金产品，合作伙伴包括华夏、易方达、广发和汇添富等 4 家基金公司。该产品于 2014 年 1 月 15 日上线，7 日年化收益率曾一度高达 6.4350%，相当于活期存款的 16 倍以上。

【案例分析】购买易方达基金易理财（000359）

理财通现阶段只能在手机端操作，在微信“我的钱包”界面即可找到理财通，用户完成简单的银行卡绑定手续后，即可购买理财通。

进入微信主界面后，单击右下角的“我”按钮，如图 6-7 所示。进入用户功能界面，单击“钱包”按钮，如图 6-8 所示。

图 6-7 单击“我”按钮

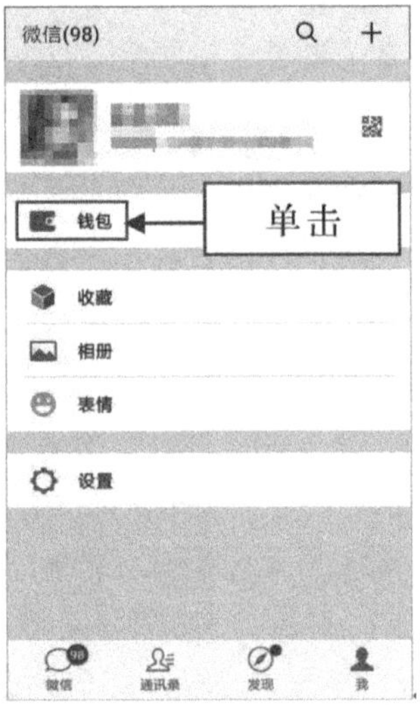

图 6-8 单击“钱包”按钮

进入“我的钱包”界面，单击“理财通”按钮，如图 6-9 所示。进入“理财通”界面，单击“理财”按钮，如图 6-10 所示。

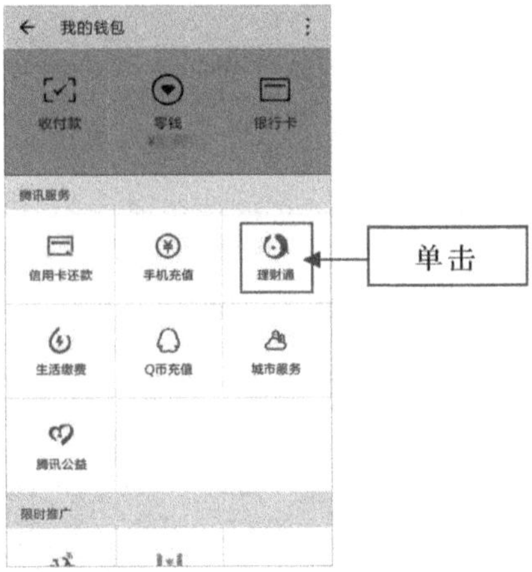

图 6-9 单击“理财通”按钮

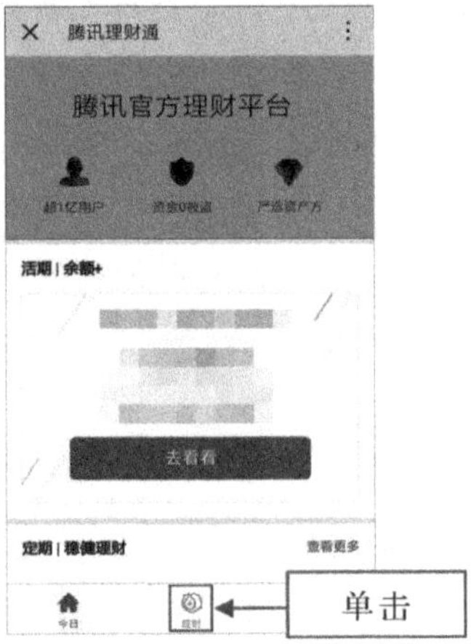

图 6-10 单击“理财”按钮

进入“理财”界面之后，单击相应的理财产品，即可进行选择，如图 6–11 所示。执行操作后，进入买入界面，设置相应的买入金额，选中“同意服务协议及风险提示”复选框，并单击“买入”按钮，如图 6–12 所示。

图 6–11 选择相应的理财产品

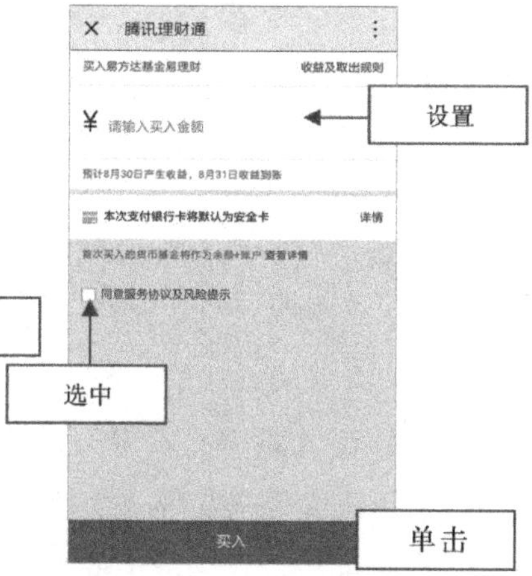

图 6–12 单击“买入”按钮

单击“买入”之后，页面会转至“请输入支付密码”界面，投资者只需直接输入支付密码即可，如图 6–13 所示。正确输入支付密码之后，如果页面转至如图 6–14 的界面，就表示购买成功了。

图 6–13 “请输入支付密码”界面

图 6–14 支付成功

相比余额宝，微信理财通最大的优势在于广阔的用户覆盖面。对于不少人来说，手机当中打开频率最高的一款 APP 应用就是微信。有强劲的用户覆盖度，再加上支付经验的不断优化，微信理财通就很有可能获得余额宝的规模效应。

此外，腾讯一直致力于打造微信移动平台上的 O2O（Online To Offline，线上到线下）市场，微信支付被赋予了不少线下支付场景，包括打车、吃饭、看电影等。若腾讯能成功攻下移动平台上的 O2O 市场，则也将进一步推动用户将资金注入微信平台以及微信理财通。

6.2.3 百度“百发”

继阿里“余额宝”之后，互联网金融业务开始成为互联网巨头们的标配，百度同样不例外。百度于 2013 年 10 月 28 日正式上线“百度金融中心——理财平台”。

“百发”是百度金融中心推出的首项理财计划，本着助百姓发财的目标，降低广大用户从传统金融向互联网金融迁移的门槛。

据统计，在百度“百发”推出的当天下午，销售便已超过 10 亿元，参与购买用户超过 12 万。

“百发”并不是一个产品，而是一个组合形式的理财计划。“百发”计划是一种互联网金融模式的创新。

如图 6-15 所示，这是“百发”为用户订制的理财计划中的精选基金产品。

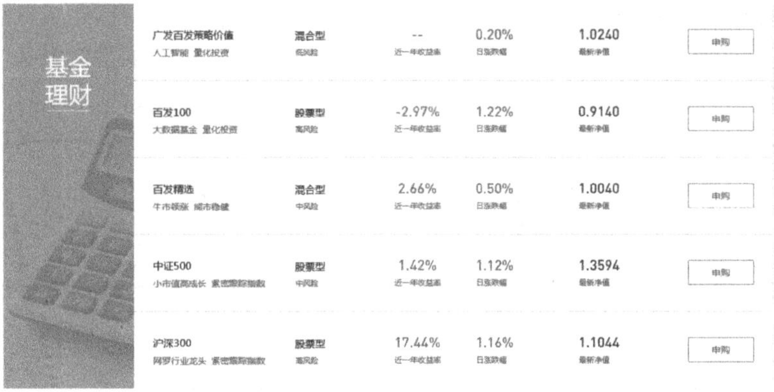

图 6-15 百度“百发”精选基金产品

“百发”自 2013 年 10 月上市以来，一直保持着接近 8% 的年收益率，这几乎是货币基金的两倍收益。“百发”是百度和华夏基金共同合作的金融理财产品，同样支持 1 元起买，随时可以赎回，比起市面上的传统理财产品，其门槛要低不少。

百度称“百发”年化收益率高达 8%，并将采取限量发售的方式，由中国投资担保有限公司全程担保。所以，该产品相对来说还是比较可靠的。

专家提醒

其实，想要达到这样的收益，从基金运作上来讲几乎不可能达到。实际上，用户花 100 元购买“百发”后，百度公司也会花费 100 元购入该产品相关联的货币基金，并将收益全部让利给用户，这样用户即可享受双倍的收益。不过，这样的运作方式是存在一定争议的，其所谓的回报，并不是完全来自于投资的。

6. 2. 4 工银薪金宝

所谓“工银薪金宝”，即工商银行发行的“工银薪金宝货币市场基金”的简称。它是一种收益与资金流动兼顾的理财产品，其产品便捷流动性可与活期媲美，其收益不输于定期存款。

薪金宝均无认购费、申购费和赎回费，首次认购或申购最低起点金额为 100 元，追加认购最低金额、申购最低金额均为 1 元，单笔赎回最低份额为 1 份，基金账户最低基金份额余额为 1 份。

薪金宝的流动性体现在支持 T+1 赎回到账，申购 T+1 计息。工银薪金宝流动性介于灵通快线与工银货币二者之间，收益也介于二者之间，适合于需要如此便捷流动和期待高于定期存款预期收益的投资者。

薪金宝主要投资于短期货币工具，如国债、央行票据、商业票据、银行定期存单、企业债券、同业存款等。薪金宝在所有证券投资基金中，风险相对较低，收益性相对稳定，适合偏好银行理财产品、货币市场基金和银行活期储蓄的投资者。

6. 2. 5 天天基金网活期宝

活期宝，原名“天天现金宝”，是天天基金网推出的一款针对优选货币基金的理财工具。充值活期宝（即购买优选货币基金），收益最高可达活期存款 10 余倍，远超过 1 年定期存款的收益，并可享受“7 × 24”小时快速取现、实时到账的服务，其主要特点如图 6–16 所示。

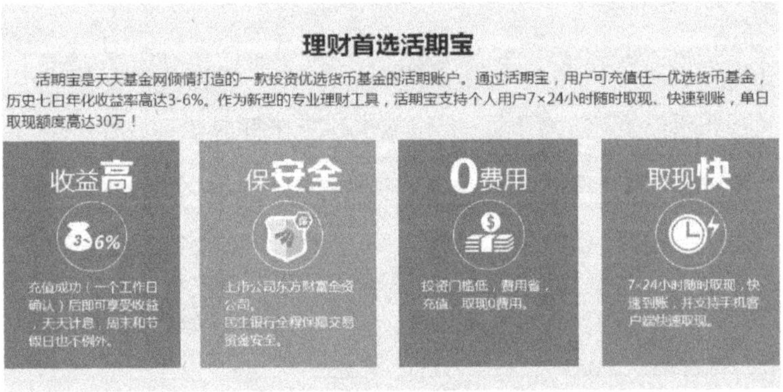

图 6-16 活期宝的主要特点

活期宝享受货币基金收益，轻松获取 11 倍～ 23 倍活期存款利率，甚至超过 1 年期定期存款利率。活期宝不仅利率高，其收益率计算标准也对用户十分有利，默认以最高 7 日年化收益为基准，如图 6-17 所示。

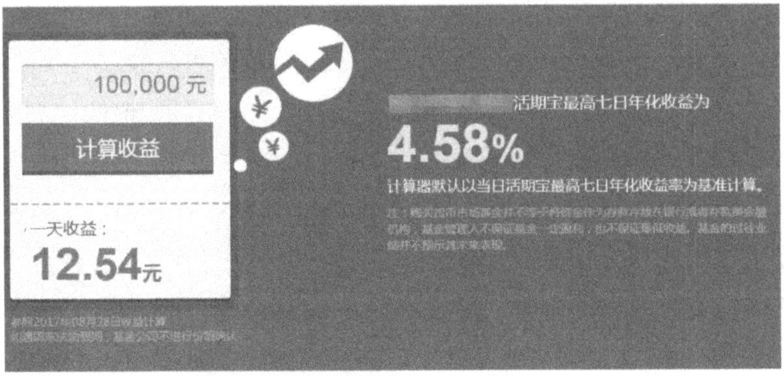

图 6-17 活期宝“计算收益”

用户可以通过天天基金网快速完成活期宝的开户操作，具体方法如下。

首先进入“天天基金网 | 活期宝”页面，单击“10 秒免费开通”按钮，如图 6-18 所示。

然后进入“填写个人信息”页面，填写真实姓名和手机号码，设定相应的交易密码，并单击“下一步”按钮，如图 6-19 所示。

图 6-18 单击“10 秒免费开通”按钮

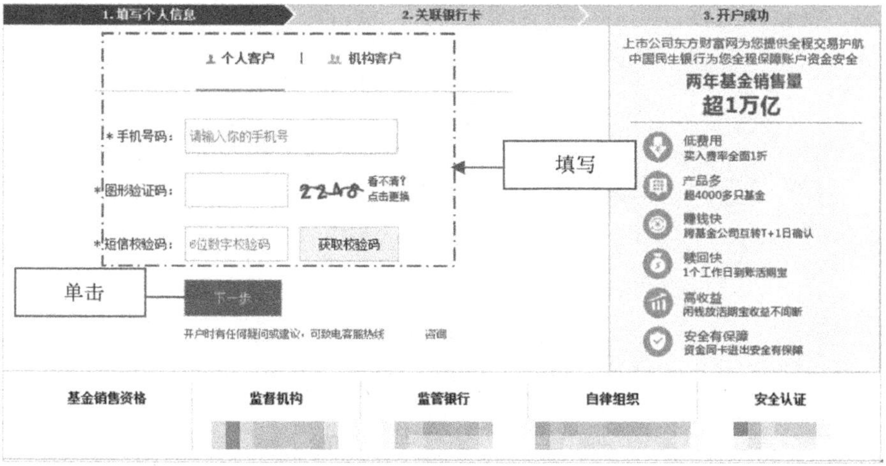

图 6-19 填写个人信息

最后进入“关联银行卡”页面，选择支付通道，然后单击“下一步”按钮，如图 6-20 所示。

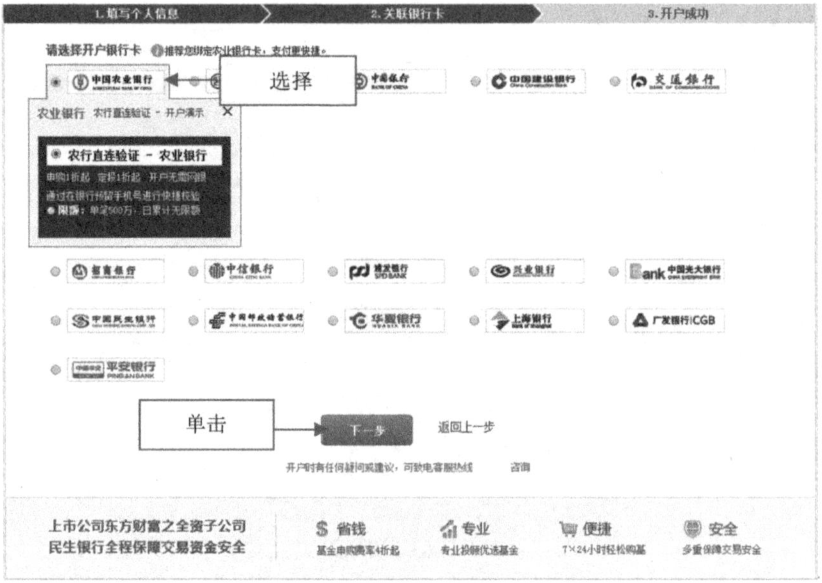

图 6-20 关联银行卡

执行上述操作后，系统提示开户成功，即可完成开户操作，如图 6-21 所示。

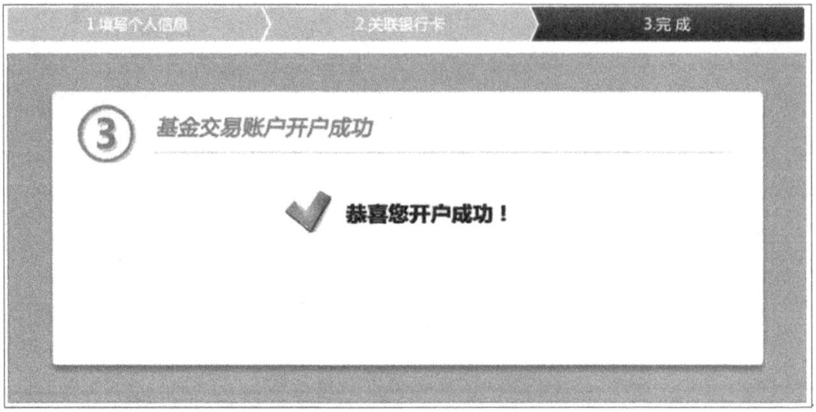

图 6-21 开户成功

活期宝享受货币基金收益，轻松获取 11 ~ 23 倍活期存款利率，甚至超过 1 年期定期存款利率，如图 6-22 所示。

另外，天天基金网独家功能“活期宝一键互转”，可以随时将低收益货币基金转换为同期的高收益货币基金，如图 6-23 所示。

活期宝基金每日播报

基金代码	基金名称	日期	每万份收益(元)	7日年化收益率(%)	
003473	南方天天利A	08-28	1.4205	4.58%	充值
001666	鹏华添利宝货币	08-28	1.1905	4.43%	充值
003402	安信活期宝货币A	08-28	1.2316	4.36%	充值
000588	招商招钱宝货币A	08-28	1.2151	4.19%	充值
000638	富国富钱包货币	08-28	1.0819	4.18%	充值
000600	汇添富和聚宝货币	08-28	1.1582	4.18%	充值
000891	博时现金宝货币B	08-28	1.1243	4.16%	充值
003003	华夏现金增利货币A/E	08-28	1.1173	4.16%	充值
660007	农银货币A	08-28	1.1375	4.11%	充值
000379	平安大华日增利货币	08-28	1.2400	4.11%	充值

图 6-22 活期宝中的货币基金收益情况

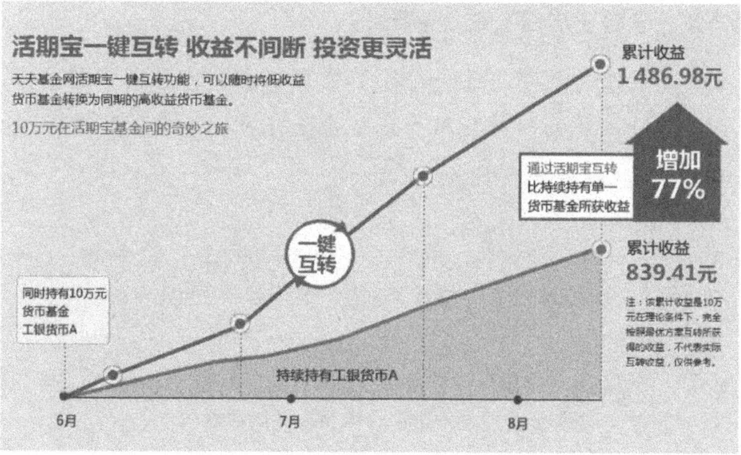

图 6-23 活期宝基金间的一键互转功能

6.2.6 苏宁零钱宝

零钱宝是第三方支付平台苏宁易付宝为个人用户打造的现金理财产品。用户存放在零钱宝中的资金不仅能够得到较高收益，还能随时进行消费和快速转出，方便灵活且不收取任何手续费，如图 6-24 所示。

图 6-24 苏宁零钱宝

【技巧解析】苏宁零钱宝的主要特点

零钱宝理财产品将合作基金公司的基金直销系统内置到易付宝中，而易付宝和基金公司通过系统的对接为用户完成基金开户、基金购买等一站式金融理财服务。零钱宝的主要特点如图 6-25 所示。

操作简单 使用灵活	→ 零钱宝内资金可随用随取，既可用于网上购物、充值缴费、转账和信用卡还款等，也可以转到易付宝账户或银行卡
全程监管 安全保障	→ 由银行对零钱宝资金实行全程监管，确保资金安全；易付宝提供全方位的安全保障体系，使用户加倍安心
创新优势 更多选择	→ 精选国内实力顶尖的基金公司，资产管理能力更强，多只货币基金可自由选择，打破同类产品选择单一的缺点，充分保障用户权益

图 6-25 零钱宝的主要特点

易付宝是由苏宁云商集团股份有限公司（苏宁易购）全资成立的一家独立第三方支付公司，注册资金 1 亿元。“零钱宝”是内嵌于易付宝的“挣钱功能，与支付宝推出的“余额宝”类似”。

同时，“易付宝”还是一款移动电子钱包 APP，其最新版本中新增了理财应用“零钱宝”，如图 6-26 所示。

图 6–26 “易付宝”APP 中的“零钱宝”应用

6.2.7 网易现金宝

现金宝是网易理财平台通过合作方提供的一款具有较高收益且随取随用的基金产品，是汇添富基金公司的一款货币基金，如图 6–27 所示。投资者可将每月不用的闲钱购买现金宝，即可享受货币基金收益。现金宝取现非常方便，而且无手续费，取现实时到账，流动性非常好。

图 6–27 网易现金宝理财平台

【技巧解析】网易现金宝的收益情况

现金宝支持 1 分钱起购，收益会在转入的对应工作日进行确认，当日的收益会在下个工作日公布并发放。如图 6–28 所示，为网易现金宝某段时间的收益情况。

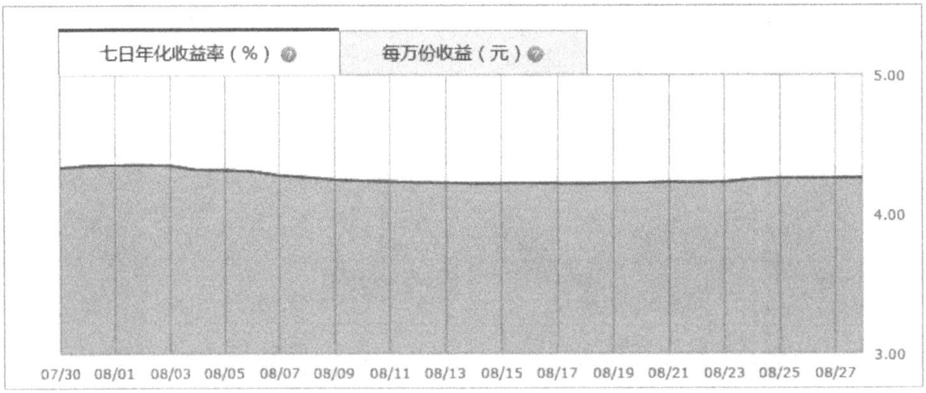

图 6–28 现金宝某段时间内 7 日年化收益率走势图

现金宝支持自动充值和保底归集两种自动攒钱方式，自动充值就是绑定工资卡，定期将指定金额的资金自动转入现金宝，让投资者的银行卡内闲置资金“活”起来，享受远超活期的收益。而保底归集是自动充值的升级版，无需繁琐的设置，仅需指定卡内需保留的金额，超出部分每天将自动为用户充值到现金宝。

6.2.8 华夏薪金宝

华夏薪金宝是由华夏基金与中信银行联手为个人用户打造的一项活期资金余额增值服务，如图 6–29 所示。用户在各中信银行网点就可以办理相关业务并购买华夏薪金宝。

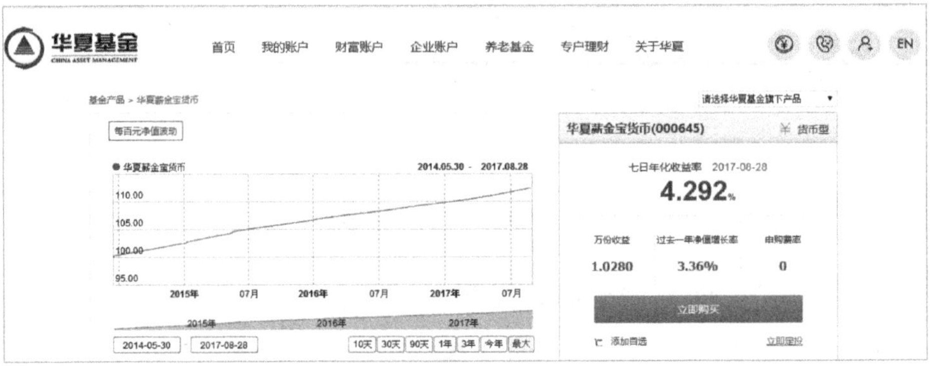

图 6–29 华夏薪金宝首页

【技巧解析】华夏薪金宝的特色

华夏薪金宝的特色在于其申购和赎回全自动模式及支付取现功能。通过华夏薪金宝，用户不仅能够得到收益，还能随时取现消费和转账，像使用活期存款一样方便，如图 6-30 所示。

智能赎回
即用即取
→ 华夏薪金宝支持余额理财申购，投资者可灵活设定银行账户活期账户的保底金额，超出部分自动申购华夏薪金宝货币基金，最大程度优化现金管理。若投资者急用钱快速变现，则可通过 ATM 机取现

自动变现
想刷就刷
→ 普通货币基金使用时需提前赎回，到账后才能使用。华夏薪金宝智能变现，用户可灵活设定银行账户活期账户的保底金额，超出部分自动申购华夏薪金宝货币基金；当用户卡面余额不足时系统会自动触发快速变现基金份额，刷卡消费无忧无虑

随用随转
快速到账
→ 华夏薪金宝货币基金账户只关联中信银行借记卡，只在同一张借记卡上完成资金的转入转出，银行卡理财，交易更安全，可还信用卡、车贷、房贷急用钱，无需赎回，直接转账汇款，自然日 0:00 至 24:00 支持快速变现，保障资金流动性，使用户轻松享受生活

图 6-30 华夏薪金宝特点

6.2.9 京东小金库

京东小金库与阿里巴巴推出的余额宝类似，投资者把资金转入小金库之后，就可以购买京东的货币基金产品，同时小金库里的资金也随时可以用于京东商城购物，如图 6-31 所示。

图 6-31 “京东小金库”首页

京东小金库的收益是每日结算且按复利计算的，获得的收益自动作为本金第二天重新获得新的收益，其存入 1 万元的日收益如图 6–32 所示。

图 6–32 “京东小金库”的收益计算

6.3 购买实战，宝类基金玩转攻略

互联网理财产品多种多样，投资者必须擦亮眼睛，选择适合自己的产品，只有适合的理财产品才能为投资者带来其真正希望的收益。在了解了常见的互联网理财产品并选定了适合自身的理财产品后，投资者就需了解购买的具体操作了。

本节以“余额宝”的实战操作为例，对如何注册账户、注入与转出资金进行详细介绍，供投资者参考。

6.3.1 账户注册

支付宝的账户注册非常方便，并且提供电脑注册和手机端注册两种注册方式，用户可以根据自身情况自行选择注册方式。

【案例分析】使用电脑注册账户

通过电脑注册支付宝的具体操作方法如下。

在电脑上打开支付宝主页，填好相关资料，用户就可以很快拥有一个支付宝账户，如图 6–33 所示。

图 6-33 支付宝注册界面

拥有了支付宝账户之后，系统就会自动生成一个余额宝账户，支付宝的余额账户有两个：一个是支付宝账户，另一个是余额宝。

这两个账户之间是可以随时相互免费转账的。单击余额宝中的“管理”链接，即可进入“余额宝界面”，如图 6-34 所示。

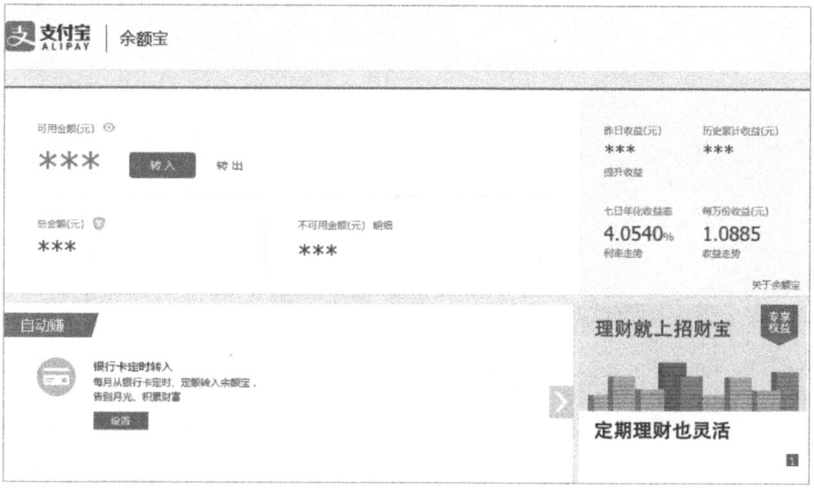

图 6-34 “余额宝”界面

【案例分析】使用手机注册账户

通过手机注册支付宝的具体操作方法如下。

打开“支付宝钱包”APP 后，单击“注册”按钮，如图 6-35 所示。

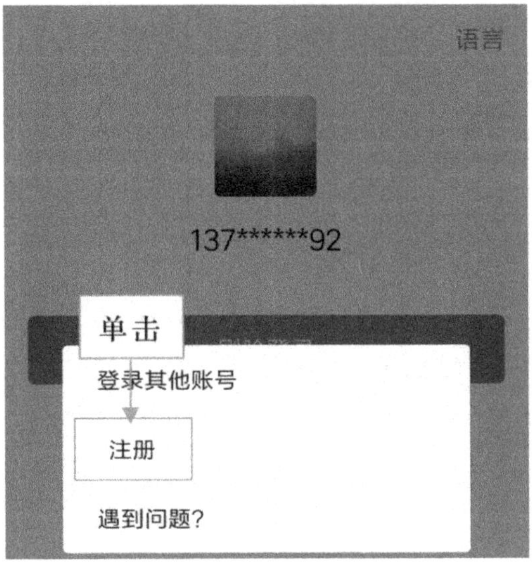

图 6-35 单击“注册”按钮

执行操作后，进入“注册”界面，输入手机号，并单击“注册”按钮，如图 6-36 所示。

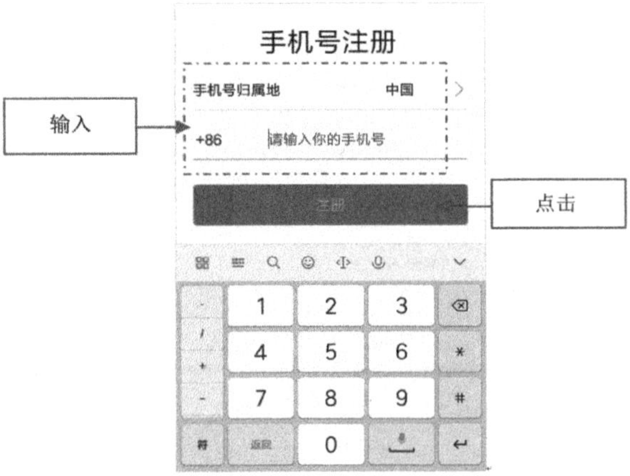

图 6-36 单击“注册”按钮

弹出“确认手机号”对话框，单击“确定”按钮，手机将收到验证短信，记住校验码。进入“填写校验码”界面，输入刚才收到的校验码，如图 6-37 所示。完成注册便会自动进入支付宝主界面，如图 6-38 所示。在支付宝首页单击右下角的“我的”按钮。

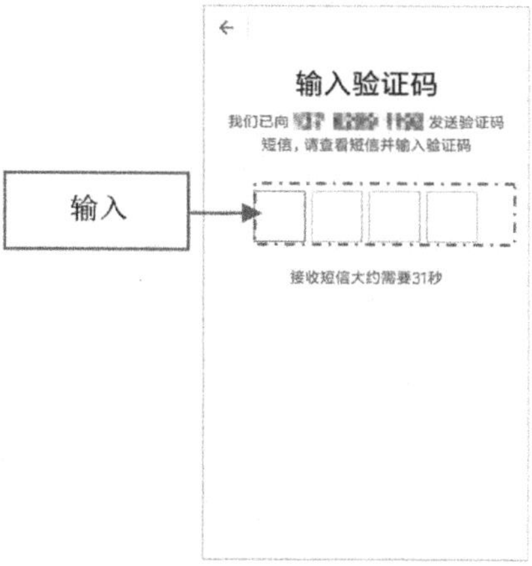

图 6-37 输入校验码

图 6-38 支付宝首页

执行上述操作后，进入“我的”界面，如图 6-39 所示。在“我的”界面中，单击“银行卡”按钮，即可进入“银行卡”界面，如图 6-40 所示。在“银行卡”界面，单击“+”按钮。

图 6-39 “我的”界面

图 6-40 “银行卡”界面

执行上述操作后，即可进入“添加银行卡”界面，如图 6-41 所示。在“添加银行卡”界面正确输入卡号之后，单击“下一步”按钮。

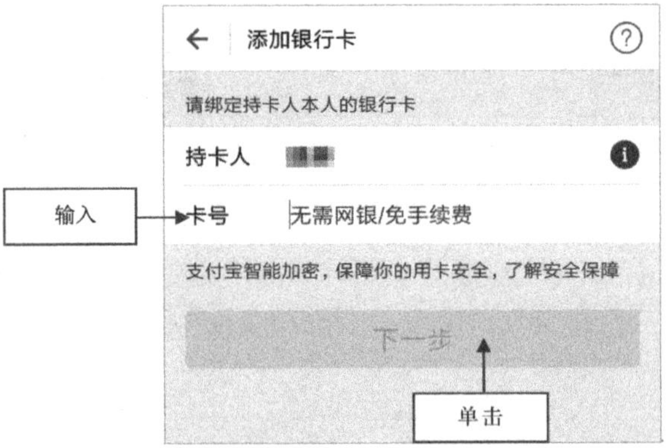

图 6-41 “添加银行卡”界面

执行上述操作后，页面转至“填写银行卡信息”界面，如图 6-42 所示。在“填写银行信息”界面正确输入相关信息之后，单击“下一步”按钮，然后进行信息验证后就会跳转至“添加银行卡”界面，并显示“添加成功”。在“添加银行卡”界面单击“完成”按钮，如图 6-43 所示。

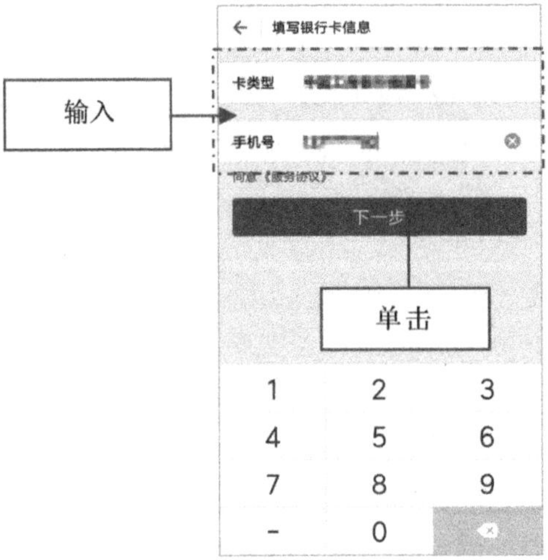

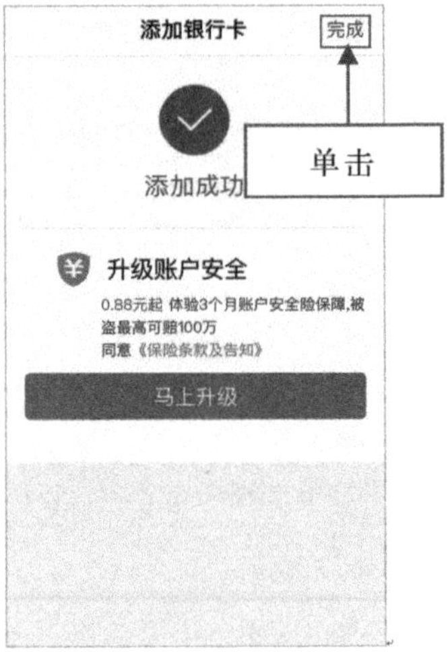

图 6-42 “填写银行卡信息”界面　　图 6-43 “添加银行卡”界面

执行上述操作后，页面转至“银行卡”界面，如图 6-44 所示。在“银行卡”界面单击银行卡所在区域，还可进入“银行服务”界面，了解银行卡详情，如图 6-45 所示。

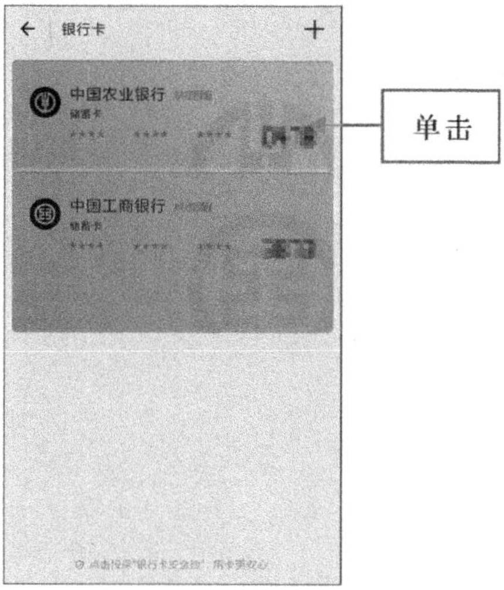

图 6-44 “银行卡”界面

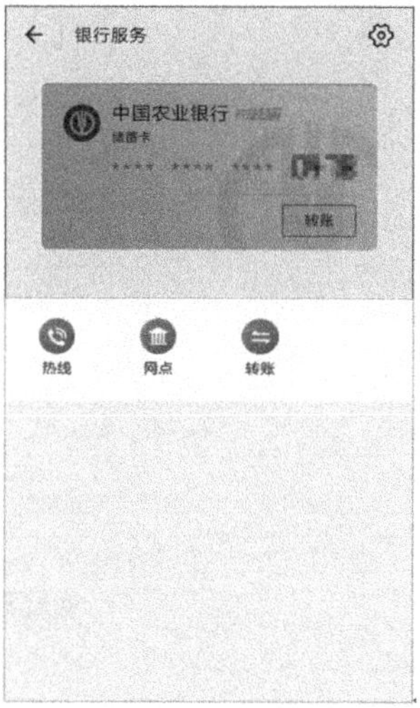

图 6-45 “银行服务”界面

6.3.2 转入资金

用户注册好账户并绑定银行卡后，即可将银行卡内的资金直接转入到余额宝中（即买入货币基金），开始理财投资。

【案例分析】使用电脑进行资金转入

通过电脑向余额宝转入资金的具体操作方法如下。

用户登录后，在支付宝的主页面单击“转入”链接，如图 6-46 所示。

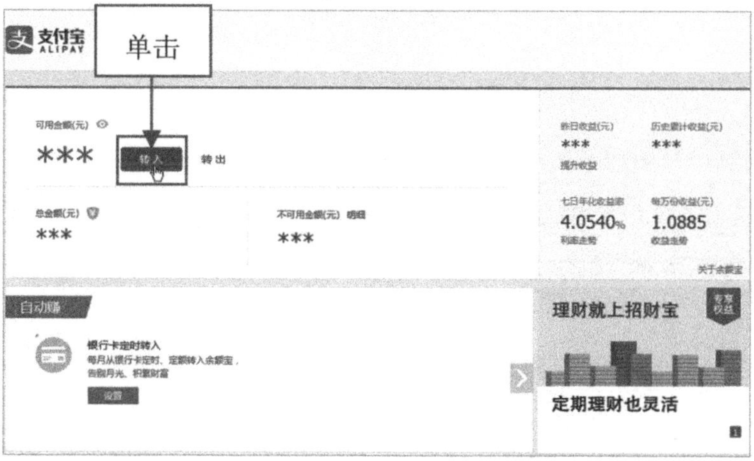

图 6-46 单击“转入”链接

输入需要转入资金的金额，单击“下一步”按钮，如图 6-47 所示。

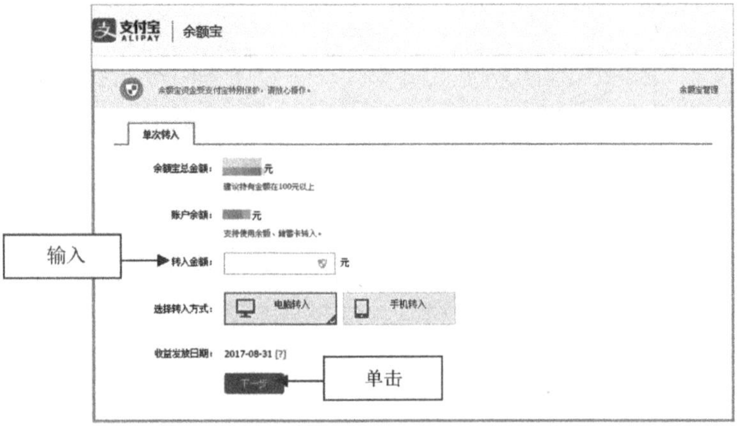

图 6-47 单击“下一步”按钮

选择转入资金的银行卡，单击“确认付款”按钮，如图 6-48 所示。

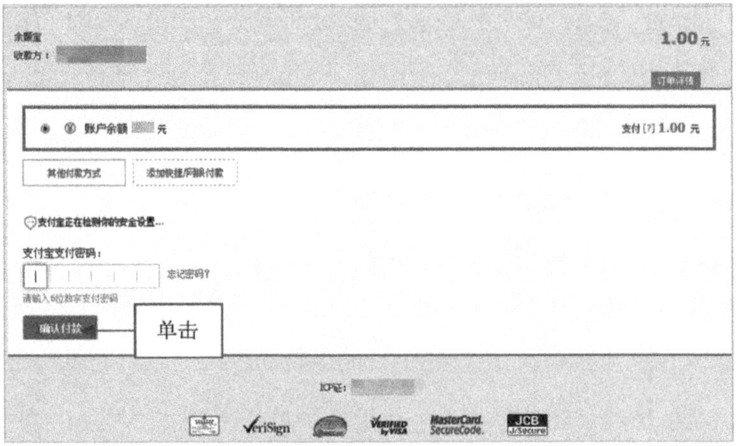

图 6-48 单击“确认付款”按钮

【案例分析】使用手机进行资金转入

用户可以通过“支付宝”APP，随时随地将资金转入余额宝中，其具体转入流程如下。

进入“支付宝钱包”主界面，单击“余额宝”按钮，如图 6-49 所示。

进入“余额宝”界面，单击“转入”按钮，如图 6-50 所示。

图 6-49 单击“余额宝”按钮

图 6-50 单击“转入”按钮

进入“转入”界面，输入相应金额，单击“确认转入”按钮，如图 6-51 所示。

图 6-51 单击“确认转入”按钮

在“输入密码”界面中输入支付宝支付密码，如图 6-52 所示，单击“确认”按钮。

完成密码输入之后，进入“结果详情”界面，单击右上角的“完成”按钮，如 6-53 所示。

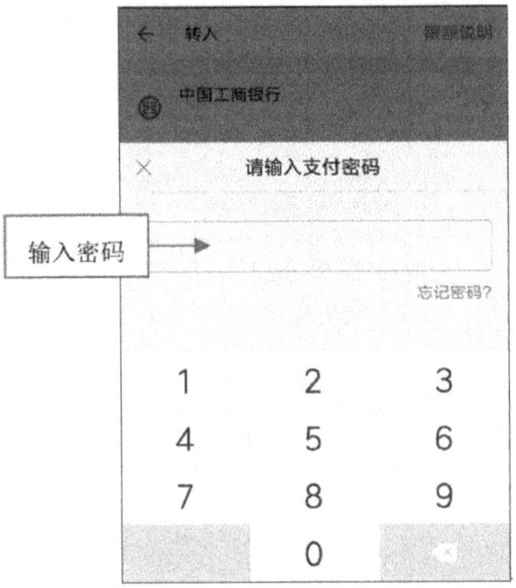

图 6-52 “输入密码”界面

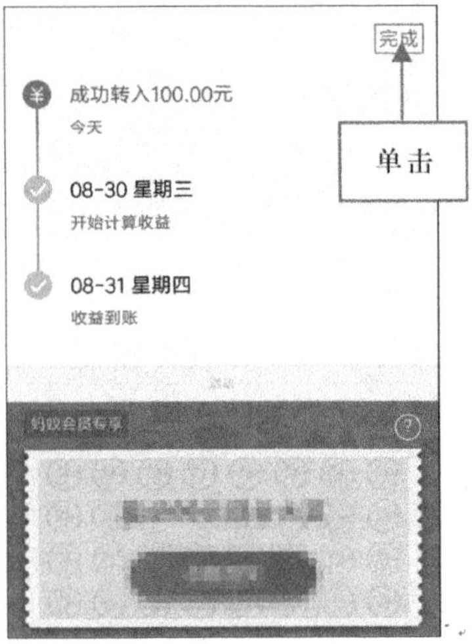

图 6-53 单击“完成”按钮

执行上述操作后，即可成功购买余额宝理财产品，如图 6-54 所示。

图 6-54 成功买入余额宝理财产品

6.3.3 转出资金

余额宝内的资金可以随时转出（即卖出货币基金），用户只需要有一台可以上网的电脑或是手机，即可完成资金转出的操作。

【案例分析】使用电脑进行资金转出

使用电脑转出余额宝资金的操作方法如下。

在余额宝主界面单击“转出”按钮，如图 6–55 所示。

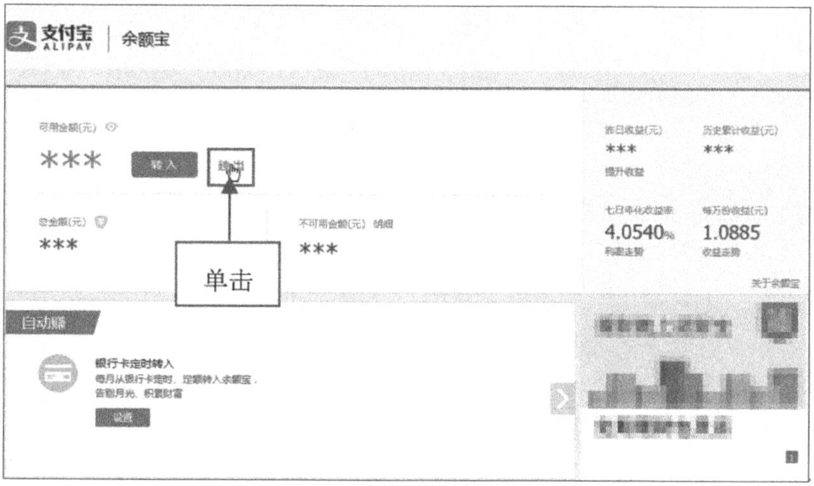

图 6–55 单击“转出”按钮

选择“转出至银行卡”并填写相关信息后，单击“确认转出至银行卡”按钮，即可将资金直接转至自己的银行卡内，如图 6–56 所示。

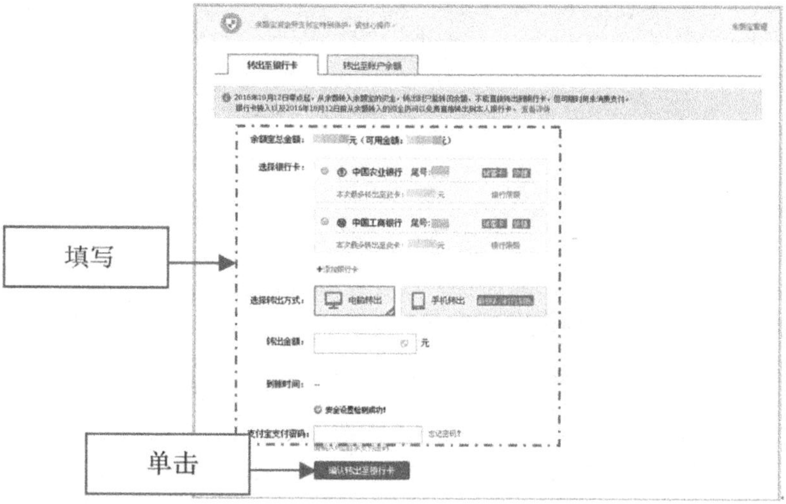

图 6–56 “转出至银行卡”界面

当然，用户也可以将余额宝内的资金转入到支付宝中，切换至“转出至账户余额”选项卡，输入转出金额和支付密码，单击“确认转出至账户余额”按钮，如图 6-57 所示。

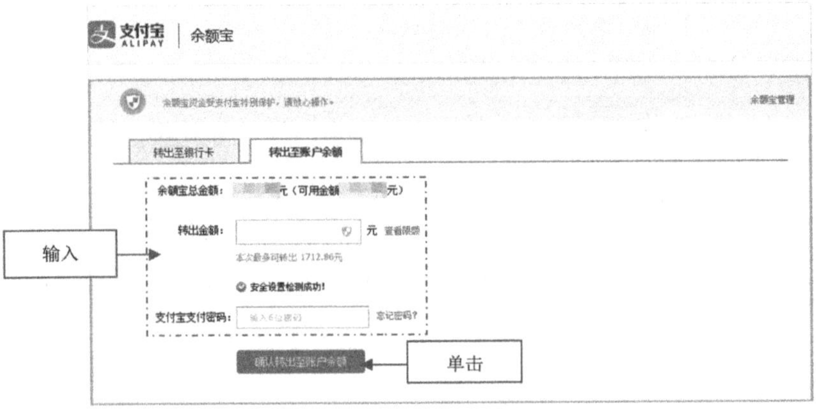

图 6-57 “转出至账户余额”界面

执行上述操作后，页面中会显示“转出成功”，如图 6-58 所示。

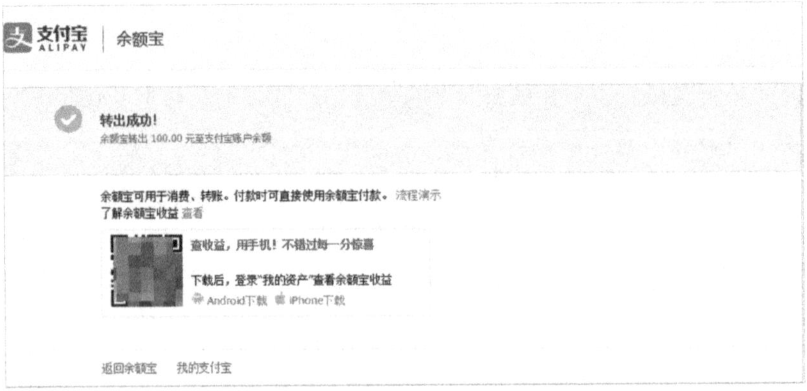

图 6-58 “转出成功”界面

【案例分析】使用手机进行资金转出

一般来说，使用电脑转出资金到银行卡会在第二天 24：00 之前到账，而使用手机转出资金一般只需要两个小时即可到账，其具体方式如下。

进入“余额宝”主界面，单击“转出”按钮，如图 6-59 所示。选择将资金转出至银行卡或支付宝，若用户的支付宝绑定多张银行卡，还可单击银行卡进行选择。

输入转出的相应金额后，单击“确认转出”按钮，如图 6-60 所示。

图 6-59 单击“转出”按钮

图 6-60 单击“确认转出”按钮

然后输入支付宝支付密码，如图 6-61 所示，在新跳出的页面中，单击“确定”按钮。执行操作后，进入“结果详情”界面，即可提交转出申请，等待银行处理即可，界面上同时显示了预计的到账时间，如图 6-62 所示。

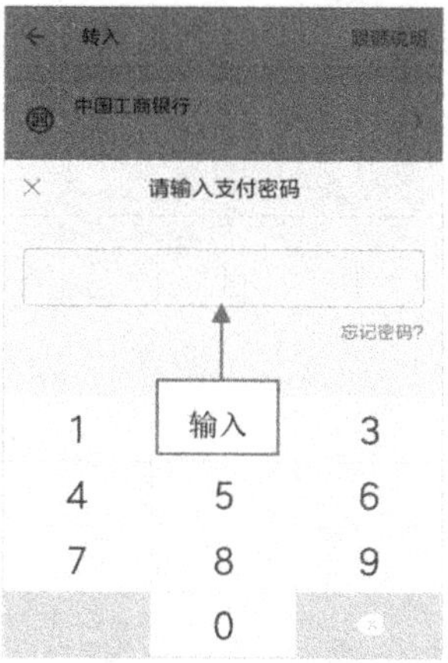

图 6-61 输入支付密码

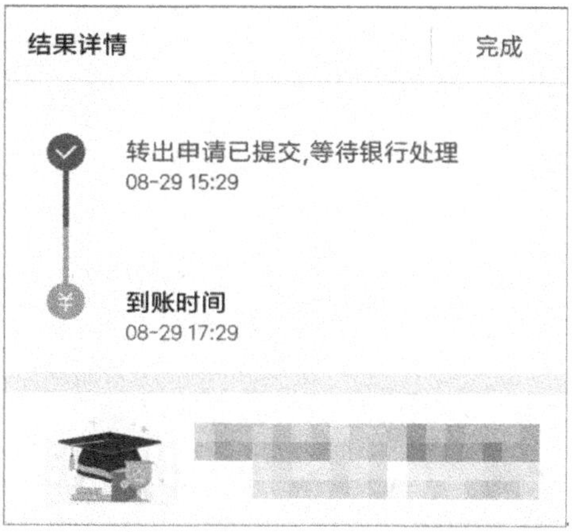

图 6-62 “结果详情”界面

第7章

基金产品入门与实战

学前提示 >>>

基金具有分散风险、由专家理财的优势，是最适合老百姓的理财工具。但是与存款不同，投资基金是一门学问，并不是所有的基金都能带来同样的收益。本章主要介绍基金的交易要点，帮助投资者了解各类基金交易的方式与规则。

要点展示 >>>

- 投资指数型基金与保本基金
- 投资LOF与ETF基金
- 投资封闭式基金与私募基金
- 投资分级基金与债券基金

7.1 投资指数型基金与保本基金

指数型基金（Inder Fund）就是以指数成分股为投资对象的基金，即通过购买一部分或全部的某指数所包含的股票，来构建指数基金的投资组合，目的就是使这个投资组合的变动趋势与该指数相一致，以取得与指数大致相同的收益率。

保本基金（Guaranteed Fund）属于低风险、收益较稳定的基金品种，是行情低迷时较好避险产品，具有保值、增值的功能，从长期来看其收益明显高于银行定期储蓄的收益，具有良好的储蓄替代功能。另外，在市场波动较大或市场整体低迷的情况之下，保本基金为风险承受能力较低并且以中长线投资为目标的投资者，提供了一种低风险同时又有升值潜力的投资工具。

本节就将介绍投资上述两种基金的具体方法和相关操作技巧。

7.1.1 投资指数型基金的方法

指数型基金能为投资者带来可观的收益，但也具有相当程度的风险，投资指数型基金需要一定的经验技巧。下面就将从 3 个方面出发，带大家充分了解指数型基金。

【技巧解析】指数型基金的交易优点

指数型基金就是指按照某种技术构成的标准，购买该指数包含的证券市场中的全部或者一部分证券的基金，其目的在于达到与该指数同样的收益水平。指数型基金的交易优点如图 7-1 所示。

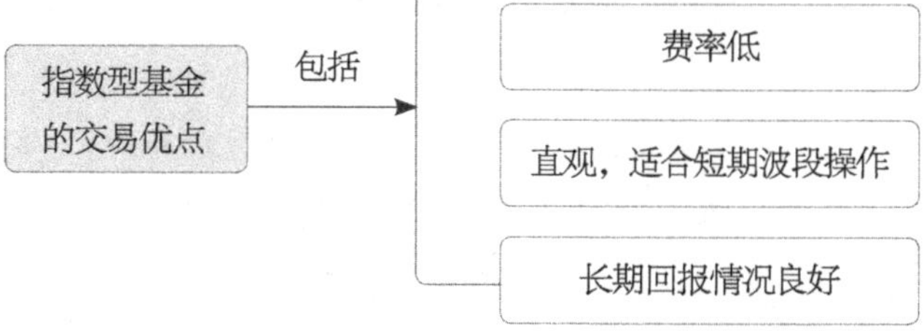

图 7-1 指数型基金的交易优点

指数型基金之所以可以在我国发展迅速与它的优势是分不开的。就在上证所推出上证 190 指数半年后的 2002 年 6 月，深交所的深证 100 指数开始发行。随后，作为国内第一只指数型基金的华安上证 190 指数增强型证券投资基金问世，指数型基金自此逐步登上了证券市场的舞台。但是指数型基金在我国的发展也并非是毫无阻碍的，它不可避免地存在一些系统风险和个股投资风险。为此，我国对优化指数型基金采取了一定的举措，来减少这些潜在的风险，如基金经理人会在指数走势判断的基础上，对指数化仓位进行调整，并在选股的过程中，融入调研和财务分析，以减少高风险个股进入投资组合的可能性。

【技巧解析】选择指数型基金的标准

目前指数型基金越来越多，如何选择投资是个十分重要的问题。投资者可以根据以下标准进行选择，如图 7–2 所示。

选择开发和管理能力强的基金公司 →	选择标的指数、降低跟踪误差、减少交易操作等，需要基金公司有比较强的管理能力
选择所跟踪指数表现优越的基金 →	目前，我国市场历史较长的指数有深证 100、上证 180、中标 300 以及新华 A200 指数等
选择跟踪误差小的基金 →	只有较好地控制跟踪误差范围，又能取得超越标的指数业绩，才算是优秀的指数型基金

图 7–2 选择指数型基金的标准

【技巧解析】指数型基金的投资要点

通常来说，指数型基金的运作是简单易行的，因为投资者只需要参照各证券在指数中对应的比例购买证券，并进行长期持有即可。

指数型基金参照股票市场相关指数的分布对股票进行投资，从而保证基金回报率与市场指数的回报率接近。指数型基金是一种以拟合目标指数、跟踪目标指数变化为原则，以此来实现与市场同步成长的基金品种。指数基金的投资策略是：在拟合目标指数收益率的基础上，对目标指数的成分股进行分散投资，以保持股票组合的收益率拟合该目标指数所代表的资本市场的平均收益率。所以，指数型基金投资的长期业绩甚至好于其他基金。

虽然指数型基金主要复制标的指数，投资者认为其他因素难以对其产生较大的影响。但是要想获得可观的利润，投资者还需要掌握指数型基金的投资要点，如图 7–3 所示。

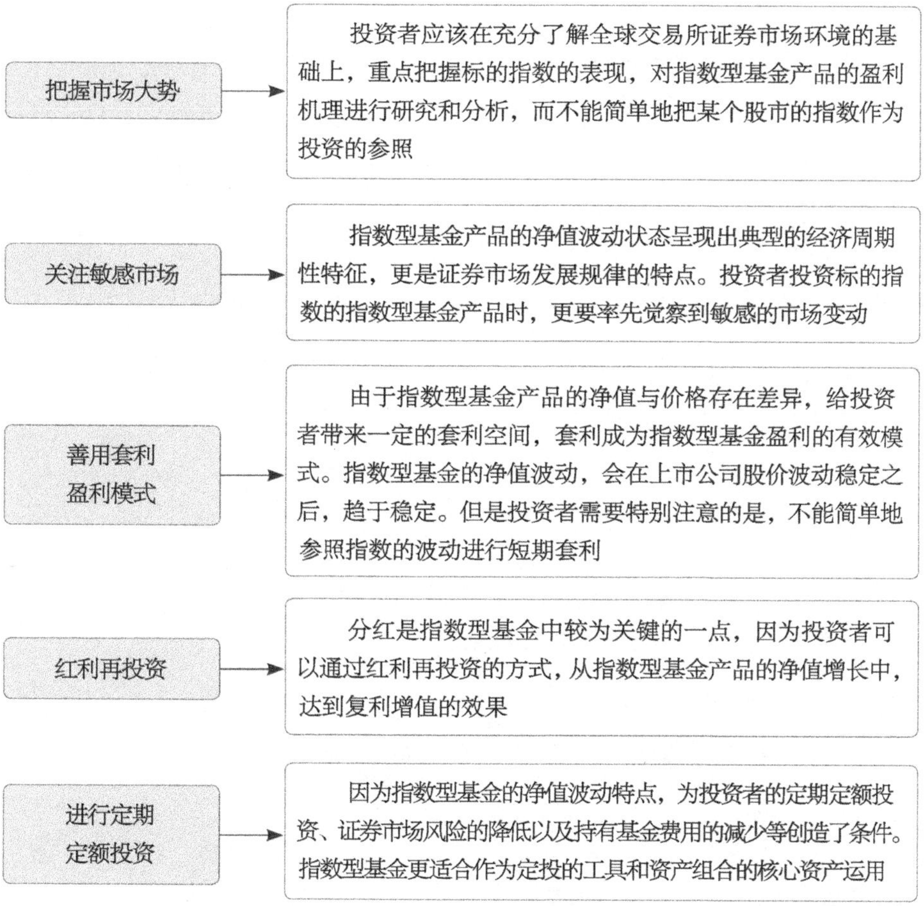

图 7–3 指数型基金的投资要点

7.1.2 投资保本基金的方法

20 世纪 90 年代中期，金融学教授 HayneE Leland 和 MarkRu Binstein 创造的“投资组合保险技术”投入金融机构运作，保本基金自此兴起并开始蓬勃发展。我国最早发行的保本基金是 2000 年 3 月花旗科技保本基金和汇丰 90% 科技保本基金。这两个保本基金刚发行不久，就吸引了不少投资者。

保本基金的目标客户多为担心下行风险（指未来股价走势有可能低于分析师或投资者预期的目标价位的风险），且有资本保值增值需求的人群。保本基金的最主要的对手不是高风险的股票型基金，而是风险相对较小的投资品种，如银行定期存款等。所以，如果投资者将高收益放在投资的首位，则应更多地进行股票型基金等产品的投资。

因此，在选择保本基金时，投资者需结合自身的风险承受能力、资金闲置时间和理财目标实现时间等因素。在投资保本基金前，投资者还需对保本基金有充分的了解。下面就将从以下几点展开，为大家介绍投资保本基金的相关内容，如图 7-4 所示。

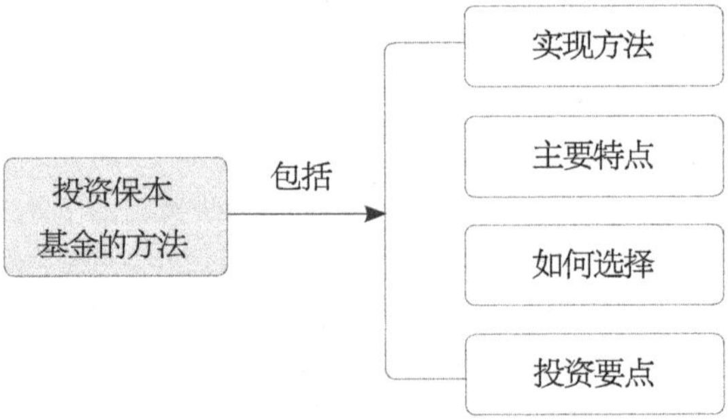

图 7-4 投资保本基金的方法

下面就将一一解析图 7-4 中所示几点。

1. 实现方法

保本基金通常采用以下两种方式实现，如图 7-5 所示。

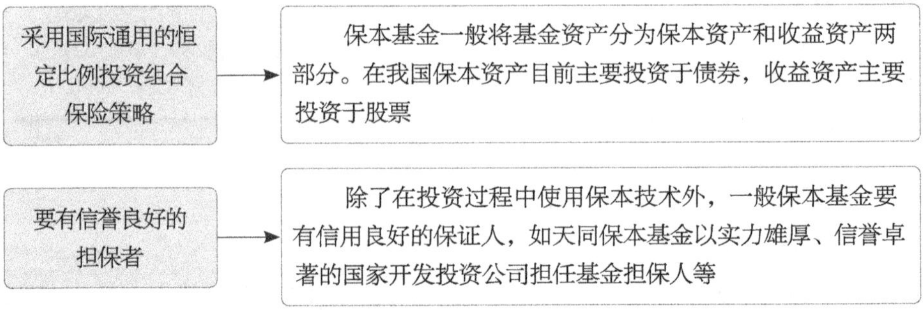

图 7-5 保本基金通常的实现方法

2. 主要特点

在国际上，保本基金可分为保证（Capital Guaranteed）和护本（Capital Protected）两种基金类型，其中，护本基金不需要第三方提供担保。保本基金的主要特点如图 7–6 所示。

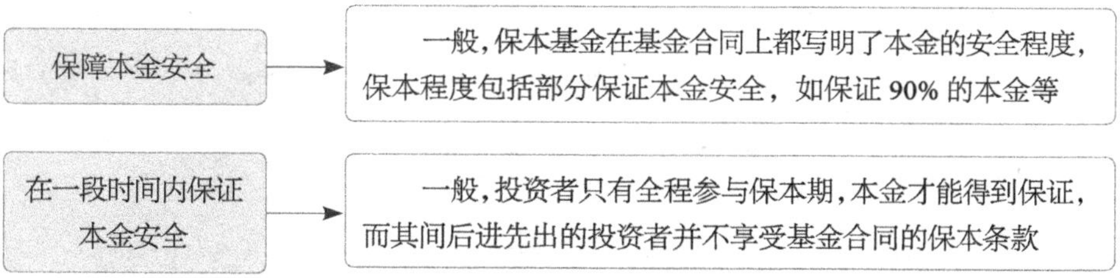

图 7–6 保本基金的主要特点

3. 如何选择

很多保本基金运作良好，实现了年收益率超过 5% 的平稳回报，远远高于货币基金、人民币理财产品等的收益率。投资者在选择保本基金时，应注意以下几点。

（1）**本金保障制度**。简单地说，就是保证到期投资者本金的安全制度，具体来说，保本基金可以按是否提供第三方担保分为护本保本和保证保本两类。

（2）**赎回机制和赎回费率**。由于保本基金将大部分资金投在固定收益工具上并以其利息保证未来到期保本，部分投资者提前赎回使基金产生损失，因此基金往往设置较高的赎回费率以阻止被赎回，同时根据赎回时间制定了递减的赎回费率，越早赎回所付出的赎回费越高。

（3）**风险资产参与率及收益**。一般保本基金的回报潜力主要由其风险资产的参与比率和运作情况所决定，而决定收益的风险资产参与率与决定保本程度的保本资产比率恰好成反比关系，保本资产比率越高则风险资产参与率越低。

（4）**管理费用及保本范围**。按照成本来说，保本资产比率越高的基金，其日常管理费用应该相对低一些，因为通常风险资产管理难度相对大一些。

4. 投资要点

作为一种特殊基金，购买保本基金也要把握其投资要点，如图 7–7 所示。如此，才能在保护本金的基础上，真正做到资产增值。

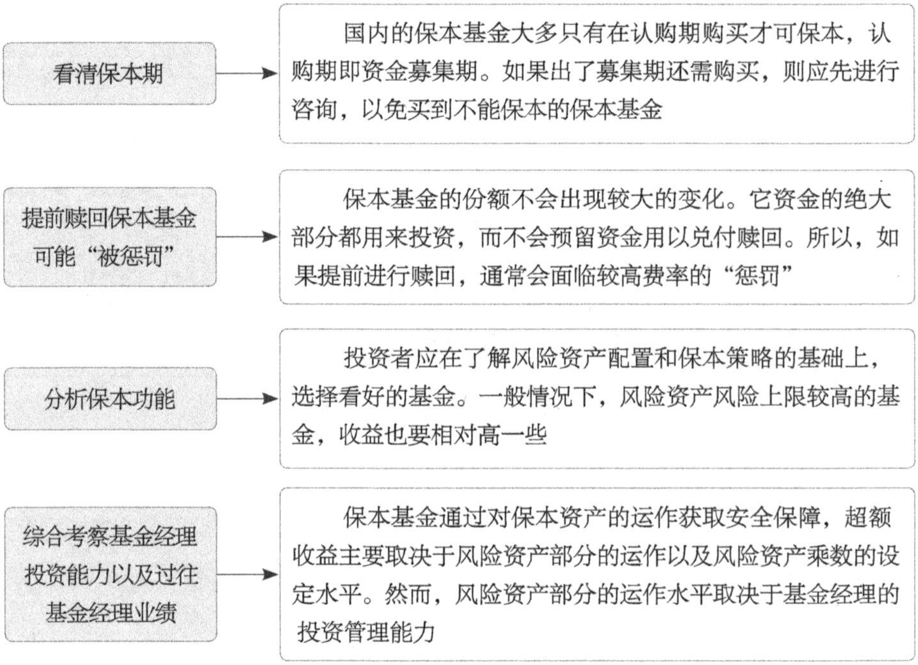

图 7–7 保本基金的投资要点

7.2 投资 LOF 基金与 ETF 基金

虽然，上市型开放式基金（Listed Open-ended Fund，LOF）和交易型开放式指数基金（Exchange Traded Funds，ETF）都是开放式基金上市交易的重要类型，且它们都可以进行申购、赎回和场内交易，甚至也都可以在场内、外进行套利。但是，LOF 基金和 ETF 基金之间还是存在着一些差异的。

7.2.1 LOF 基金和 ETF 基金的异同

LOF 基金与 ETF 基金的区别主要表现在以下几个方面，如图 7–8 所示。

交易原理

LOF 基金： 上市型开放式基金发行结束后，投资者既可以在指定网点申购与赎回基金份额，也可以在交易所买卖 LOF 基金

ETF 基金： ETF 基金是以被动的方式管理、同时又可在交易所挂牌交易的开放式基金。对于 ETF 基金份额，投资者可以像封闭式基金一样在交易所二级市场进行方便的交易

申购赎回

LOF 基金： LOF 基金的申购、赎回和普通开放式基金相似，都是按照单位净值进行申购，对所拥有的份额进行赎回的。但是 LOF 基金场内、外份额转换通常需要几个工作日才能完成

ETF 基金： ETF 基金则是通过“一篮子”股票组合，而不是现金进行申购、赎回的。ETF 基金的申购、赎回需要较大的金额，申购、赎回的最小单位份额往往需要几十万甚至几百万份。ETF 的申购和赎回效率更高

基金本质

LOF 基金： LOF 基金也就是上市型开放式基金发行结束后，投资者既可以在指定网点申购与赎回基金份额，也可以在交易所买卖该基金

ETF 基金： ETE 基金是指数型的开放式基金和被动管理型基金本质体现

投资策略

LOF 基金： LOF 基金范围较广，投资类型也更丰富。它不仅包含了指数型基金，更包含了一些主动投资型基金

ETF 基金： ETF 基金都属于指数型基金，跟踪误差小、效果好

净值报价

LOF 基金： 在二级市场的净值报价上，LOF 基金是一天提供一个基金净报价

ETF 基金： ETF 基金每 15 秒钟提供一个基金净值报价

图 7–8 LOF 基金和 ETF 基金的异同

7. 2. 2 如何交易 ETF 基金

ETF 基金和传统的指数基金比较而言，有不少优势，其投资要点如图 7–9 所示。

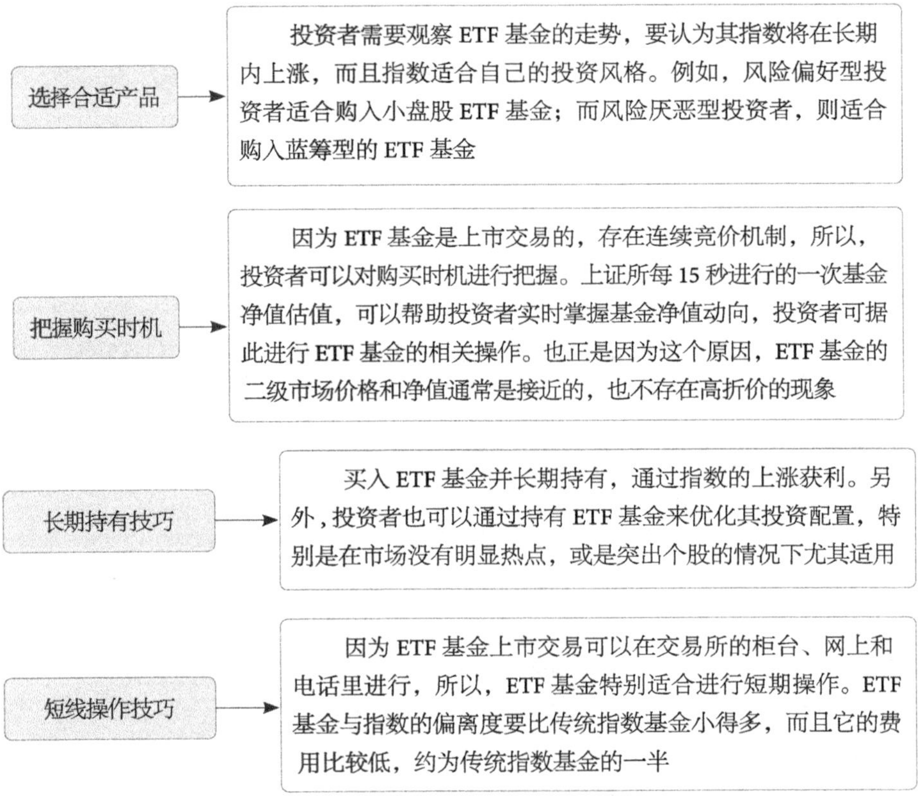

图 7–9 ETF 基金的投资要点

7.2.3 如何交易 LOF 基金

LOF 基金是指在证券交易所发行、上市及交易的开放式证券投资基金，上市开放式基金的交易渠道主要包括在证券交易所进行认购和集中交易，以及通过基金经理人、银行和其他代销机构进交易。

而 LOF 基金则是在此基础上，增加了交易所发行和交易的渠道。在投资 LOF 基金前，投资者还需对 LOF 基金有充分的了解。

本小节就将从以下几点展开，为大家介绍交易 LOF 基金的相关信息，具体信息如图 7–10 所示。

下面就将一一解析图 7–10 中所示几点。

1. 主要特点

与其他传统开放式基金相比，LOF 基金具有以下主要特点，如图 7–11 所示。

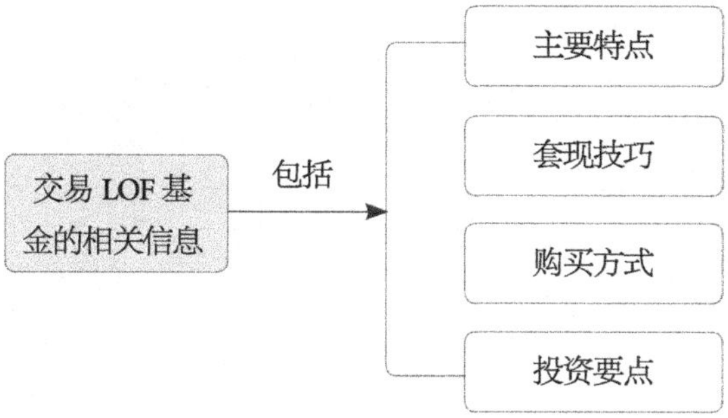

图 7-10 交易 LOF 基金的相关信息

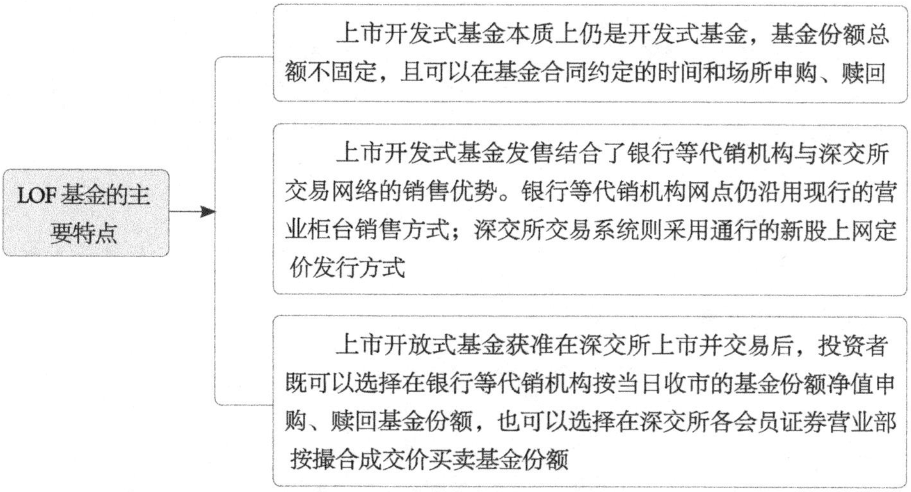

图 7-11 LOF 基金的主要特点

2. 套现技巧

以目前一般交易情况来看，开放式基金净值与实时成交价格间一般存在着 1% ~ 2% 的价差。深交所开放 LOF 基金场内申购和赎回后，申购的基金份额或赎回资金均在 T+2 日可用。当日场内买入的基金可于 T+1 日在场内卖出；当日申购的基金份额 T+2 日可以在场内卖出；场内卖出基金份额资金当日到账可用；赎回基金份额的资金两个工作日后可以到账使用。这就大大缩短了套利的时间风险和套利成本。

从长期以来的 LOF 基金净值表现来看，基金净值与场内交易价格一般为每天相差 1% ~ 2%，套利空间约为 0.4%/ 天～ 1.4%/ 天。

由于办理转托管和计算交易手续费等比较复杂，所以这种操作只适合于比较有经验的投资者。

3. 购买方式

购买 LOF 基金可以分为募集期购买和募集期结束后购买两种情况，对应的购买方式有以下两种，如图 7-12 所示。

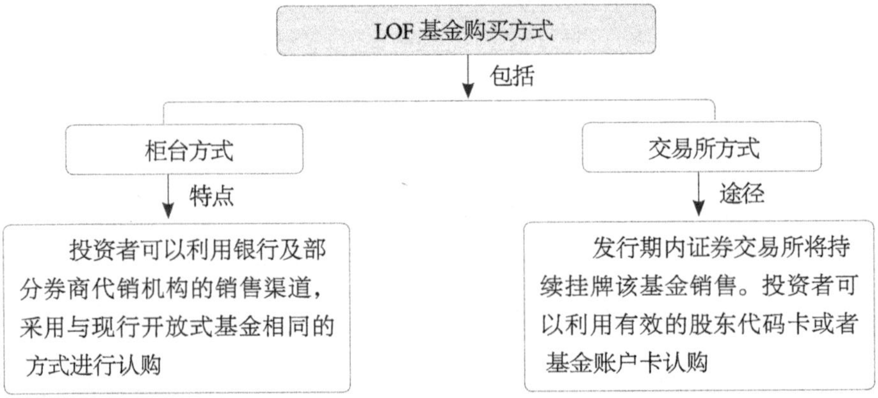

图 7-12 LOF 基金的购买方式

4. 投资要点

LOF 基金投资要点如图 7-13 所示。

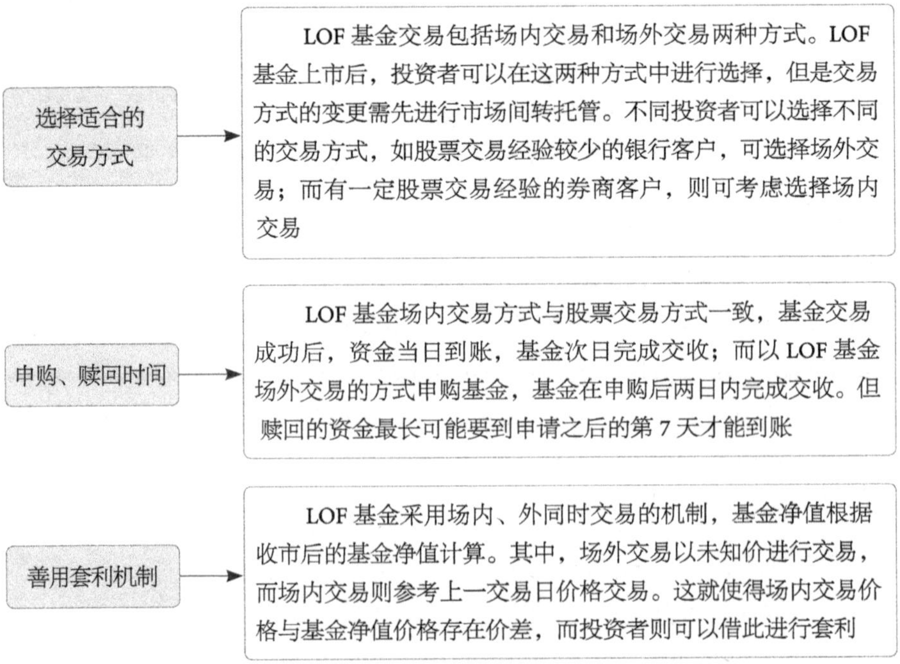

图 7-13 LOF 基金的投资要点

7.3 投资封闭式基金与私募基金

封闭式基金（Close-End Funds）是指基金的发起人在设立基金时，限定了基金单位的发行总额，筹足总额后，基金即宣告成立，并进行封闭，在一定时期内不再接受新的投资。

基金单位的流通采取在证券交易所上市的办法，投资者日后买卖基金单位，都必须通过证券经纪商在二级市场上进行竞价交易。

私募基金是看不到的，其交易是在私下悄悄进行的。由于国内私募基金还不合法，一般以投资公司、投资管理公司、投资咨询公司、资产管理公司等身份存在。

私募基金操作方法比公募基金简单，一般收益较高、风险较大。

本节就将介绍投资上述两种基金的具体方法和相关操作技巧。

7.3.1 投资封闭式基金的方法

投资封闭式基金需要一定的方法和技巧。下面就将从 3 个方面出发，为大家介绍封闭式基金的投资方法。

【技巧解析】封闭式基金的交易流程

因为封闭式基金的份额是固定的，认购之后不允许赎回。所以，一旦封闭式基金成立，除了成立时可以进行购买之外，投资者只能通过交易所平台进行相关操作。

封闭式基金（上市基金）的交易流程如图 7-14 所示。

第一步：开立基金交易账户 →	先到证券营业部开户。开户时需携带本人身份证和该证券公司指定的银行卡。此外，已有股票账户的投资人可用股票账户买卖封闭式基金，无需再开立基金账户
第二步：转入资金 →	在买卖封闭式基金之前，需要将银行账户中的钱转入本人在证券公司的资金账户
第三步：买卖基金 →	在电脑、手机、电话交易系统中输入相应的基金代码、交易价格和买卖数量即可

图 7-14 封闭式基金交易流程

封闭式基金一旦成立就无法进行入股和出股操作，直到新一轮的开放，才允许提出和再投入，新人也只有此时可以入股。

封闭式基金与开放式基金相对，是指基金规模在发行前已确定，在发行完毕后和规定的期限内，基金规模固定不变的投资基金。开放式基金可以通过银行申购和赎回，其基金规模是变化的，基金单位则可不但随时出售，还可以进行买回；而封闭式基金则有限制，成立之后规模固定，在证券交易场所交易，投资者则可在二级市场进行交易。

【技巧解析】封闭式基金的投资要点

从长远来看，如果股市看好，封闭式基金净值会不断增长，而交易价格也会相应走高。

封闭式基金和开放式基金没有本质的区别，它们的挑选法则一致：选择优质的基金公司和基金经理，判断基金的操作风格。封闭式基金的投资要点如图 7–15 所示。

- 选择小盘封闭式基金 → 投资者需对小盘封闭式基金的持有人结构及十大持有人所占的份额进行把握。当基金的流通市值较小、持有人较为分散时，一些主力为了争夺份额，可能会大量进行收购，进而造成基金价格剧增。这时，投资者可以抓住时机，通过短线操作获利
- 适当关注封闭式基金的分红潜力 → 基金经理条例规定，基金分红后单位净值不能低于面值，而且分红时先补足上一年度亏损。投资者可在了解预期分红规模的基础上，适时进行投资；此外，可以关注基金的净值增长率、未分配收益及已实现基金净收益情况
- 市净率上升空间相对较高的品种 → 封闭式基金的市净率和规模在一段时间内是负相关的，而规模相同的基金，市净率也会呈现较为稳定的相对强弱关系。所以，在参照市净率选择基金时，投资者应更多地考虑基金市净率的上升空间，而非折价情况
- 选择折价率较大的基金 → 封闭式基金开放之后，价格将会围绕价值而变化，基金的投资收益率在于其折价率，折价率越大，价值上升的空间也越大
- 克服暴利思维 → 如果基金急剧上涨，已经接近、甚至达到了理论涨幅，投资者宜可适时进行了结，切忌“追涨杀跌”

图 7–15 封闭式基金的投资要点

【技巧解析】封闭式基金的收益分配原则

封闭式基金的收益分配方式为现金分红，投资获得的红利将由交易所登记机构通过证券商直接转入投资者的账户。封闭式基金的收益分配原则如图 7-16 所示。

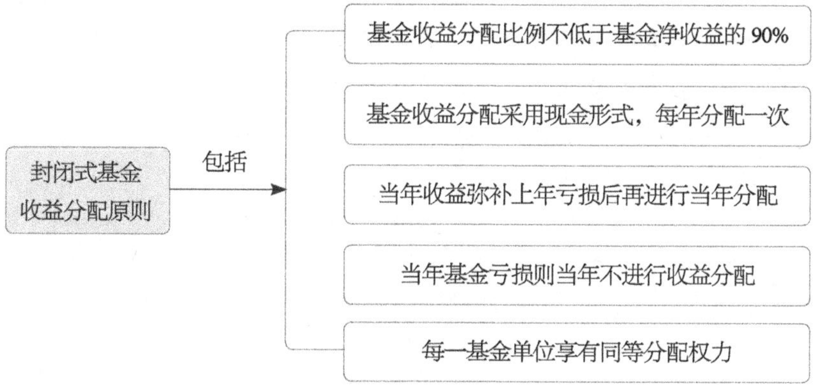

图 7-16　封闭式基金收益分配原则

7.3.2 投资私募基金的方法

基金的募集方式包括两类：一类是股权募集，即每个基金持有人都自动成为股东，并由部分股东进行管理；另一类为契约型募集，即持有人与管理人以契约维系，没有任何股权关系。

公募基金皆为契约型募集的基金，这是我国相关法律使然。所以如果要以股权方式募集资金，只能成立私募股权基金。正因为如此，私募股权基金较公募基金常见。相对于其他投资理财产品，私募基金有以下特点，如图 7-17 所示。

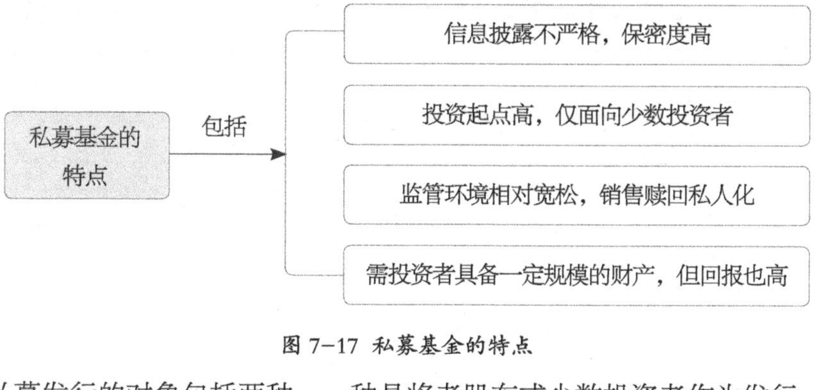

图 7-17　私募基金的特点

私募发行的对象包括两种：一种是将老股东或少数投资者作为发行，还有一种是把投资基金保险公司、商业银行等金融机构以及与发行者相关的机构投资者作为投资的对象。

下面就将从 3 个方面出发，为大家介绍封闭式基金的投资方法。

【技巧解析】根据自身需求选择私募基金

聪明的投资者只会选择适合自己的投资理财产品，而不是看到哪个产品火热便跟风而上。投资私募基金也一样，投资者需要从自身需求出发，选择私募产品具体可以从以下 3 个方面进行考虑，如图 7–18 所示。

- 投资目标 → 确定自己的投资目标是中长期资产的稳定增值还是短期赚钱，由于私募基金一般每月甚至每季度才开放一次，较弱的流动性使得投资者无法顺着市场波涛起伏而灵活操作
- 投资周期 → 私募基金一般都有 6 个月的封闭期，在封闭期内禁止赎回，有的私募基金还有 6 个月的准封闭期，在持有在持有产品 6~12 个月期间，赎回需缴纳 3% 的费用。因此，私募基金适合投资周期在 1 年以上的投资者
- 风险承受程度 → 风险与收益总是相匹配的，想要取得高收益，就必须做好短期承受一定亏损的准备

图 7–18 选择私募基金的考虑

【案例分析】查看私募基金的排行与评级

投资者可以通过网络十分方便地查看各种私募基金的排行与评级情况，以便更准确地做出投资决策。下面以天天基金网为例，介绍查看私募基金的排行与评级的具体操作方法。

首先进入天天基金网，在菜单栏中单击“私募基金”链接，如图 7–19 所示。

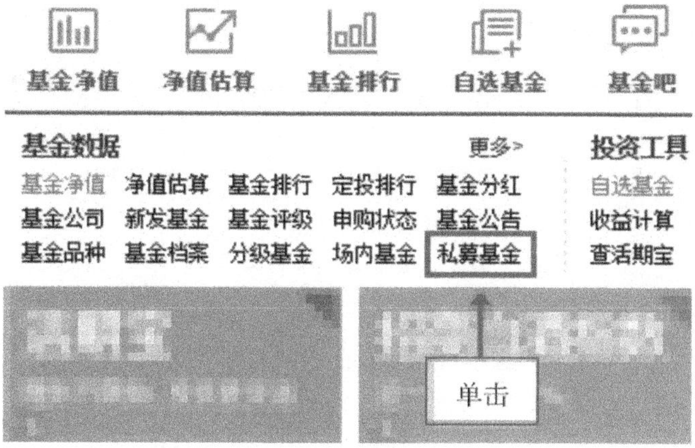

图 7-19 单击“私募基金”链接

然后在“私募基金”界面，单击“私募基金排行”选项，如图 7-20 所示。

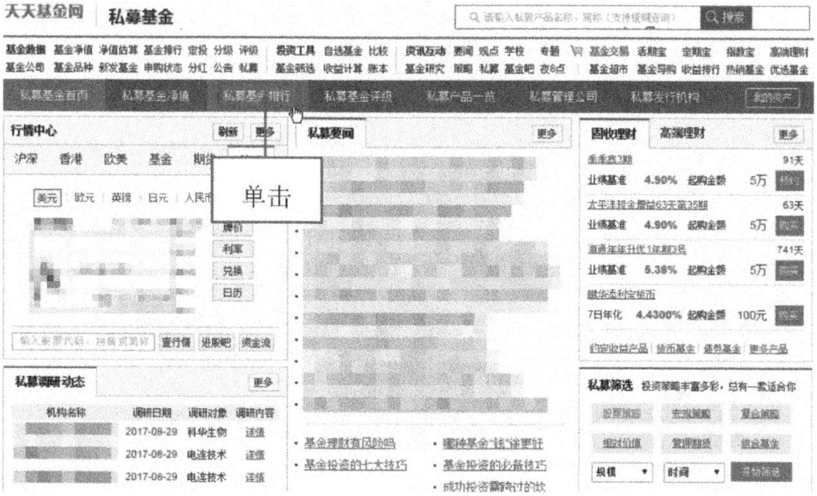

图 7-20 单击“私募基金排行”链接

执行上述操作后，即可查看私募基金的排行情况，如图 7-21 所示。

投资者需要确定私募基金的投资风格是否适合自己的要求及风险偏好。因为现在还没有出台监管私募基金的法律法规，所以它的投资比较灵活。它的投资领域包括股票、期货、外汇和黄金等。投资者应在合同中对投资领域进行确定。而证券投资方面，则可以仿效基金管理公司，对基金经理进行约束，如市盈率高于 50 的股票不能买，某些领域的股票不能买等。

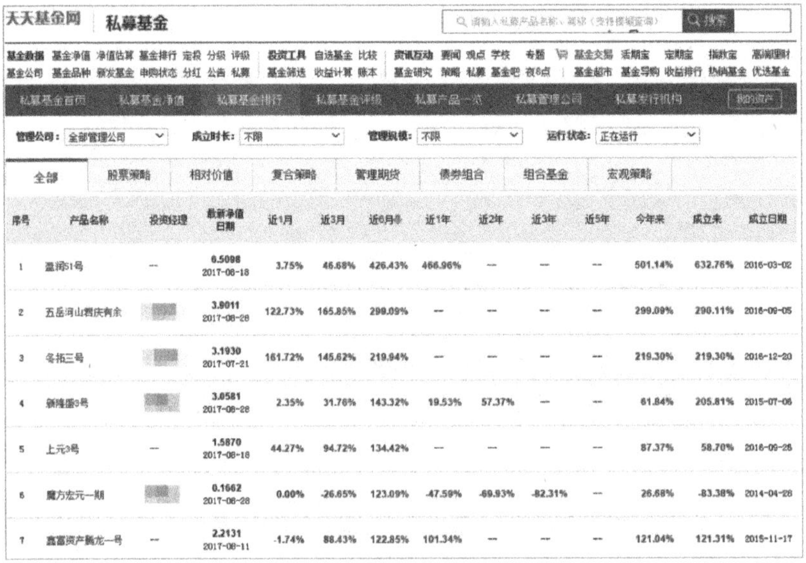

序号	产品名称	投资经理	最新净值 日期	近1月	近3月	近6月	近1年	近2年	近3年	近5年	今年来	成立来	成立日期
1	盈润51号	--	6.5098 2017-08-18	3.75%	46.68%	426.43%	466.96%	--	--	--	501.14%	632.76%	2016-03-02
2	五岳河山君庆有余		3.9011 2017-08-28	122.73%	165.85%	299.09%	--	--	--	--	299.09%	290.11%	2016-09-05
3	冬拓三号		3.1930 2017-07-21	161.72%	145.62%	219.94%	--	--	--	--	219.30%	219.30%	2016-12-20
4	新隆盛3号		3.0581 2017-08-28	2.35%	31.76%	143.32%	19.53%	57.37%	--	--	61.84%	205.81%	2015-07-06
5	上元3号	--	1.5870 2017-08-18	44.27%	94.72%	134.42%	--	--	--	--	87.37%	58.70%	2016-09-26
6	魔方宏元一期		0.1662 2017-08-28	0.00%	-26.65%	123.09%	-47.59%	-69.93%	-82.31%	--	26.68%	-83.38%	2014-04-28
7	鑫富资产腾龙一号	--	2.2131 2017-08-11	-1.74%	88.43%	122.85%	101.34%	--	--	--	121.04%	121.31%	2015-11-17

图 7-21 私募基金的业绩排行

如果投资者需要对私募基金进行筛选，只需在筛选栏中进行选择，系统就会自动更改排序。如图 7-22 所示为成立时长 5 年以上、管理规模为中规模（10~30 亿）的基金品种的排行情况。

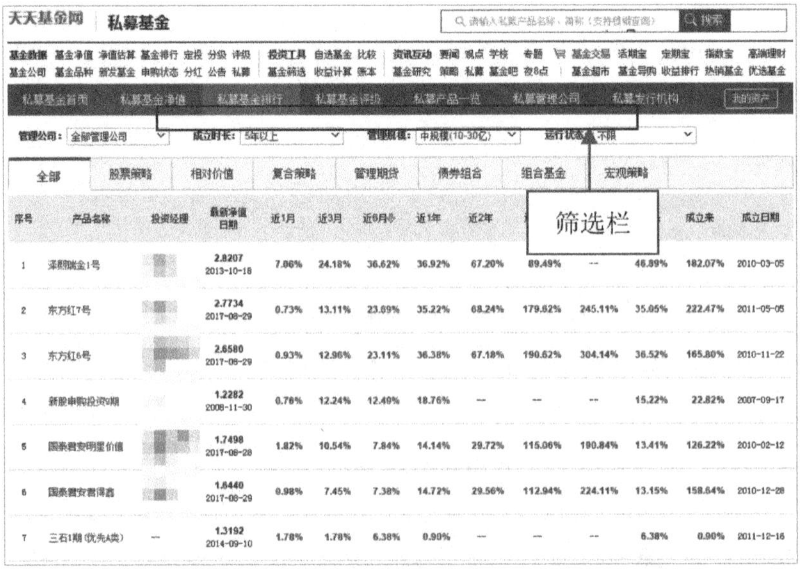

序号	产品名称	投资经理	最新净值 日期	近1月	近3月	近6月	近1年	近2年				成立来	成立日期
1	泽熙瑞金1号		2.8207 2013-10-18	7.06%	24.18%	36.62%	36.92%	67.20%	89.49%	--	46.89%	182.07%	2010-03-05
2	东方红7号		2.7734 2017-08-29	0.73%	13.11%	23.69%	35.22%	68.24%	179.62%	245.11%	35.05%	222.47%	2011-05-05
3	东方红6号		2.6580 2017-08-29	0.93%	12.96%	23.11%	36.38%	67.18%	190.62%	304.14%	36.52%	165.80%	2010-11-22
4	新股申购投资9期		1.2282 2008-11-30	0.76%	12.24%	12.40%	18.76%	--	--	--	15.22%	22.82%	2007-09-17
5	国泰君安明星价值		1.7498 2017-08-28	1.82%	10.54%	7.84%	14.14%	29.72%	115.06%	190.84%	13.41%	126.22%	2010-02-12
6	国泰君安君得鑫		1.6440 2017-08-29	0.98%	7.45%	7.38%	14.72%	29.56%	112.94%	224.11%	13.15%	158.64%	2010-12-28
7	三石1期(优先A类)	--	1.3192 2014-09-10	1.78%	1.78%	6.38%	0.90%	--	--	--	6.38%	0.90%	2011-12-16

图 7-22 筛选结果

单击相应的基金名称，即可查看该私募基金的基本信息、最新每日净值以及相关走势等详情，如图 7–23 所示。

图 7–23 私募基金的详情

在天天基金网菜单栏中单击“私募基金评级”链接进入其页面，可以查看私募基金的星级情况，如图 7–24 所示。

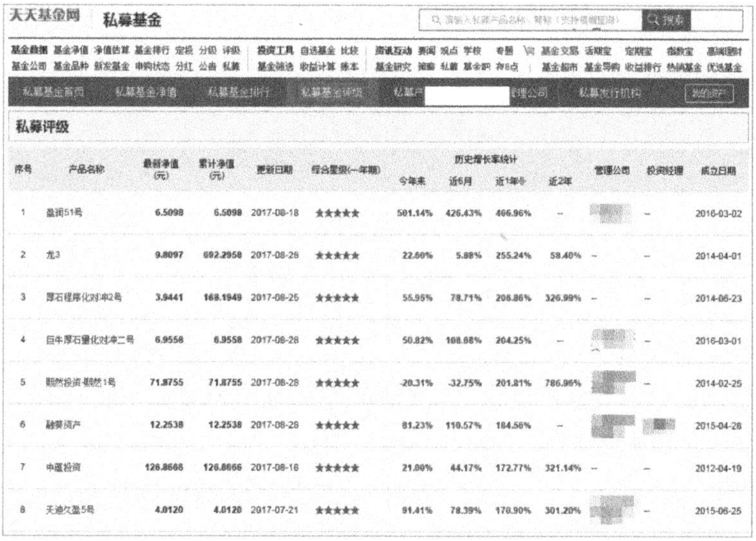

图 7–24 私募基金的评级列表

单击“综合星级”链接，还可以将评级情况降序排列，如图 7–25 所示。

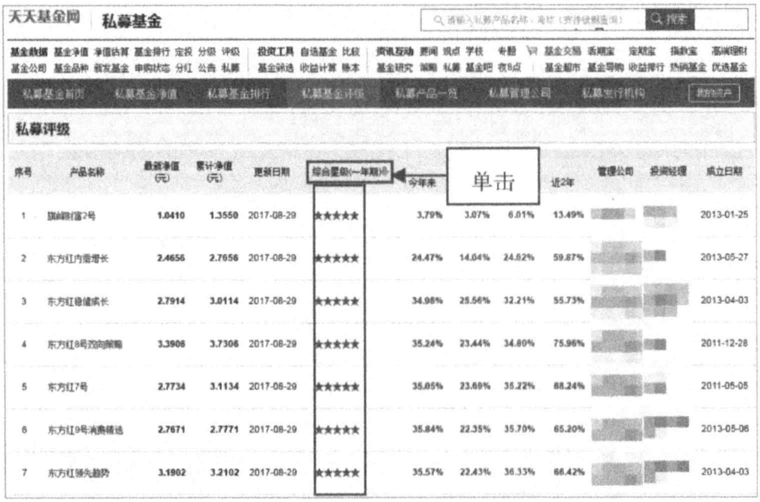

图 7–25 自动更改排序

【技巧解析】私募基金的投资误区

很多投资者对私募基金的投资收益率有不切实际的幻想。其实基金是为投资者提供的是资本长期稳定增值的前景，而非一夜暴富的机会。投资私募基金时，投资者还应注意以下 5 大误区，具体如图 7–26 所示。

误区 1：只要收益高的私募基金都可以买 → 投资者在选择私募基金之前，应先对自身的风险承受能力进行评估，在此基础上结合实际情况选择看好的基金品种。所以，在挑选基金时，投资者应参考风险调整后的收益，而不是过分地关注收益的绝对值

误区 2：投资私募只选短期排名靠前的基金 → 短期业绩排行榜虽具有参照性，但不宜作为选择的唯一标准。私募基金暂时排名靠前是由多种因素促成的，有的可能是基金投资风格激进，甚至有一部分只是单纯的运气好。所以，并不是所有短期排名靠前的基金，都有一个投资能力与之对应的基金经理

误区 3：明星基金经理管理的私募基金一定好 → 虽然明星基金经理的能力是有目共睹的，但是，如果明星基金经理进入刚成立的私募基金，则可能会失去投研团队支持以及需要花费精力在运营等问题上，而给投资业绩带来不利影响

误区 4：基金净值高，基金经理投资能力也强 → 基金净值的高低受到成立时间、投资策略、投资类型、投资能力等因素的影响。投资者不能简单地将净值作为基金经理投资能力的依据。所以，投资者在进行基金比较时，对比双方应是同时期成立且投资类型相同的基金

误区 5：私募基金公司规模大，投资能力也强 → 私募基金的规模应与其投资策略、投研团队、基金经理的管理能力等方面一致。一般来说，大型私募公司的业绩更为稳健，而中、小规模的私募公司则具有较好的爆发力。所以，投资者须结合自身情况选择私募基金，而不能一味地侧重于选择资产规模大的私募公司

图 7–26 私募基金的 5 大误区

7.4 投资分级基金与债券基金

分级基金将基金分为几种不同的份额，如果投资者在不同的份额中采取对应的投资技巧，其投资收益甚至可以远超普通基金的收益。

债券基金因其投资对象的低风险性，通常难以获得较高的收益，但是其胜在收益的稳定性，只要投资者长期持有，就可能获得一定的收益。

本节就将介绍投资上述两种基金的具体方法和相关操作技巧。

7.4.1 投资分级基金的方法

分级基金（Structured Fund）也被称为“结构型基金”，即以基金收益或净资产分解的方式，将一个投资组合中的基金分成两级及以上级别风险和收益具有差异性的基金品种。分级基金的最大特点是根据分类配以不同的收益，它的基金净值计算方式为各子基金净值和份额占比的乘积之和。所以，它与普通基金的差异仅仅来自于对子基金的拆分。现在市场中最为常见的分级基金是将基金分为 A、B 两类份额，且 A、B 两类份额又可以进行细分。分级基金的具体分类如图 7–27 所示。

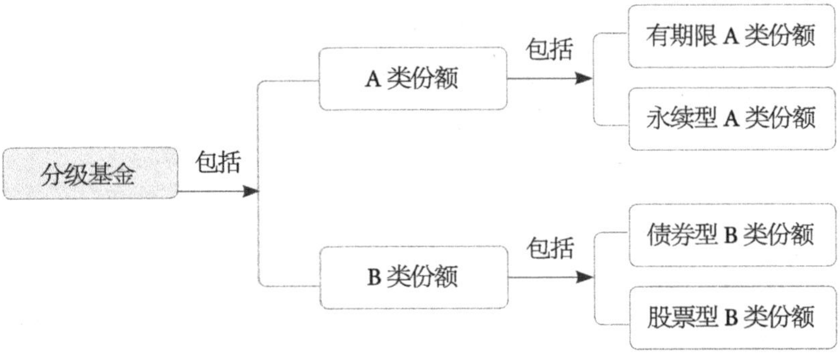

图 7-27 分级基金的具体分类

【技巧解析】分级 A 类的投资技巧

值得一提的是，虽然分级基金中的 A 类份额风险和收益都相对较低，但这并不表示不能提高其投资收益。若投资者运用一定的投资技巧，则同样可以在 A 类份额中获得较为可观的收益。总的来说，A 类份额投资技巧主要包括两个，具体如图 7-28 所示。

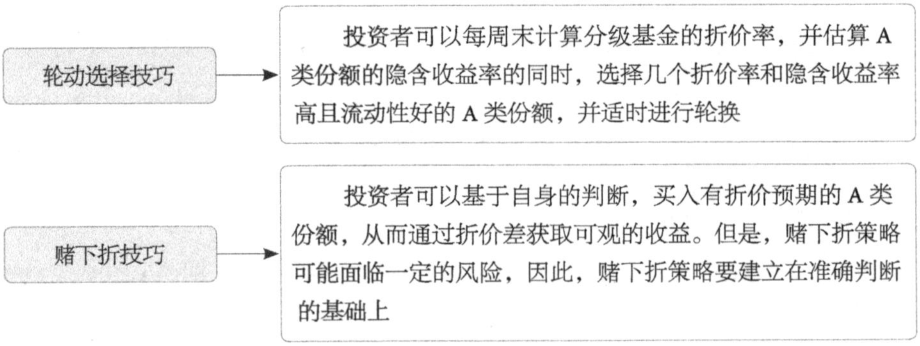

图 7-28 A 类份额投资技巧

【技巧解析】分级 B 类的投资技巧

B 类份额又被称为“进取份额”或“杠杆端”，因为它是向 A 类份额进行借款融资之后进行投资的，它会在杠杆的支撑下放大收益和风险。所以 B 类份额的投资人群多为激进型或风险承受能力较强的投资者。B 类份额有两大投资技巧，具体如图 7-29 所示。

跟踪指数周期 → B 类份额的投资对象（特别是股票类）的指数通常具有强周期的特点，投资者可以通过跟踪指数的周期的方式，灵活地对 B 类份额进行操作

巧用抢权交易 → 在对目标 B 类有上折预期的基础上，投资者可以在基金折算基准日之前强权买入目标 B 类。这样一来，折算之后，因为 B 类杠杆的放大，其吸引力增强，母基金必然出现溢价。此时，投资者就可以将持有份额卖出，从而获得溢价收益

图 7-29 B 类份额投资技巧

7.4.2 投资债券基金的方法

债券基金即将国债及金融债券等收益相对稳定的金融作为投资对象的基金产品。因为它具有低风险与低收入并行、低费用及收益稳定等特点，所以保守型和风险承受能力较弱的投资者比较适合将其作为投资对象。相较于其他投资方式，债券基金既有优势，也有缺陷，具体如图 7-30 所示。

优势 → 相较于银行定期存款等投资方式，债券流动性相对较强。投资者买入后，只要允许操作，便可以随时进行赎回，将份额变现；相较于直接购买债券，买入债券基金可获得更多投资机会，从而增加获取较高收益的概率

缺陷 → 短期投资收益较为有限，需要长期持有方可获得明显收益。当股票型基金因为股价上涨获得可观收益时，债券基金的收益仍旧保持相对的稳定，因此，在这种情况下，其收益将明显低于股票型基金的收入

图 7-30 债券基金的优势和缺陷

【技巧解析】债券基金的投资技巧

债券基金的投资技巧主要有两个，具体如图 7-31 所示。

紧盯银行利率 → 债券基金的风险主要受银行利率的影响，且两者呈反向相关关系：当银行利率增加时，债券价格将下跌；而当银行利率下降时，债券价格则可能出现上升。因此，在购买债券基金时，投资者应适时关注银行利率，并采取相应的策略

进行必要了解 → 前期的了解是投资的必经过程，投资者需对投资对象的信用度和可转债等信息进行必要的了解，而不能盲目投资

图 7-31 债券基金的投资技巧

【技巧解析】债券基金的注意要点

虽然债券基金是一种低风险的投资方式，但是在实际操作中，投资者还需特别把握 3 个方面的内容，具体如图 7-32 所示。

投资范围 → 与股票型基金大量投资于股票市场不同，债券基金主要通过在债券市场上投资获得收益

收益预期 → 因为债券基金本身就具有低风险与低收益并行的特点，其收益可能远低于股票型基金等投资方式的收益。投资者应正确看待预期收益，而不宜抱有过高预期

交易成本 → 同样是债券基金，交易成本也会有一定的差异。因此，从交易成本的角度出发，投资者应选择交易成本相对较低的债券基金品种

图 7-32 债券基金的注意要点

第8章

基金定投

学前提示 >>>

有空没空养只“基”，让专家为你打理钱财，使你的财富积水成河、积少成多。当我们的资产略有剩余时，为求安全保障，将自己积攒多年的银行存款拿出来交给基金专家打理，不失为一种良好的投资理财方式。

要点展示 >>>

初步认识基金定投

基金定投的综合分析

基金定投目标方案规划

8.1 初步认识基金定投

举个简单的例子，假设未来 30 年通货膨胀率按照平均 6% 增长，现在的 10 000 元钱存入银行，30 年后还会剩下多少？如表 8–1 所示。

表 8–1 今天的 10 000 元存入银行，30 年后还剩下多少

时间	6% 的通货膨胀率 / 元
10 年后剩下	5 386
20 年后剩下	2 901
30 年后剩下	1 563

由此可见，通货膨胀成了吞噬财富增长的“无形杀手”。那么，有什么更好的方法既能够比较安全，又能抵御通货膨胀，还能让钱生钱呢？

基金定投的方式类似于银行储蓄的“零存整取”，有“懒人理财”之称，其价值源于华尔街流传的一句话：“要在市场中准确地踩点入市，比在空中接住一把飞刀更难”。如果采取分批买入法，就克服了只选择一个时点进行买进和沽出的缺陷，可以均衡成本，使自己在投资中立于不败之地，即定投法。

作为最适合社会新人投资的方式之一，基金定期定额投资的最大特点是准入门槛低。虽然每次最低只需投入一、两百元，但是它不仅能实现资金的增值，还能间接地管住投资者的“钱袋子”。

8.1.1 什么是基金定投

基金定投是定期定额投资基金的简称，是指在固定的时间（如每月 7 日）以固定的金额（如 800 元）投资到指定的开放式基金中，类似于银行的“零存整取”方式。这样可以平均成本、分散风险，比较适合进行长期投资。

投资者要认识基金定投先要了解基金定投的特点和原则，相关介绍如下。

1. 基金定投的特点

基金定投最适合股票型基金，往往业绩波动幅度大的基金反而更能体现出定投的优势，其主要特点表现在以下几个方面。

（1）**平均成本，分散风险**。普通投资者很难适时掌握正确的投资时点，常常可能是在市场高点买入，在市场低点卖出。而采用基金定期定额投资方式，不论市场行情如何波动，每个月固定一天定额投资基金，由银行自动扣款，自动依基金净值计算可买到的基金份额数。这样投资者购买基金的资金是按期投入的，投资成本也比较平均。

例如，小张 2004 年 4 月份购买了每期投资 1 000 元的定投，当时基金净值为 1.124 元，2009 年 4 月基金净值降到 1.104 元，小张不但没有赔钱，还净赚了 3 044 元。原因是基金净值高时，购买份额降低，基金净值低时，购买份额增加，平摊了资金成本。

（2）**适合长期投资**。由于定投是分批进场投资的，当市场在盘整或是下跌的时候，反而可以越买越便宜，市场回升后的投资报酬率也胜过单笔投资的报酬率。对中国市场而言，从长期看应是震荡上升的趋势，因此定投很适合长期投资计划。

例如，王女士 17 年前开始每月固定拿出工资中的 1 000 元投资于上证指数模拟基金，直到 17 年后扣款共缴纳 204 000 万元。按照上证指数的实际走势模拟计算，在这 17 年间，基金定投已经为她积攒了 1 400 000 万元的资金，投资收益相当可观。

（3）**更适合投资新兴市场和小型股票基金**。中、长期定期定额投资绩效波动性较大的新兴市场或者小型股票型海外基金，由于股市回调时间一般较长而速度较慢，但上涨时间的股市上涨速度较快，投资者往往可以在股市下跌时累积较多的基金份额，因而能够在股市回升时获取比较好的投资报酬率。

（4）**自动扣款，手续简单**。定期定额投资基金只需投资者去基金代销机构办理一次性的手续，此后每期的扣款申购均自动进行，一般以月为单位，但是也有以半月、季度等其他时间限期作为定期的单位的。相比而言，如果自己去购买基金，就需要投资者每次都亲自到代销机构办理手续。

2. 基金定投的原则

在了解基金定投的特点后，需要明确基金定投的原则，其主要体现在以下几个方面。

（1）**设定理财目标**。每个月可以定时扣款，净值高时买进的份额数少，净值低时买进的份额数多。这样可分散进场时间。这种“平均成本法”最适合筹措退休基金或子女教育基金等。

（2）**量力而行**。定期定额投资一定要做得轻松、没负担，有些投资者为分散投资标的而决定每月扣款 60 000 元，但一段时间后却必须把定期存款取出来继续投资，这样太不合算。建议投资者最好先分析一下自己每月的收支状况，计算出固定能省下来的闲置资金，多少都可以。

（3）**选择有上升趋势的市场**。超跌但基本面不错的市场最适合开始定期定额投资，即便目前市场处于低位，只要看好未来长期发展，也可以考虑投资。

（4）**投资期限决定投资对象**。定期定额长期投资的时间复利效果分散了股市多空、基金净值起伏的短期风险，只要能遵守长期扣款原则，选择波动幅度较大的基金其实更能提高收益，而且风险越高的基金，长期报酬率也越高。例如，较长期的理财目标是 5 年以上，可以选择波动较大的基金。

（5）**持之以恒**。长期投资是定期定额积累财富最重要的方式之一，这种方式最好要持续 3 年以上，才能得到好的效果，并且长期投资更能发挥定期定额的复利效果。

（6）**掌握解约时机**。定期定额投资的期限也要因市场情况来决定，例如已经投资了两年，市场上升到了非常高的点位，并且分析之后行情可能将进入另一个空头循环，那么最好先行解约获利了结。

（7）**善用部分解约，适时转换基金**。开始定期定额投资后，若临时必须解约赎回或者市场处在高点位置，而自己对后市情况不是很确定，也不必完全解约，可赎回部分份额以取得资金。若市场趋势改变，可转换到另一轮上升趋势的市场中，继续进行定期定额投资。

（8）**要信任专家**。开始定期定额投资时不必过分在意短期涨跌和份额数累积状况，在必要的时候可以咨询专家的意见。

8.1.2 网上基金定投

网上基金定投简单易行，投资者既可以在银行官网办理，也可以在基金公司的官网办理。

【案例分析】在南方基金公司官网定投基金

下面以南方基金为例，介绍相关网上定投基金的操作步骤。

登录南方基金管理公司的官网，并单击导航栏中的“基金定投”按钮，如图 8-1 所示。

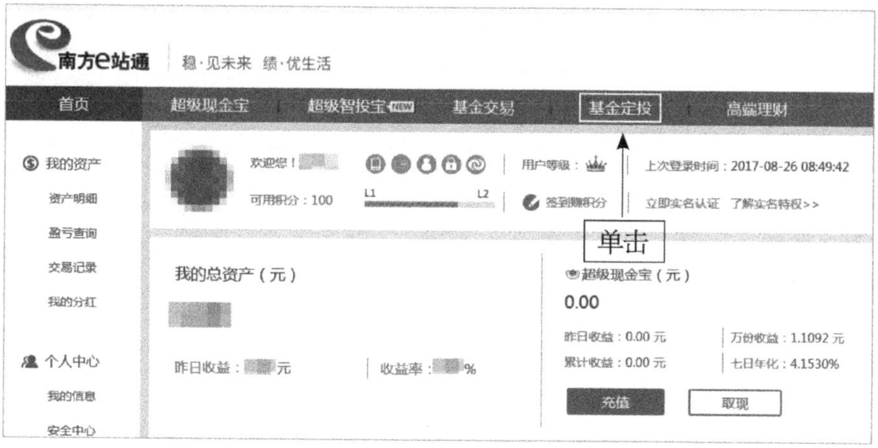

图 8-1 单击“基金定投”按钮

在“基金定投”界面，单击“基础定投”按钮，如图 8-2 所示。

图 8-2 单击“基础定投”按钮

执行上述操作后，页面将转至“新增定投”界面，投资者需要在该页面选择投资组合、投资比例、计划名称、支付方式、支付账户、定投周期、定投日期、定投金额和交易密码，如图 8-3（1）所示。勾选“我已阅读并同意《南方基金电子直销定期投资业务规则》”，然后单击“确认”按钮，如图 8-3（2）所示。

（1）

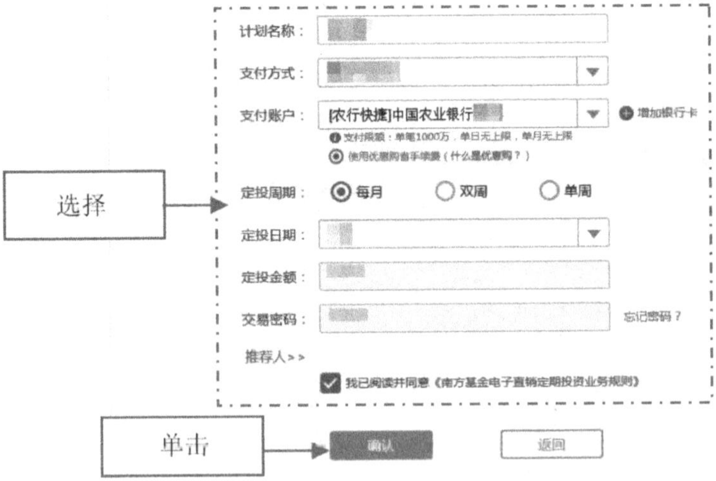

（2）

图 8-3 “新增定投”界面

执行上述操作后，将弹出一个投资者风险测评结果是否允许定投该组合的风险警告对话框，如图 8-4 所示。如果投资者的风险测评结果不推荐进行定投，但投资者仍有定投需求，则需单击“继续交易”按钮或单击“重新评测”按钮，在再次评测完成后，进行操作。

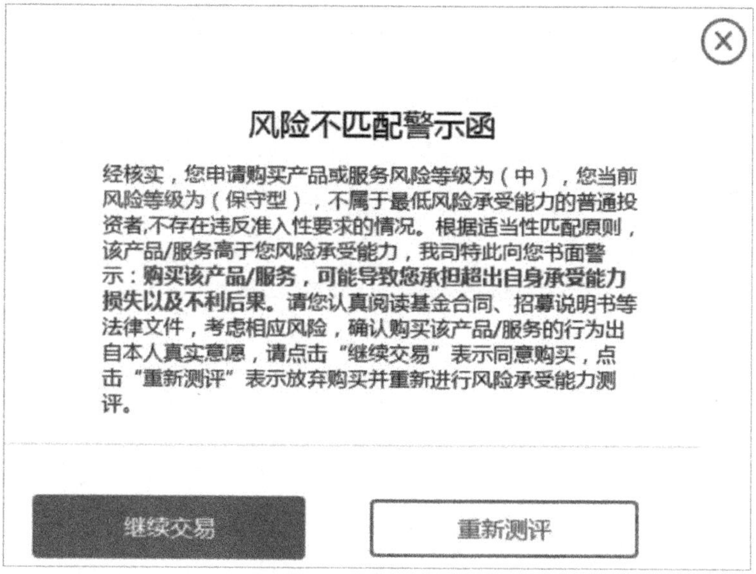

图 8-4 风险警告对话框

执行上述操作后，如果页面显示“操作成功”，就说明定投增加成功了，如图 8-5 所示。

图 8-5 “操作成功”界面

8.2 基金定投的综合分析

基金定投不会因为时机的选择给投资带来风险，而且投资成本相对较低，时间和数额确定后，只需要定期投入固定资金即可。也正是因为它的便利性，基金定投被形象地称为“懒人投资法”。上班族每月收入有限，除去生活花销之外，剩下的资金可用于基金定投。这样不仅可以保护自己的“钱袋子”，还有可能让资金增值。

在进行基金定投之前，投资者还必须明确基金定投究竟适合什么人群、如何选择定投时机、如何进行误区分析等内容。

8.2.1 适合人群与定投时机

基金定投虽具有较广泛的适用性，但并不是所有人和任何时间都适合进行定投。投资者还需对它的适合人群以及时机选择进行把握。

下面就将介绍基金定投的适合人群和时机选择。

1. 基金定投的适合人群

基金定投是非常适合低薪年轻人的理财方式。专业理财人士认为，选择该种投资方式，不仅可以培养其理财习惯，还能让其从为数不多的工资中积累一笔不小的财富。概括起来，其适合的人群可以分为以下几类，如图 8–6 所示。

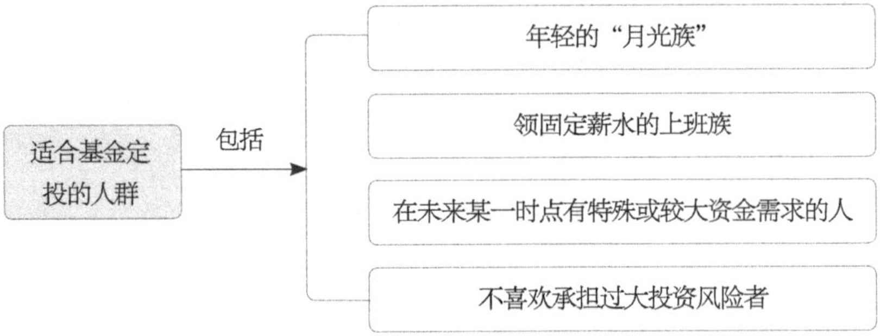

图 8–6 适合基金定投的人群

下面就将对图 8–6 所示的几类人群一一做出分析。

（1）**年轻的“月光族”**。由于基金定投具备投资和储蓄两大功能，投资者可以在领工资后留下日常生活费，部分剩余资金做定投，以“强迫”自己进行储蓄，培养良好的理财习惯。

（2）**领固定薪水的上班族**。大部分的上班族薪资所得在应付日常生活开销后，结余金额往往不多，小额的定期定额投资方式最为适合。

这类上班族本来月收入就不高，也没有什么理财观念，而基金定投类似于银行的“零存整取”储蓄方式，只要去银行或者证券营业部办理一次就可以了，而且其门槛很低，可以在培养其理财习惯的同时，慢慢使小钱变大钱。

（3）**在未来某一时点有特殊或较大资金需求的人**。在已知未来将有大额资金需求，例如，3 年后须付购房首付款、20 年后子女出国的留学基金，乃至于 30 年后自己的退休养老基金等时，提早以定期小额投资方式来筹集，不但不会造成自己日常经济上的负担，更能让每月的小钱在未来演变成大钱。

（4）**不喜欢承担过大投资风险者**。由于定期定额投资有投资成本加权平均的优点，能有效降低整体投资成本，使得价格波动的风险下降，进而使投资者稳步获利，是长期投资者对市场长期看好的最佳选择工具。

2. 基金定投的时机选择

基金固然是小额投资人参与股市获利成长的最佳方式，但不是每只基金都适合定期定额投资，选对投资目标才能创造优异的回报。

首先，债券型基金等固定收益工具不太适合用定期定额的方式投资，建议定期定额首先考虑股票型基金。

其次，定期定额投资时要选择在上升趋势的市场。超跌但前景不错的市场最适合开始定期定额投资，投入景气循环向上、现阶段在底部盘整的市场，避免追高是创造获利与本金安全的不二法则。因此，只要长线前景看好，短期处于空头行情的市场最值得开始进行定期定额投资。

8.2.2 基金定投的误区分析

基金定投虽因其平均成本、分散风险等特点，受到越来越多投资者的青睐，但是许多投资者因为对其认识不足往往会陷入诸多误区，如图 8-7 所示。

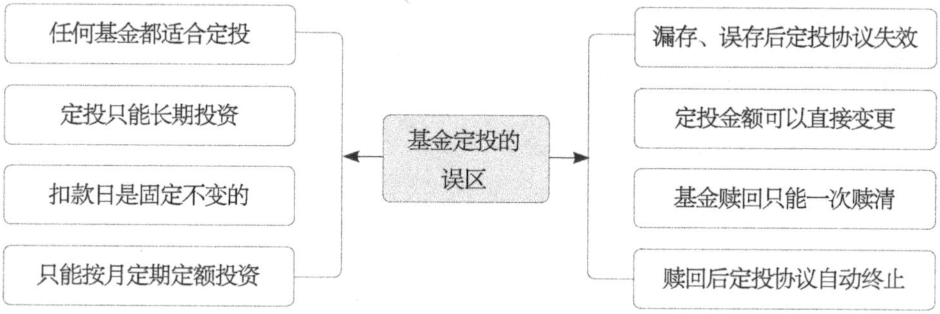

图 8-7 基金定投的误区

下面就将对图 8–7 中几点误区进行详细阐述。

1. 任何基金都适合定投

并不是所有基金都适合定投。对于收益稳定的债券型基金来说，定投与一次性投资并没有多大的区别。也就是说，对于收益稳定类型的基金产品来说，定投并不合适。相对收益稳定类型的基金来说，对具有更多不确定性的股票型基金更加适合进行定投，因基金定投可以减少投资这类基金的风险。

2. 定投只能长期投资

虽然定投可以降低投资风险，但是定投作为一种长期投资，还需要参考基金的后市，如果后市看跌，则应该重新进行规划。

3. 扣款日是固定不变的

定投虽采用固定时间扣款，但因为每个月份的天数不同，所以扣款日为每月 1 ~ 28 日；除此之外，如果扣款日为节假日，则会相应顺延，待到工作日再行扣款。

此外，投资者还可以主动更改扣款日。下面就以“支付宝”APP 平台为例，介绍更改基金定投扣款日的方法。

首先进入“支付宝”APP 应用，单击主界面右下角的“我的”按钮，如图 8–8 所示。

图 8–8 单击“我的”按钮

执行上述操作后即可进入“我的”界面，然后再单击“蚂蚁财富”按钮，如图 8–9 所示。

图 8–9 单击“蚂蚁财富”按钮

执行上述操作后即可进入相应界面，接下来再单击“理财”按钮，进入理财界面，如图 8–10 所示。

进入“理财”界面后，可以看见界面上方有一个“基金”按钮，单击该按钮，如图 8–11 所示。

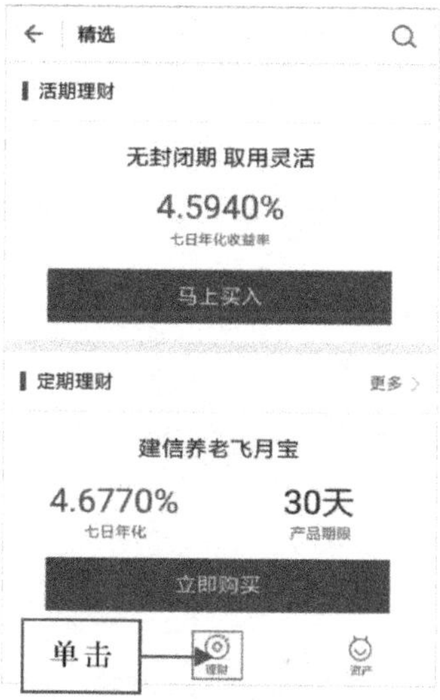

图 8–10 单击“理财”按钮

图 8–11 单击“基金”按钮

执行上述操作后，即可进入“基金”界面，然后单击下方的“持有”按钮，如图 8-12 所示。

之后便可以选择一只持有的基金，对其进行红利再投资设置，进入基金详情页面后单击下方的“定投”按钮，如图 8-13 所示。

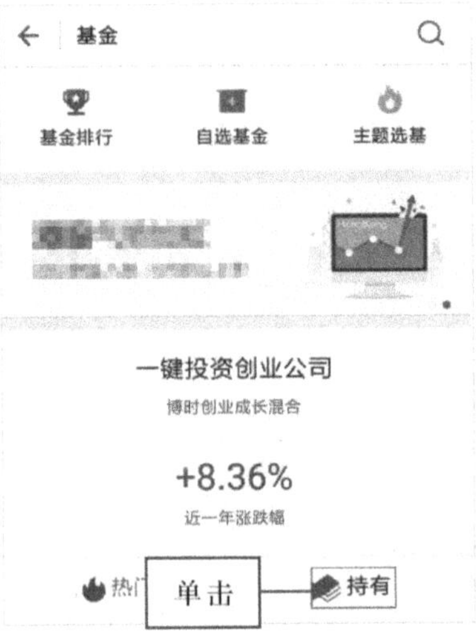

图 8-12 单击“持有”按钮

图 8-13 单击“定投”按钮

执行上述操作后即可进入“定投管理”界面，单击选中基金的名称，即可进入该基金的“定投详情”界面，如图 8-14 所示。

进入定投详情界面后，再单击界面左下角的“修改”按钮，即可开始修改定投日期，如图 8-15 所示。

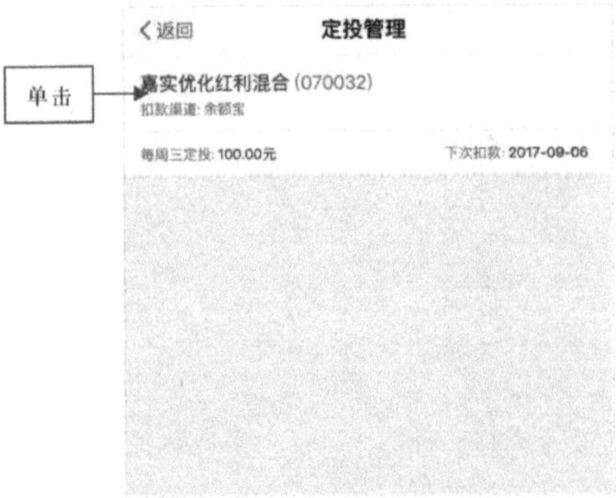

图 8-14 单击选中基金名称

图 8-15 单击“修改”按钮

执行上述操作后，便可在弹出的界面下方看到一个星期列表，选中其中的某一天，即可将定投扣款日期调整到这一天，我们将日期选择为每周三，即选中“周三”选项，之后单击“确认修改”按钮，如图 8-16 所示。

执行上述操作后，即可跳转至密码确认界面，如图 8-17 所示。输入密码确认后修改即完成。

图 8-16 选中“周三”选项

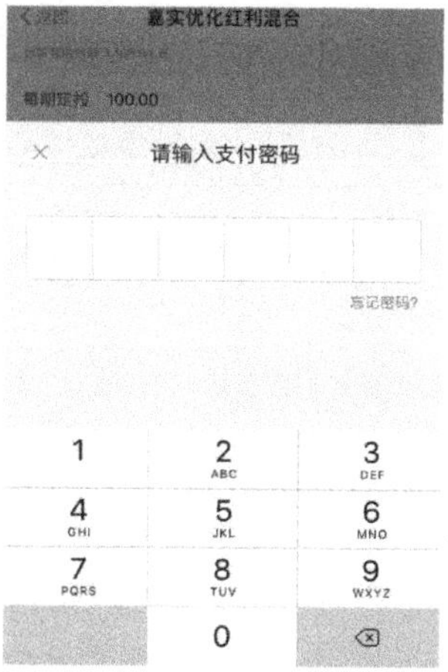

图 8-17 密码确认界面

4. 只能按月定期定额投资

虽然定投多为按月投资，但是不同的基金公司可能会有不同的规定，除了按月定投，有的基金公司还实行按双月和季度投资等方式定投。因此，具体周期，还需参照特定的基金公司的规定。

5. 漏存、误存后定投协议失效

部分投资者由于存款不及时等原因，使账户内资金不足，无法正常扣款。但这并不代表定投协议就此失效，只要投资者尽快补足，便可继续进行定投。

6. 定投金额可以直接变更

定投协议签订后，不能在约定期内直接更改定投数额。如需变更需先办理“撤销定期定额申购”手续，并重新进行申购。

7. 基金赎回只能一次赎清

定投的基金赎回份额没有限制，既可以全部赎回，也可以根据需求部分赎回。如果部分赎回，则剩下部分仍将持有。

8. 赎回后定投协议自动终止

定投协议并不会因为赎回而终止，全部赎回之后，如果投资者的银行卡内有足够资金且满足扣款的条件，那么，银行仍会默认协议仍在进行，并定期进行扣款。

8.2.3 基金定投与普通申购的区别

基金定投与普通申购的区别主要体现在 3 个方面，如图 8-18 所示。

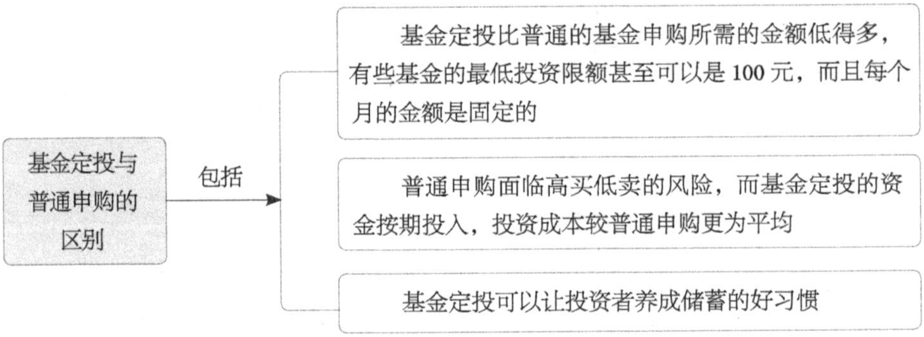

图 8-18 基金定投与普通申购的区别

8.2.4 基金定投交易的要点与技巧

基金定投既节省了购买费用，降低了投资时机选择带来的风险，更以平均成本的方式，分散了投资成本，是一种适合进行中长期投资的产品。但因投资者操作不同，也可能获得不同的收益。所以，如果投资者要在定投中获取更多利益，就必须要掌握一定的投资要点和相关技巧。下面就将从 3 方面出发，介绍基金定投的交易要点与技巧。

【技巧解析】挑选定投基金的技巧

基金定投正在逐渐被越来越多的投资者所青睐。对于投资者来说，做好基金定投的关键是选择定投对象，在进行定投对象的选择时，投资者需掌握 4 个挑选定投对象的方法，如图 8-19 所示。

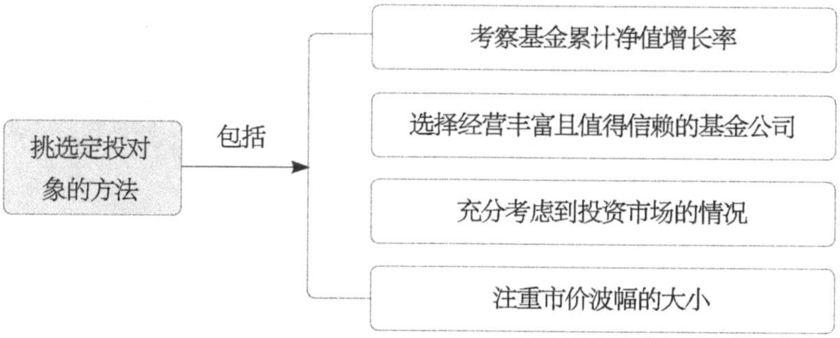

图 8-19 挑选定投对象的方法

世上既没有两片完全相同的树叶，也不可能存在完全相同的基金产品。即便都是新发基金，也会因为管理和运作的不同而出现业绩的差异。

正是因为基金的不同，投资者在选择时应该差别对待不同的基金。所以，个性化选基是投资基金的关键。投资者只有在把握基金个性的基础上，才能正确认知基金利润，进而根据自身投资兴趣及需求选择进行定投的基金。

【技巧解析】中途退出定投的技巧

中途退出定投包括两种方式，即自动退出和违约退出。自动退出是指投资者主动提出退出基金定投申购业务申请，基金管理公司确认后，定投业务停止，系统停止扣款；违约退出是指投资者指定的扣款账户内资金不足且投资者未能按照约定补足申购资金，系统将记录投资者违约次数，到达一定的次数之后，系统将自动终止投资者的基金定投业务。

其中，如果出现如图 8-20 所示的情况，投资者即可考虑中途退出基金定投。

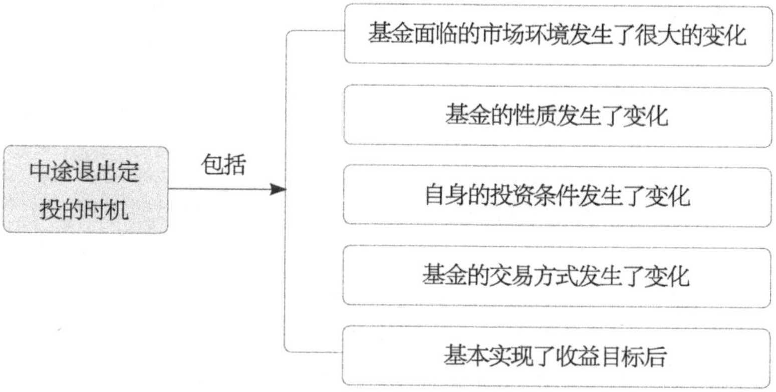

图 8-20 中途退出定投的时机

【技巧解析】基金定投的 5 大技巧

虽然基金定投采取平均成本的方式，风险相对较小，但这并不意味着它就没有风险。而掌握基金定投的意义就在于将可能的风险进一步降低。总的来说，基金定投主要有 5 大技巧，具体如图 8-21 所示。

组合定投，保持较高投资效率	定投组合通常由 2~3 只基金构成。以 2 只基金的定投组合为例，投资者既可以选择 2 只高收益的股票型基金进行组合；也可以选择一只高收益基金和一只低收益的基金组成定投组合
低位市场，不要停止定投	因为基金定投可以平摊风险，所以在下跌的市场里，应该坚持定投，有条件的还可以增加定投资金
变额定投，突破交易规则限制	例如，准备每月定投 1 000 元的 ETF，可以设立一个波动区间，例如 100 点：即股指（股票价格指数）每上涨 100 点，每月投资金额就应减少 50 元；反之，股指每下跌 100 点，每月的投资金额就应增加 50 元等
定点加强，红利再投资	投资者可以在自身准确判断的基础上，适时改变基金的持有份额，积极主动地获取更大的回报。因为长期定投的分红频率会随投资时间的长短而变化，一般情况下，随着投资时间的增加，分红频率会相应增加，而红利再投资的复利也会更为可观
选择定赎，预备应急资金	选择定时定额赎回，不仅能让将收益变现，而且赎回费用相对较低。当投资者有资金需求时，不妨先进行定赎回

图 8-21 基金定投的 5 大技巧

8.3 基金定投目标方案规划

在进行定投时，投资者应对资金进行合理规划。许多投资者就是因为对未来财务估计不足，引发资金紧张，进而被迫终止了定投计划的。

基金定投适合进行长期投资，一旦确定下来，就应该咬牙坚持。因为只有坚持到底，才有可能达成目标；而中途退出，只能是给未来平添更多的不确定性。

8.3.1 买房购车定投

应届毕业生走出大学，成家立业越来越成为一个现实问题。成家立业的标配是房子和车子，但是因为刚步入社会，应届毕业生的工资相对较低。单靠积攒工资实现买房购车的梦想需要经过漫长的等待。

此时，他们完全可以通过基金定投的方式，通过规划，在几年内达成目标。如果这部分人群每月拿出 2 000 元，采取复利投资的方式定投年回报 10% 左右的基金，则可以在 5 年后在达成购车目标的同时，支付买房首付款。

8.3.2 现金管理定投

基金定投是指在固定的时间以固定的金额投资到指定的开放式基金中，一般以月为周期，是一种投资方式，投资者可以用来管理闲余资金。

刚参加工作的上班族，每月收入有限，除去开销之后更是所剩不多。但是他们又不得不为将来买房、买车和子女教育等费用进行打算。如果这部分人群投资经验比较有限，那么基金定投不失为一种较好的投资方式。投资者只需将闲置的资金进行定投即可。这样既能管住自己的“钱袋子”，还能实现资金的增值，为未来做准备。更关键的是，每次投入的资金较少，不至于因此造成经济负担。

每月有些余钱的投资者可以根据自身的情况，如果风险承受能力强，可以选择投资股票型基金；风险承受能力弱，可以选择投资债券型基金，或者投资股票型基金和债券型基金的组合。

比取得投资收益更为重要的是，基金定投培养了投资者理财的观念，投资者随着收入和投资技巧的提高，可以选择智能定投等方式取得更高的投资收益。

如果投资者想要进行长期定投，就必须要知道投资周期和实际投资的效果之间是没有必然关系的。所以，投资者在定投时，不应该纠结于定投的周期。

周期较长的定投并不一定比短周期定投的收益少。而如果进行短周期定投，则部分投资者可能会因为反复进行操作而白白浪费了时间和精力。这样反而会有些得不偿失，倒不如直接进行长周期定投来得省心。

8.3.3 养老基金定投

养老基金定投就是指每月固定投资一定资金在养老基金上，从而获取相应的收益。一旦选择了进行养老基金定投，投资者就应该一直坚持下去。不管市场是走高，还是低迷，投资者都要保持账户有足够余额用以定投。只有如此，才能保证养老目标的最终实现。

【技巧解析】养老基金的定投策略

养老基金定投策略，如图 8-22 所示。

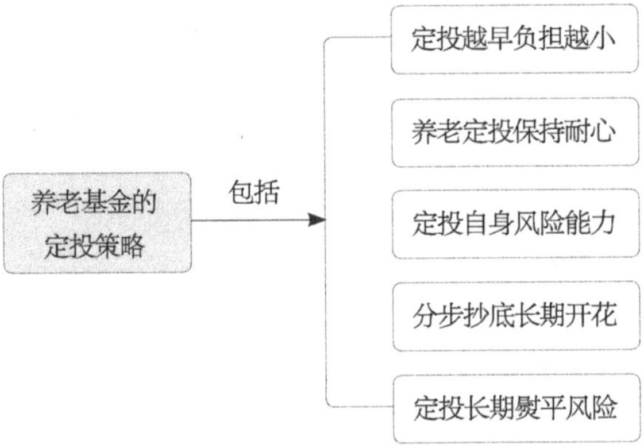

图 8-22 养老基金的定投策略

下面就将对上述的几点策略一一做出解析。

（1）定投越早负担越小。定投开始的时间不同，负担可能有较大的不同。以恒生指数 1979 年至 2009 年的收益率为例，如果投资者 30 岁开始定投，那么只要坚持 30 年内，每个月定投 414 元，便可在 60 岁时攒齐 100 万元。而如果是 40 岁开始定投，在 60 岁时要攒齐 100 万元，就需要在接下来的 20 年内，每月定投 1730 元。同样是 100 万元，晚开始 10 年定投，每月的定投额就翻了两倍。由此不难看出，越早进行养老定投，负担就越小。

（2）养老定投保持耐心。在进行养老定投时，投资者应保持耐心，切忌因为股价的短期下跌动摇投资信心，而进行赎回或终止定投。因为这样既无法达成定投平均成本的目的，还有可能因为一时冲动，失去了本该属于自己的利益。

（3）定投自身风险能力。既然决定进行定投，投资者就应该在明确投资目标的同时，对自身的风险承受能力有一个清醒的认识。保守型、中庸型和进取型风险承受能力的投资者，其所能承受的风险程度是不同的。投资者应该明晰自己承受风险能力所属的类别，并将投资风险控制在可承受的范围之内。

（4）分步抄底长期开花。最理想的定投是底价投入，高价了结。但是底价通常不太好把握，此时，投资者可以退而求其次，从相对低价开始定投。

（5）定投长期熨平风险。养老定投具有复利效应。只要投资者保持长时间的定投，就基本能获得稳定的收益，这无形之中也就降低了投资的风险。

8.3.4 亲子教育定投

现在最常见的少儿理财产品就是儿童储蓄账户。儿童储蓄账户是父母为孩子进行理财的起点。在孩子的成长过程中，父母可以通过带领孩子进行投资模拟或直接投资等方式，适度对孩子的投资进行引导，培养孩子的投资意识。如果孩子的年龄足够大了，还可以让其在父母的陪同下进行基金定投。

【技巧解析】管理教育基金的方法

家长可采取以下方式管理教育基金，培养孩子的理财观念，如图 8–23 所示。

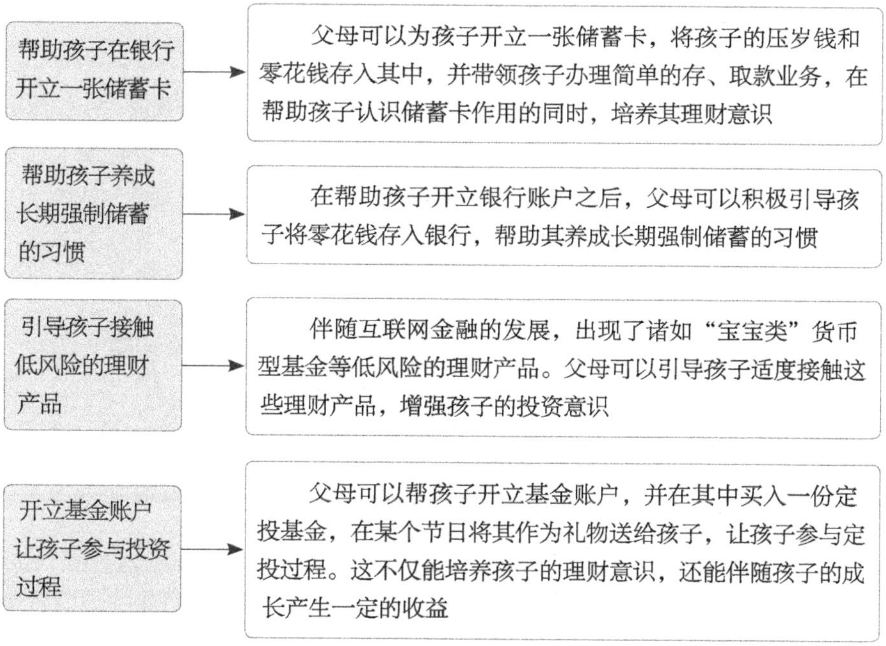

图 8–23 管理教育基金的方法

第9章

基金组合入门与实战

学前提示 >>>

投资者不仅可以单独持有某一只基金，还可以以组合的形式进行基金的投资。通过组合的形式投资基金，投资者可以在有效地降低投资风险的同时，保持收益的稳定。相对单独持有一只基金，该形式更加值得推崇。

要点展示 >>>

了解基金组合的要点与形式
构建基金组合的实战步骤
在投资过程中调整基金组合

9.1 了解基金组合的要点与形式

部分投资者，尤其是部分投资新手，由于自身基金投资经验不足，直接重仓甚至是全仓持有某一个基金的份额是很容易出现的情况。虽然这样可能在行情上涨时，获得较为可观的利润，但是如此操作，更可能出现因为基金行情快速变化而造成资金的大幅缩水；还有一部分投资者将基金选择视为一个难题，因为无法选出多个基金进行组合而单持一只基金，最终也因为行情不如预期而出现较大的亏损。

这些投资者的投资之所以会以失败收场，究其原因还是没有构建基金投资组合。虽然仅持有一只基金不一定会出现亏损，但是相比之下以组合的方式进行基金投资，可以有效地降低投资风险。这也是构建基金投资组合的意义所在。

9.1.1 基金组合可以降低投资风险

高收益、低风险和高流动性是证券市场上所有投资者追求的目标。通过构建投资组合，投资者虽然不能凭空增加利润或者消除风险，但却能够调整投资的收益性、安全性和流动性，将其控制在自己可以接受的范围之内。

基金经理人将资金按一定比例分别投资于不同种类的有价证券或同一种类有价证券的多个品种上，这种分散的投资方式就是基金组合。通过基金组合分散基金的投资风险，是证券投资基金成立的意义之一。

仅持有一只基金就意味着一旦该基金出现行情与预期相悖的情况，投入的资金可能会面临风险；而进行基金组合则是按一定的资金比例分别投资多种基金，所以即便单个基金不如预期，也可能因为其他基金表现良好而弥补亏损，甚至于还能获得一定的收益。这就是持有单一基金与构建基金投资组合在风险上的最大区别。

基金组合投资，实际上就是将投资风险分摊于多个基金品种，从而达到分散投资风险的目的。虽然以组合的形式进行基金投资，可能会因为盈亏的“中和”而无法在短期内获得可观的收益。但是长期坚持下去，收益将会像滚雪球一样，稳定增长，越积越大。

9.1.2 基金组合分散风险的本质

在进行基金投资时，投资者最关注的是资金配置、买入时机和基金品种的选择。而基金组合则可视为将资金配置和基金品种的选择进行整合之后的产物。因为投资者在基金组合时，必然要对组合中各基金所占的资金比例进行分配，而组合的完成实际上也是基金品种选择的完成。所以，基金组合的构建，直接解决了资金配置和基金品种选择这两大问题。

也正是因为在构建基金组合时考虑了资金配置和基金品种的问题，所以根据构建的基金组合进行投资，既降低了资金分配不合理风险，更降低了因为对投资对象的误判而造成的选择风险。

所以，基金组合分散风险从本质上来说，是从资金本身和投资对象的选择这两个方面，同时降低投资的潜在风险。

9.1.3 构建基金组合的层次

不同类别的基金，其风险与收益会呈现一定的差异性。基金投资组合可以分为两个层次：第一个层次是在股票、债券和现金等各类资产之间进行比例分配；第二个层次是债券的组合与股票的组合，即在同一个资产等级中选择几个品种的债券和几个品种的股票以及各自的权重。为了保障广大投资者的利益，基金投资都必须遵守组合投资的原则，即使是单一市场基金也不能只购买一、两项证券。

投资者在进行基金组合的构建时，需要将投资对象的风险和收益有所把握，并在此基础上有层次地进行组合的配置。

【技巧解析】将不同类别融入组合

不同的基金类别，各有其优势。股票型基金是最具增值潜力的基金类别；债券型基金通常能保持稳定的收益；而货币市场基金则流动性较强。投资者在构建基金投资组合时，应在发挥各基金优势的同时，结合自身实际，巧妙地将它们融入组合。

【技巧解析】平衡投资组合的风险

不同的基金类别，其风险程度截然不同，股票型基金风险较大，而货币市场基金和债券型基金的风险则相对较小。投资者在构建基金投资组合时的第二个层次就是结合自身风险承受能力，通过组合的方式将投资风险控制在可接受的范围内。

9.1.4 基金组合的 3 大形式

基金的组合可分为多种形式，其中最常见的形式主要包括 3 种，如图 9–1 所示。

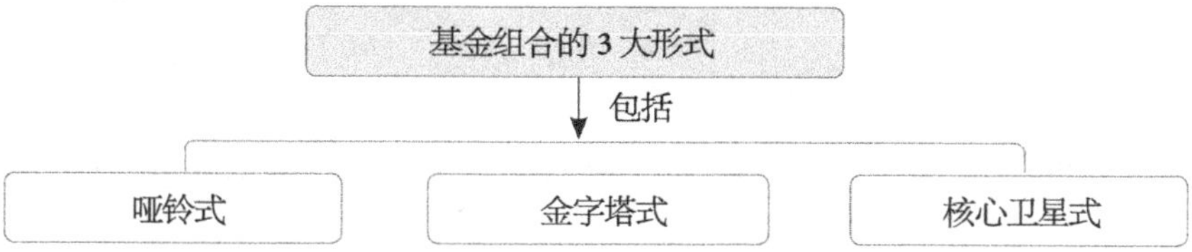

图 9–1 基金组合的 3 大形式

下面将对这 3 种形式，进行一一解读。

【技巧解析】哑铃式基金投资组合

哑铃式基金投资组合的相关介绍如图 9–2 所示。

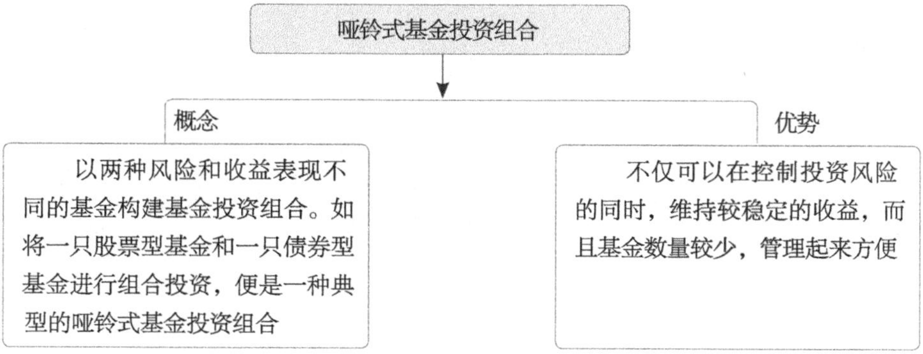

图 9–2 哑铃式基金投资组合

哑铃式基金投资组合模型示意图如图 9–3 所示。

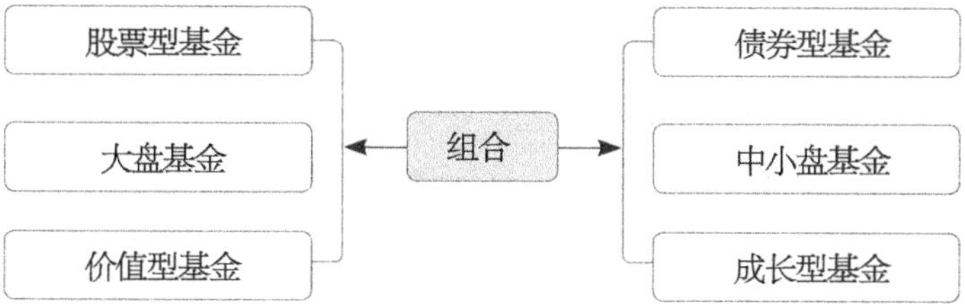

图 9–3 哑铃式基金投资组合模型示意图

【技巧解析】金字塔式基金投资组合

金字塔式基金投资组合的相关介绍如图 9–4 所示。

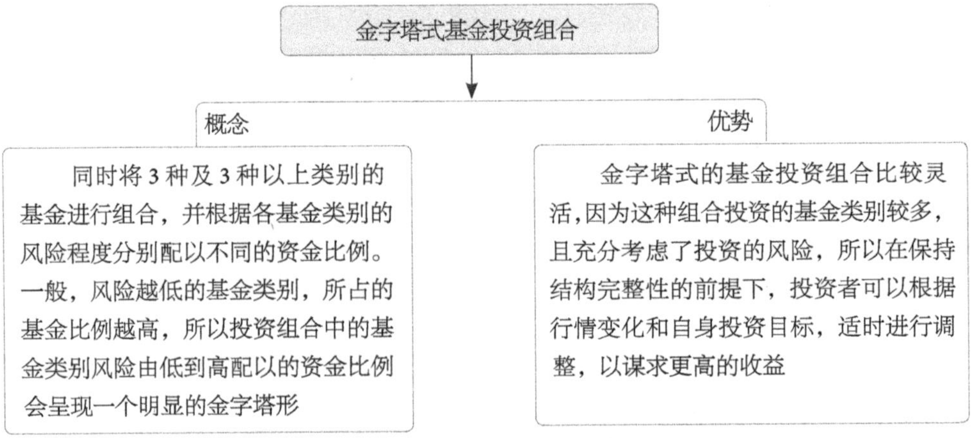

图 9–4　金字塔式基金投资组合

金字塔式基金投资组合模型示意图如图 9–5 所示。

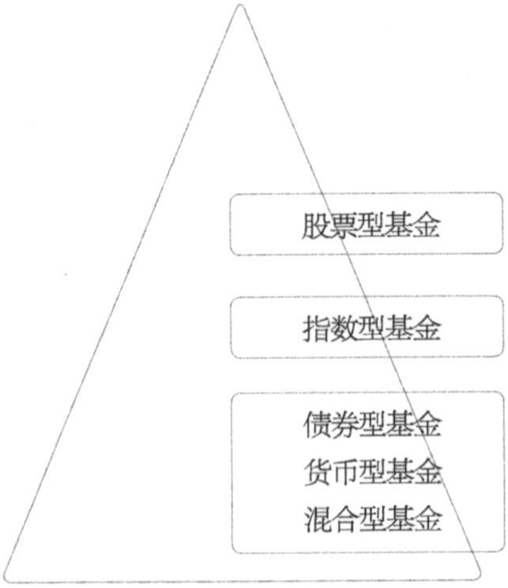

图 9–5　金字塔式基金投资组合模型示意图

【技巧解析】核心卫星式基金投资组合

核心卫星式基金投资组合的相关介绍如图 9–6 所示。

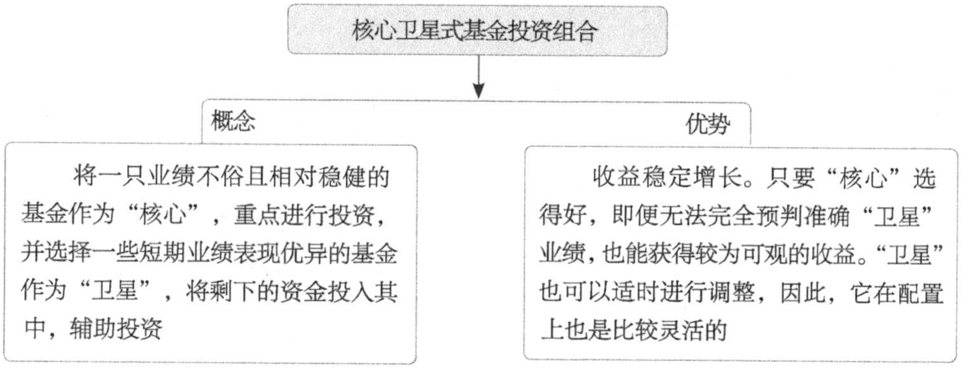

图 9–6 核心卫星式基金投资组合

核心卫星式基金投资组合模型示意图如图 9–7 所示。

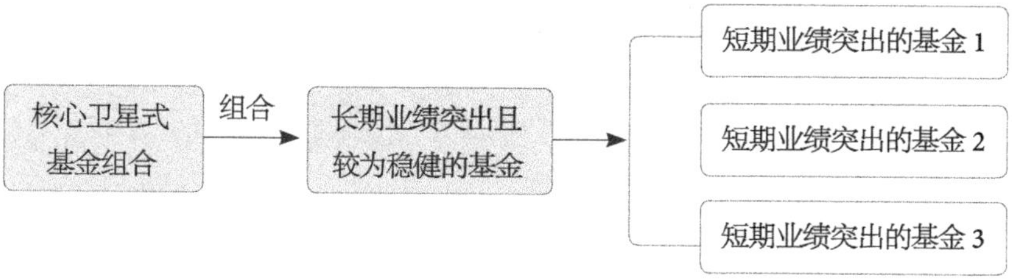

图 9–7 核心卫星式基金投资组合模型示意图

9.2 构建基金组合的实战步骤

有了构建基金投资组合的想法之后，投资者应该按照一定的步骤确定具体的基金投资组合，不能盲目地进行组合。总的来说，基金投资组合的构建主要包括 3 步，如图 9–8 所示。

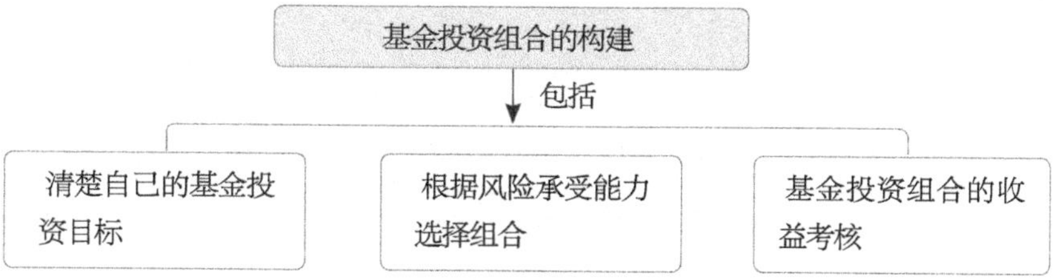

图 9–8 基金投资组合的构建

接下来本节将对这 3 步，进行详细阐述。

9.2.1 清楚自己的基金投资目标

进行基金投资的最终目的还是获得收益。但是因为具体情况不同，不同投资者的投资目标必然会有所差异。而要尽快达成投资目标，就需要根据投资目标具体制定基金投资组合。例如，有的投资者需在几年内达成购车目标，就需要适当增加高收益基金的投资比例；而如果是想经过几十年的投资达成养老目标，则应将稳定收益放在首位，增加稳健型基金的投资比例。

投资目标需根据自身实际情况来确定，不能仅凭理想化的臆测就决定投资目标；否则，制定的目标除了难以实现、毫无价值外，还很可能将投资者引向错误的方向。

确定投资目标需要考虑的相关因素如图 9–9 所示。

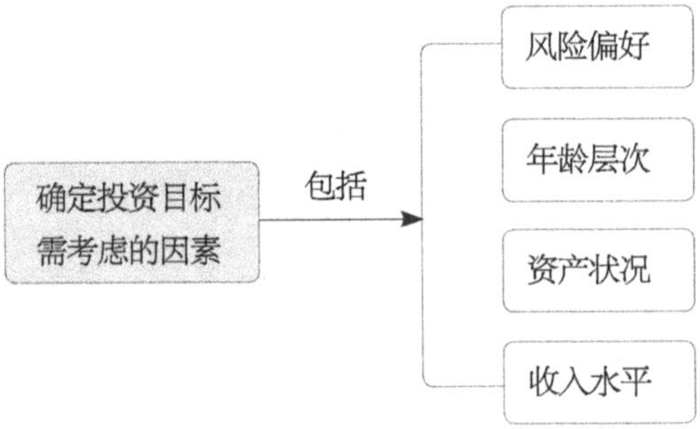

图 9–9 确定投资目标需考虑的因素

下面就对图 9–9 中几点进行如下讲解。

（1）**风险偏好**。风险偏好是指投资者在面对投资时所要承担的风险的基本态度。投资者的风险偏好也反映了投资者的心理承受度。基金投资者在确定基金投资目标时要充分考虑到自身的风险偏好，不要确定超出自身心理承受能力的投资目标。

（2）**年龄层次**。基金投资者在明确基金投资目标时还需注意自身的年龄层次，不同的年龄层次适合不同的基金投资产品和方向，因此，根据年龄来确定投资目标能指导选择的基金组合向更加科学合理的方向靠拢。

（3）**资产状况**。资产状况指投资者持有资金的状态——是有大量的闲散资金还是有一定的债务等。这些因素会直接影响到基金投资者的投资规模和投资者的实际风险承受能力。所以在明确基金投资目标时，投资者必须充分考虑到自身的资产状况，确定科学合理的目标，切勿情绪化投资。

（4）**收入水平**。收入水平是衡量投资者手中可流动资金量的一项重要指标，而基金投资一般都是长期的、持续的，所以基金投资者要考虑到自身的收入水平，确保投资目标所需要的资金与自身日常生活的资金达到平衡。

9.2.2 根据风险承受能力选择组合

要获得稳定的收益，就必须考虑投资风险。不管是哪种基金类型，都不可避免地会存在一些风险。所以，即便基金组合投资的方式也无法消弭这种固有的风险。根据风险承受能力的不同，可将基金投资组合分为 5 类，如图 9–10 所示。投资者可以参照自身情况，选择具体的基金组合。

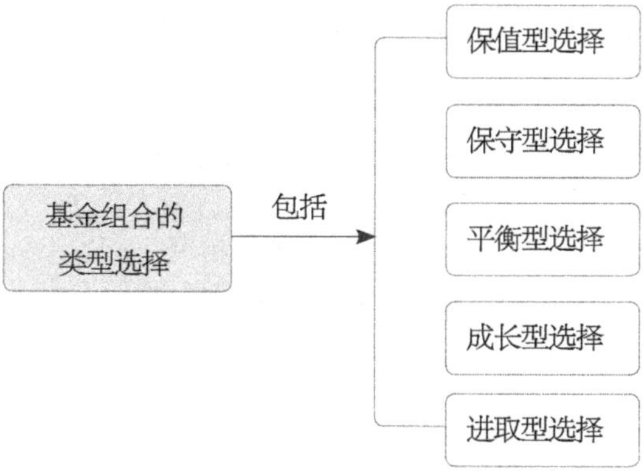

图 9–10 基金组合的类型选择

下面就将对图 9–10 中的 5 类基金组合选择进行详细阐述。

1. 保值型选择

保值型基金组合选择的相关介绍如图 9–11 所示。

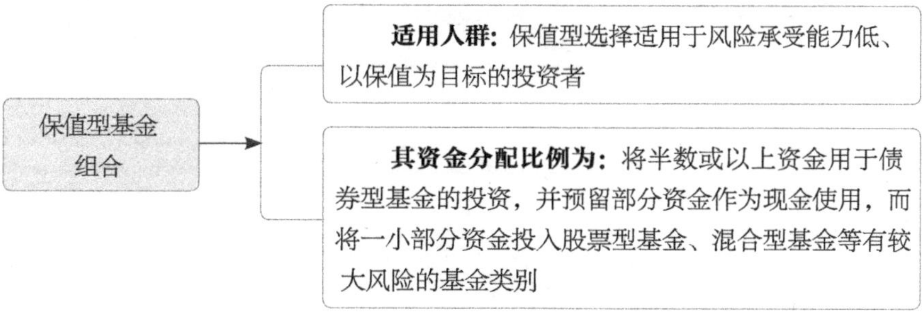

图 9–11 保值型基金组合

保值型选择的具体示意模型图如图 9–12 所示。

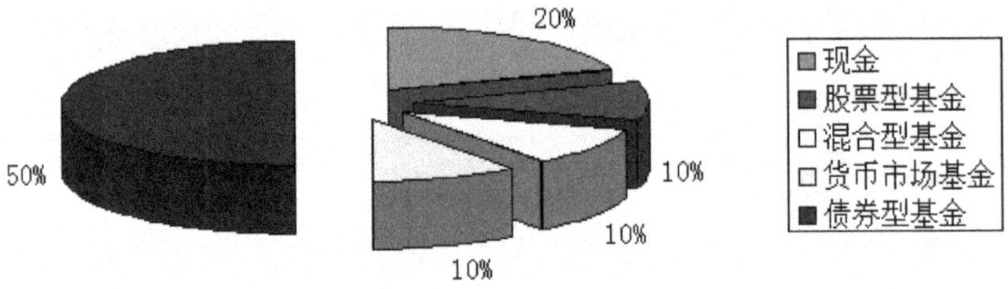

图 9-12 保值型基金组合示意模型图

2. 保守型选择

保守型基金组合选择的相关介绍如图 9-13 所示。

保守型基金组合

适用人群：保守型选择适用于风险承受能力低、期望资金可以小幅增值的投资者

其资金分配比例为：现金预留 10%，股票型基金占 20% 左右，混合型基金占 10% 左右，货币市场基金占 10% ~ 20%，债券型基金占 40% ~ 50%

图 9-13 保守型基金组合

保守型选择的具体示意模型图如图 9-14 所示。

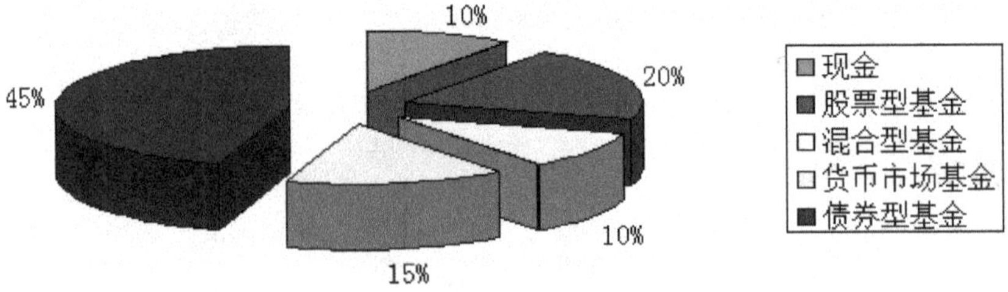

图 9-14 保守型基金组合示意模型图

3. 平衡型选择

平衡型基金组合选择的相关介绍如图 9-15 所示。

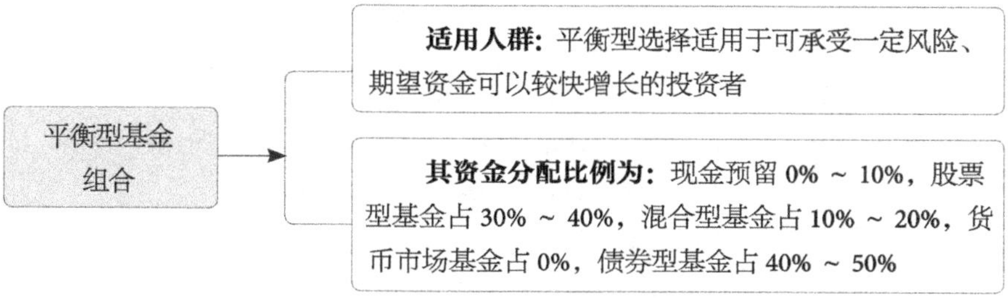

图 9-15 平衡型基金组合

平衡型选择的具体示意模型图如图 9-16 所示。

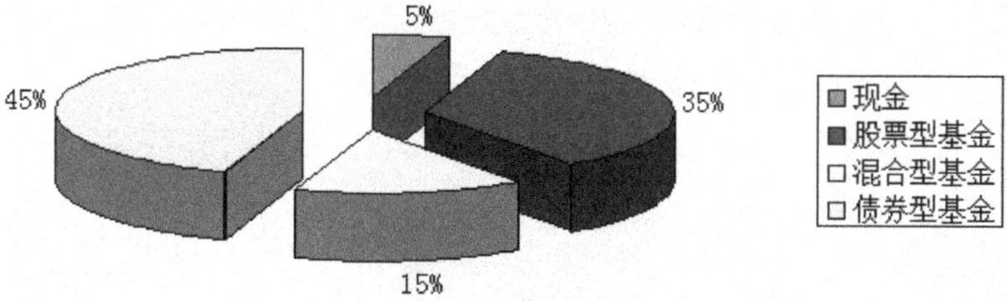

图 9-16 平衡型基金组合示意模型图

4. 成长型选择

成长型基金组合选择的相关介绍如图 9-17 所示。

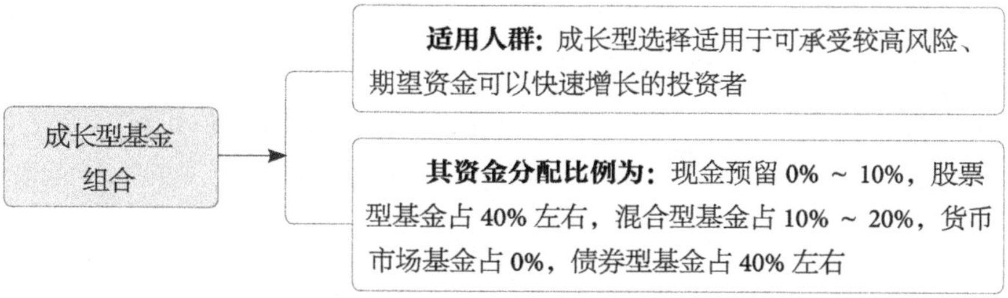

图 9-17 成长型基金组合选择

成长型选择的具体示意模型图如图 9-18 所示。

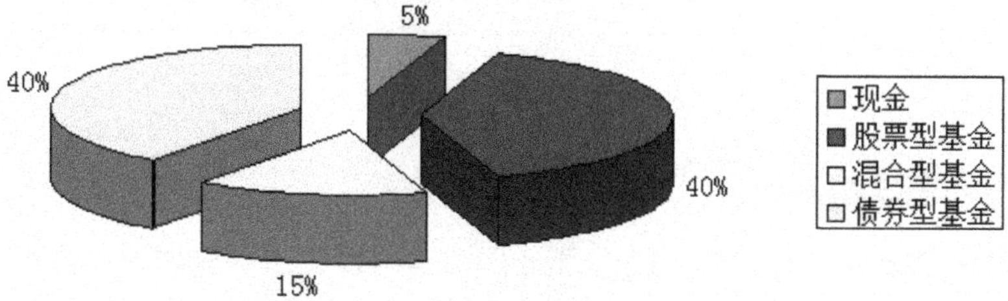

图 9-18 成长型基金组合示意模型图

5. 进取型选择

进取型基金组合选择的相关介绍如图 9-19 所示。

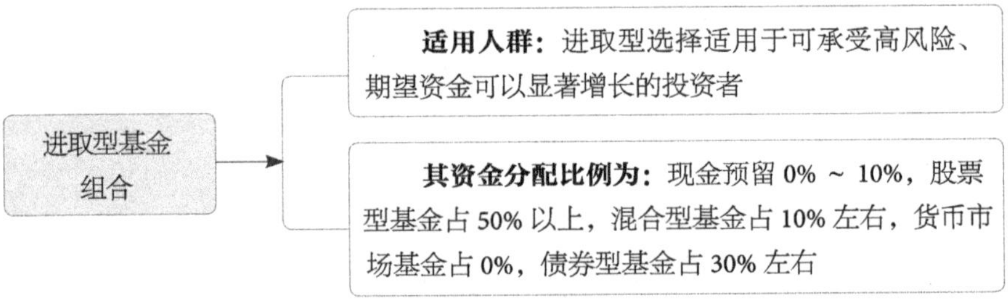

图 9-19 进取型基金组合选择

成长型选择的具体示意模型图如图 9-20 所示。

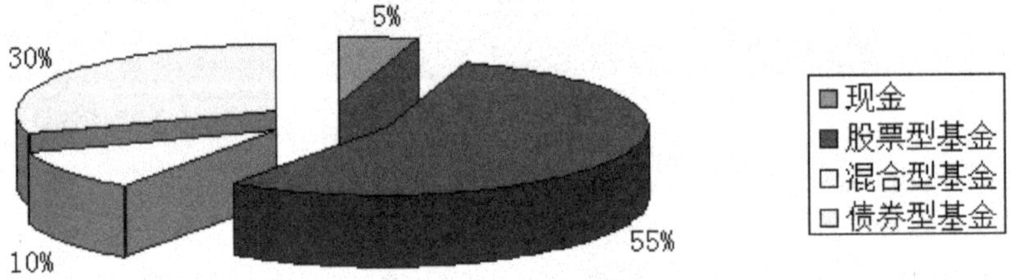

图 9-20 进取型基金组合示意模型图

不同的投资者能够承受的风险有所差异，因此，投资者在构建基金投资组合时，需结合自身情况，兼顾收益和风险。

投资者在充分了解不同类型基金的风险特征后，需要结合自身的风险承受能力构建投资组合，在进行构建组合时应从以下几个方面考虑，如图 9-21 所示。

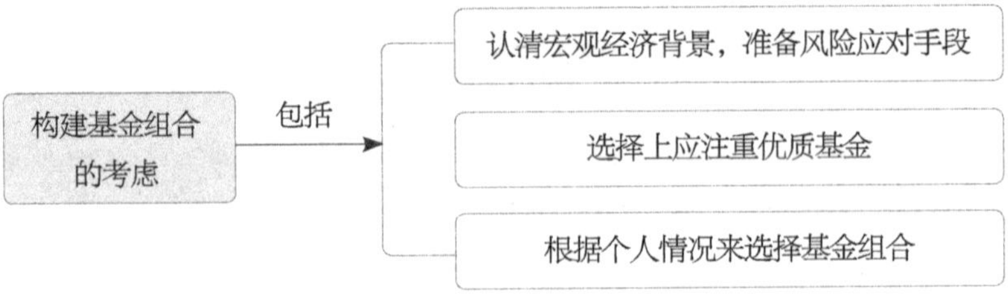

图 9-21 基金组合构建需考虑的方面

9.2.3 基金投资组合的收益考核

基金投资组合的收益分为两个部分，即对投资组合整体收益的考核和对组合内某一只基金收益的单独考核。收益考核是构建投资组合中不可或缺的一环，只有在对基金投资组合中的基金进行收益考核，才能知道选中的组合是否符合投资目标。

值得一提的是，在进行收益考核时，因为基金的短期业绩可能具有偶然性，所以，不具有参考性。只有考核基金的长期收益，才能更准确地把握其业绩水平。

因此，投资者在完成了基金投资组合的构建后就不要轻易地改变基金组合了，更不要频繁变动、调整基金组合，而应树立正确的基金投资观，坚持长期投资。这样必定会越来越接近投资目标。

9.3 在投资过程中调整基金组合

申购基金通常面临投资何种基金、什么时间点投资等问题，但调整基金组合一般都是很少被谈到的。然而，在整个投资过程当中，调整手中持有的基金组合是重要的一环。但因为短期市场难以把握，频繁地申购和赎回容易导致交易成本上升，基金投资者很容易形成长期投资理念，因此也就比较少注意到调整基金组合了。但身为基金投资者，正确认识并掌握调整基金组合的技巧是十分必要也是十分重要的。

在投资过程中，投资者主要可以通过 4 大要点调整基金组合，如图 9–22 所示。

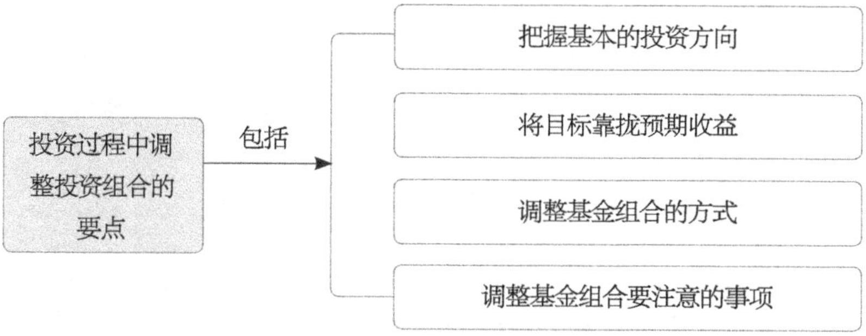

图 9–22 投资过程中调整投资组合的要点

本节将分别对图 9–22 中的 4 大要点进行解读。

9.3.1 把握基本的投资方向

再好的基金组合，也不可能时时刻刻获得收益。所以，投资者不能以为组合选定之后，就甩手不管，坐等收益入账，而应该根据行情的变化适时进行组合的调整。投资者既可以对各基金所占的基金比例进行调整，也可以直接剔除收益较差的基金，并融入表现强劲的基金。

当然，在此过程中需要注意的一点是：投资组合的调整应是建立在原有投资方向的基础上的，而不能因为行情短期内不如预期，就改变投资方向。

9.3.2 将目标靠拢预期收益

在进行基金投资组合的构建时，投资者心中必然会有预期收益。但是实际情况通常会与预期有一些出入。具体来说主要会出现收益不如预期和收益超过预期两种情况，如图 9–23 所示。

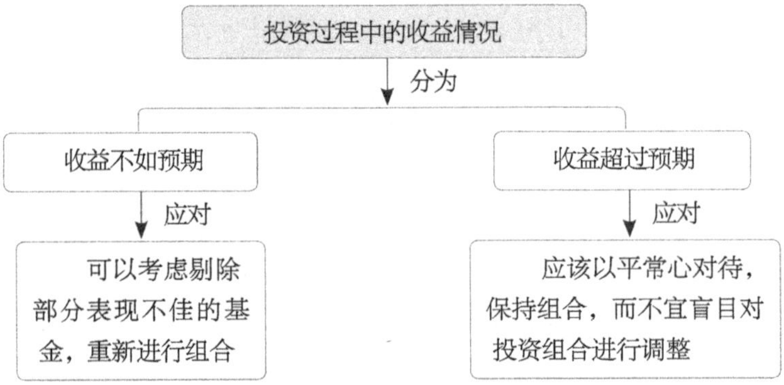

图 9–23 投资过程中的收益情况

9.3.3 调整基金组合的方式

基金的核心组合是投资者持有的基金组合中，用来实现其投资目的的主要部分，是整个投资组合的坚实基础，在基金组合中占据了主要位置，并对整个投资组合的最终风险回报起着决定性的作用。选择核心组合时的注意事项如图 9–24 所示。

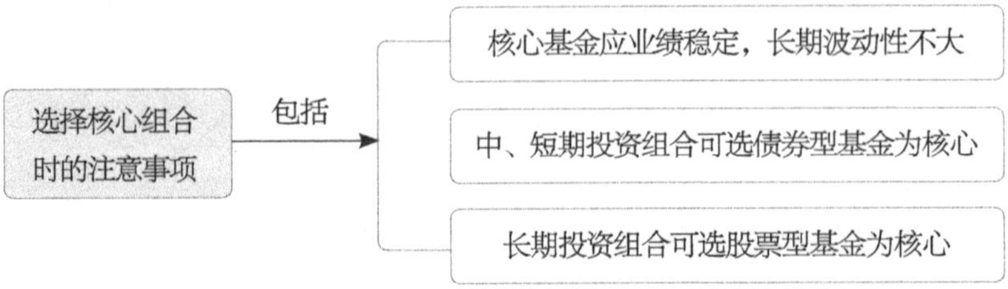

图 9–24 选择核心组合时的注意事项

此外，核心组合的比例可以占整个组合的 70% ~ 80%，甚至是 100%。因此，在确定了选择哪种核心组合后，投资者还要考虑核心组合的比例。

但调整基金组合的比例也是需要一定技巧的，下面就将从 3 个方面出发，介绍调整基金组合的方式和技巧。

【技巧解析】根据基本面调整组合

基金的基本面是投资者在选择基金时的一个重要的参考信息来源，其通常由 3 部分组成，如图 9–25 所示。

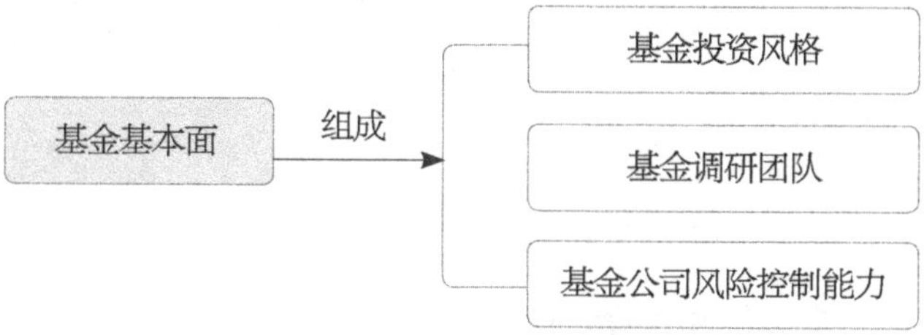

图 9–25 基金的基本面的组成

基金组合在金融市场的运作过程中，常常可能因为市场因素或人为因素等客观环境的变化而导致基金的基本面发生变化。

基金基本面的剧烈变化，可能会对其风险性和收益性造成较大的影响，进而直接对投资组合投资目标的实现造成阻碍。

因此，当一只基金的基本面发生重大变化，并且业绩在一段时间内持续表现不佳时，投资者就需要考虑是否重新进行基金的组合了。

【技巧解析】根据投资目标调整组合

大部分投资者进行基金组合的投资都是有明确投资目标的，但是随着时间和环境的变化，投资目标可能也会发生变化。

如果投资者的投资目标发生了变化，就需要相应地对基金投资组合进行调整。因为投资目标变化之后，服务于原来的投资目标的基金投资组合，对于新的投资目标来说必然会变得不再适用了。

再有，如果投资收益到达投资目标附近，投资者宜调整基金投资组合，将投资风险降低，将维稳放在第一位。

除此之外，基金都会有一个共同的投资组合管理目标，如果没有达到此目标，基金组合也就失去了存在的意义。具体来说，基金投资组合管理目标包括以下 5

点的内容，如图 9–26 所示。

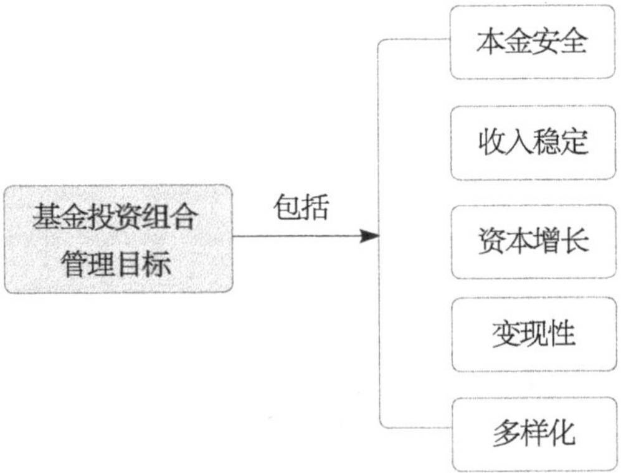

图 9–26 基金投资组合管理的目标

【技巧解析】根据投资年龄调整组合

不同年龄段的投资者能够承受的风险具有一定的差异性。通常来说，年轻的投资者能够承受更大的风险。

"100 法则"和"40+ 法则"这两个著名的基金投资组合理论便很好地说明了根据自身年龄调整基金投资组合的技巧，相关介绍如图 9–27 所示。

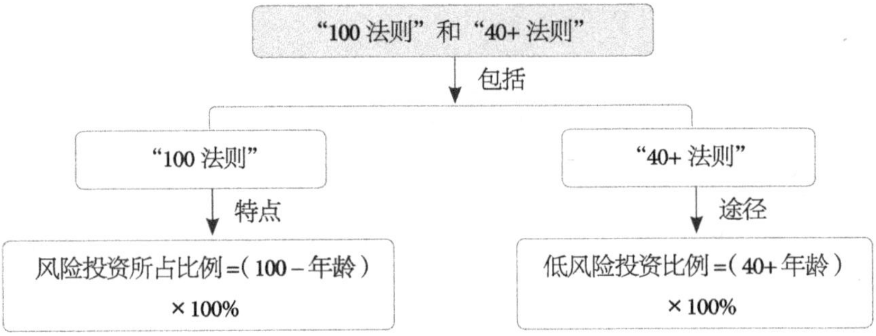

图 9–27 "100 法则"和"40+ 法则"

从上述两个法则的公式可以看出，人的年龄越大，抗风险能力就越弱。

同样是因为基金组合投资造成了巨大的损失，甚至直接处于破产边缘，年龄不同的投资者就很可能表现出截然不同的心态。例如，当这件事发生在 20 多岁的年轻人身上时，他们毕竟还年轻，这只是一时的失败，以后还有大把的时光可以拼搏，大不了就是重新来过；而如果投资者即将或者已经退休，那他亏掉的就很有可能是自己的养老金。这种事情放在谁身上恐怕都是难以接受的。

所以，基金投资组合应根据投资者的年龄适时进行调整。如果投资者还比较年轻，投资高风险的基金组合无可厚非，因为他们有大把的时间作为资本；但是当投资者的年龄比较大时，就需要多一分维稳意识，因为此时进行的投资很可能直接影响到自己的下半辈子。

9.3.4 调整基金组合的技巧

投资者选择多只基金进行投资，可以分散投资基金为家庭所带来的风险，同时可以将利润达到最高限度。那么，家庭投资者应该如何选择基金组合呢？

【技巧解析】组合品种与形态多样化

投资基金，不能简单地在同一类型的基金产品中择优，组合品种与形态应多样化发展，这样可以避免风险，保证本金安全。投资者依照如图 9-28 所示的 3 点原则，便可以基本实现基金组合的最优化。

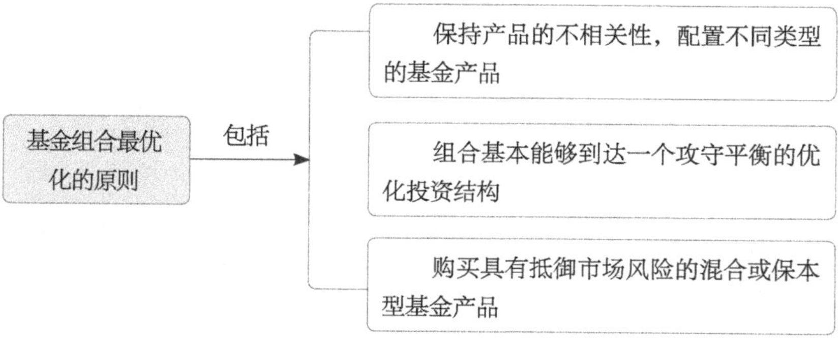

图 9-28 实现基金组合最优化的基本原则

【技巧解析】组合产品要呈现灵活化

由于市面上的基金产品种类较多，如果投资者要实现理财目标，就必须对目前的资产结构进行调整，建立基金投资组合，优化资产配置，这样才能真正有效地实现理财计划。另外，投资者在投资基金时要灵活组合，可以从以下 3 个方面进行优化，如图 9-29 所示。

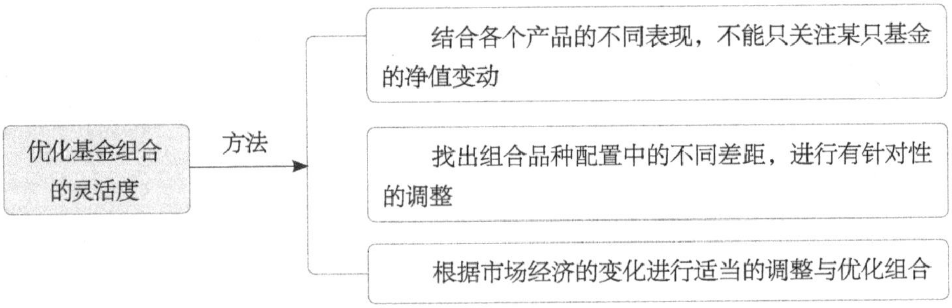

图 9-29 优化投资组合灵活度的方法

【技巧解析】组合收益要呈现持续性

投资者投资基金组合并不完全是为了降低风险，还应该以追求利润最大化为最终目标。因为市场有多种形态，为了使基金组合的收益呈现持续性，投资者可采取不同的策略应对市场的变化，如图 9-30 所示。

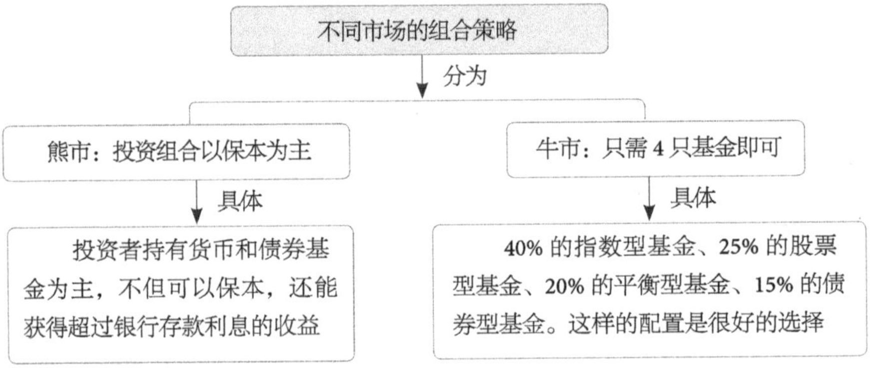

图 9-30 应对市场的变化的投资组合策略

另外，对于中、长期稳健型投资者，可持续关注具有相对较高约定收益和折价安全边际的固定收益份额基金。

专家提醒

投资者在构建基金投资组合时，需要根据自身风险承受能力和投资时限，选择多只不同类型的基金，只有这样才有可能获取较高的收益。基金组合的构建可分为以下两个层次。

（1）股票、债券或货币的组合。当股市看好时，投资可将资金重点配置在股票型基金投资中，反之则把债券和货币基金等低风险的基金品种作为投资的主要对象。

（2）债券和股票的组合。投资者应在同类型、同等级的债券型和股票型基金中进行权衡，并在此基础上进行投资的组合。

第10章

风险防范入门与实战

学前提示 >>>

尽管基金投资相对于股票而言较为稳健，但是基金投资也存在一定的风险性，所以广大投资者在关注基金入门知识和技巧的同时勿忘投资风险性。在基金入门之前先了解一下基金投资的风险性可以做到心中有数，进而最大限度地降低自身的投资风险。

要点展示 >>>

风险评测，科学投资的重要环节
小心防范，基金投资的各种风险

10.1 风险评测，科学投资的重要环节

风险评测是科学投资决策的重要一环，使用风险评测工具，投资者可以对自己的风险承受能力有一个相对客观的评价，从而能选择更加适合自己的投资产品。

目前，常见的风险评测途径有两种，如图 10-1 所示。

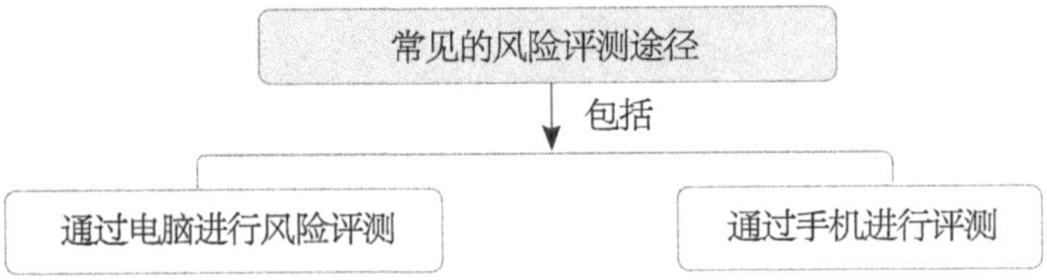

图 10-1 常见的风险评测途径

10.1.1 通过电脑进行风险评测

随着基金发展日趋成熟，人们对基金的风险程度越来越看重，因此网络上除了有专门的基金交易工具，还出现了许多专业性很高的风险测评工具。

一个好的风险测评工具要求容易操作且相对客观。下面以博时基金为例，介绍通过电脑进行风险评测的操作方法。

首先进入博时基金主页，单击“博时投资汇”链接，如图 10-2 所示。

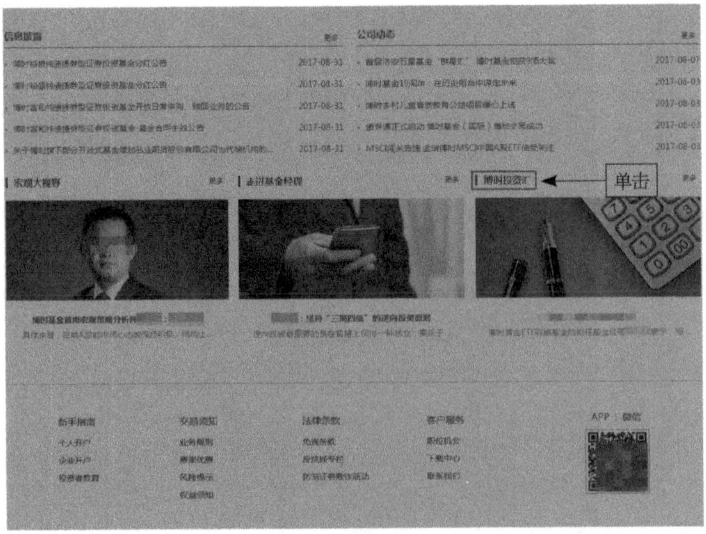

图 10-2 单击“博时投资汇”链接

然后单击“博时投资汇”菜单栏中的 “理财在线”按钮，如图 10-3 所示。

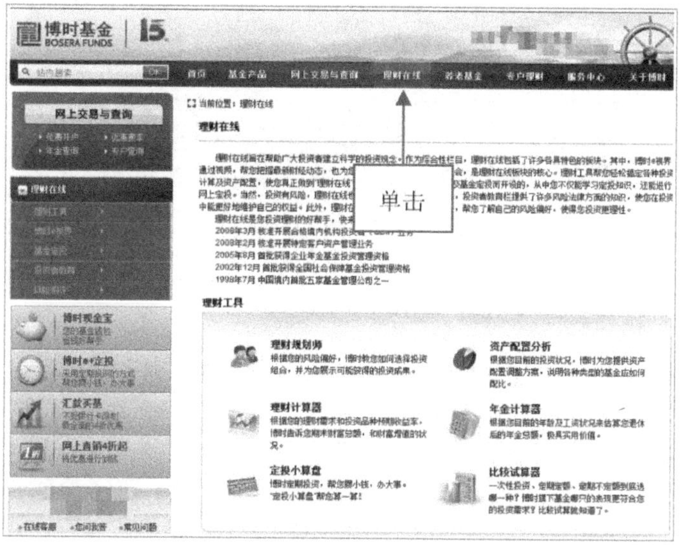

图 10-3 单击“理财在线”按钮

单击“理财在线”菜单栏中的“基金工具”按钮，如图 10-4 所示。

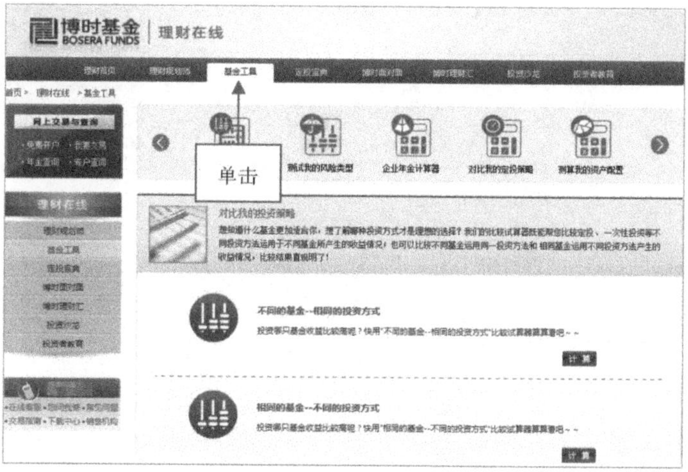

图 10-4 单击“基金工具”按钮

执行上述操作后，进入“基金工具”页面，单击“测试我的风险类型”按钮，根据实际情况进行风险评测，如图 10-5 所示。根据引导完成风险测评，然后单击下方的“确定”按钮。

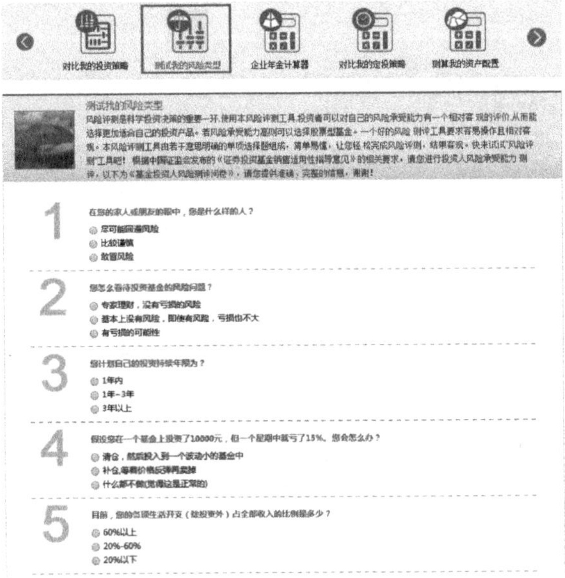

图 10–5 “测试我的风险类型” 界面

执行上述操作后，即可显示测评结果，如图 10–6 所示。

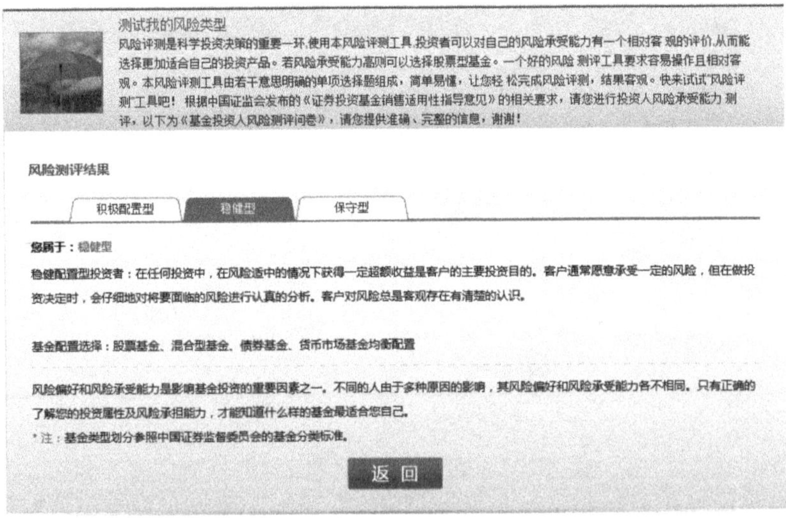

图 10–6 评测结果显示

【技巧解析】系统性风险和非系统性风险

因为开放式证券投资基金的主要投资对象是证券市场，所以证券市场的风险，必然会对开放式证券投资基金的收益造成影响。通常来说，证券市场的风险分为两种，即系统性风险和非系统性风险，如图 10-7 所示。

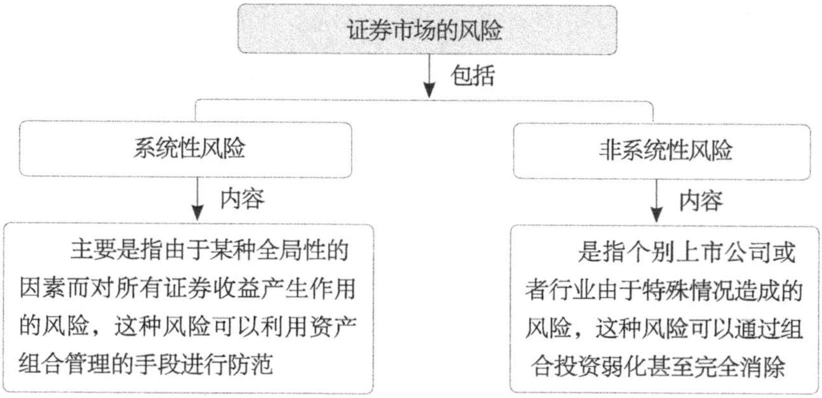

图 10-7 系统性风险和非系统性风险

投资者可以通过对低风险基金投资组合的构建，降低系统性风险造成的损失，但系统性风险是不可能完全消除的；而非系统性风险，则需要依靠基金公司及基金经理的投资研究进行避免。

10. 1. 2 通过手机进行风险评测

多数手机银行 APP 在用户选择理财产品之前，都必须要进行风险能力测评，帮助投资者找到适合自己投资的类型。下面以中国工商银行的手机银行 APP 为例，介绍通过手机进行风险评测的操作方法。

首先登录中国工商银行手机 APP，并单击“我的”按钮，如图 10-8 所示。单击“我的”界面中的“+”按钮，如图 10-9 所示。

图 10-8 单击“我的”按钮

图 10-9 单击“+”按钮

执行上述操作后，页面将转至“服务设置”界面，单击该页面中的“风险能力评测”按钮，如图 10–10 所示。页面将转至“风险能力评测”界面，如图 10–11 所示。在该界面完成测评，并单击“确定”按钮。

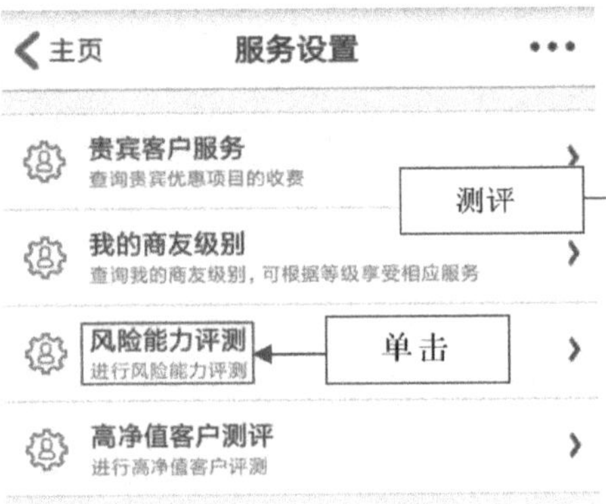

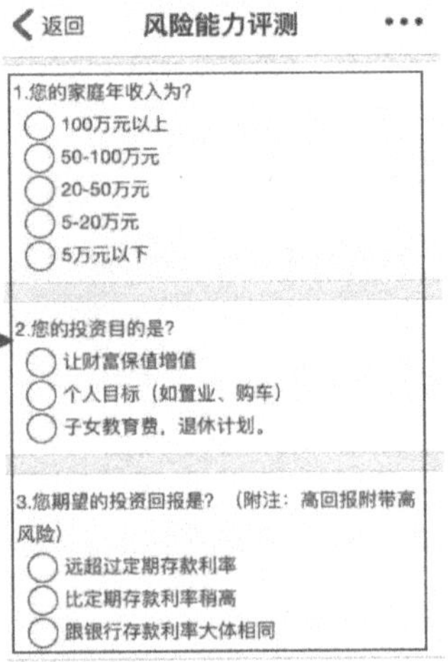

图 10–10 单击“风险能力评测”按钮　图 10–11 “风险能力评测”界面

完成上述操作后，便可以得到风险能力评测结果，如图 10–12 所示。

图 10–12 风险能力评测结果

【技巧解析】理财产品的 4 种风险类别

从投资者普遍关注的风险和收益角度出发，理财产品主要可以分为以下 4 种，如图 10–13 所示。

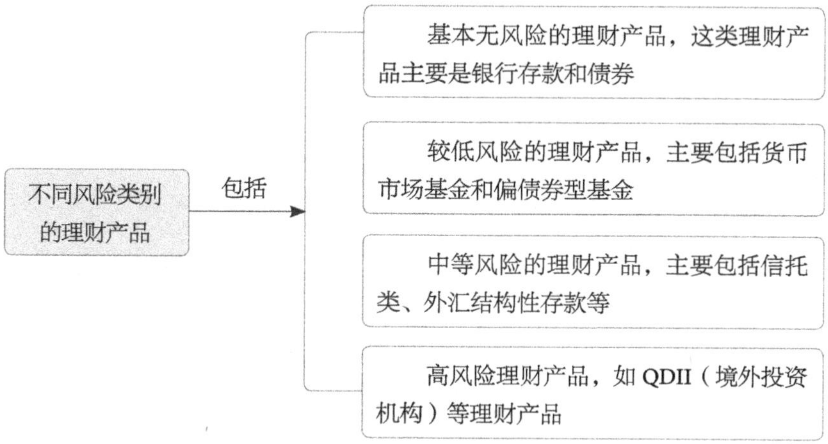

图 10-13 4 种风险类别的理财产品

10.2 小心防范，基金投资的各种风险

“小心驶得万年船”，其实就是“股市有风险，投资须谨慎”的通俗说法。这句话在基金投资中同样适用。

不管是何种投资，都是无法保证可以百分百获利的。只要是投资，就一定会伴随着或多或少的风险。投资者在进行投资行为时必须能清楚地认识这一点。这样才能保证投资者在投资时有充分冷静、合理的判断。投资者要想很好地从投资中获利，必须充分明确基金投资的风险，并加以衡量和防范。

10.2.1 投资基金的 5 大风险

总的来看，购买基金相对于直接购买股票而言，其风险要小得多。这是因为基金是分散投资，所以就算某只股票出现了较大的风险波动对基金也不会造成较大的损失。基金的波动情况会和整个市场基本接近，普通投资者可以通过投资基金来较好地规避市场风险，获取市场平均收益中的一份。但毕竟任何投资都是有风险存在的，投资者在进行投资基金时，也必须具有一定的风险意识，不仅要看回报，更应该关注其风险。

投资基金只是基金经理人通过用投资者的资金购买有价证券的方式，帮投资者理财的方式，它和其他投资方式一样，不可避免地存在着一些风险。

投资基金主要有 5 大风险，如图 10-14 所示。

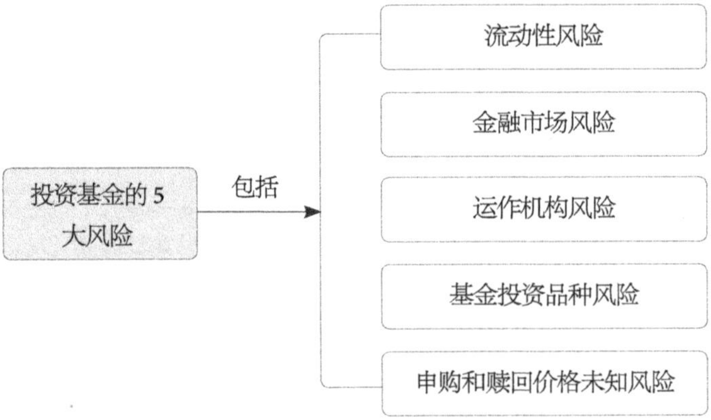

图 10-14 投资基金的 5 大风险

下面就将具体解析图 10-14 中的大风险。

【技巧解析】流动性风险

基金投资者不存在通常意义上的流动性风险。只有当基金出现某些极端情况时，如巨额基金赎回等，基金投资者才可能无法以当日单位基金净值全额赎回。这时，如选择延迟赎回，就可能要承担单位基金资产净值下跌的风险。

所以了解流动性风险的相关信息还是十分有必要的。下面就以开放式基金的流动性风险为对象，为大家解析开放式基金风险的相关信息。

（1）形成机制。任何在金融投资市场中交易的投资产品都要面对流动性风险，尤其是开放式基金，因其赎回机制使得其流动性风险问题更为突出。开放式基金资产的营利性和流动性的矛盾是其流动性风险的根源，相关分析如图 10-15 所示。

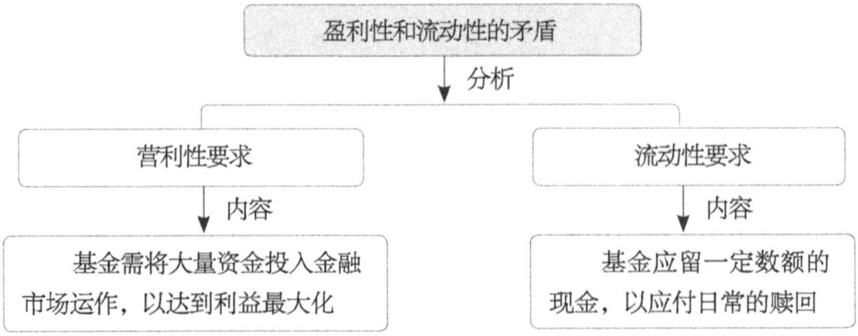

图 10-15 开放式基金流动性风险的成因分析

（2）防范策略。影响开放式基金流动性风险的因素比较复杂，主要的防范策略有以下几点，如图 10-16 所示。

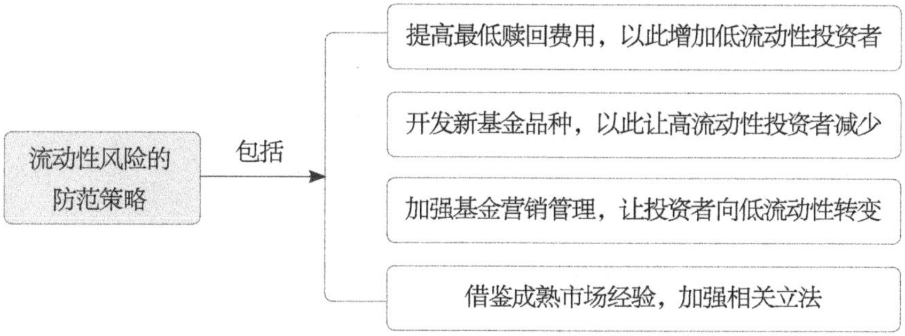

图 10-16 开放式基金流动性风险的防范策略

【技巧解析】金融市场风险

政治、经济或者上市公司经营情况的变化都会影响到有价证券价格的变动，如果有价证券的价格因为影响而下降了，就会导致金融市场风险，也就可能会给基金投资者带来损失。

金融市场风险主要包括 4 种类型，如图 10-17 所示。

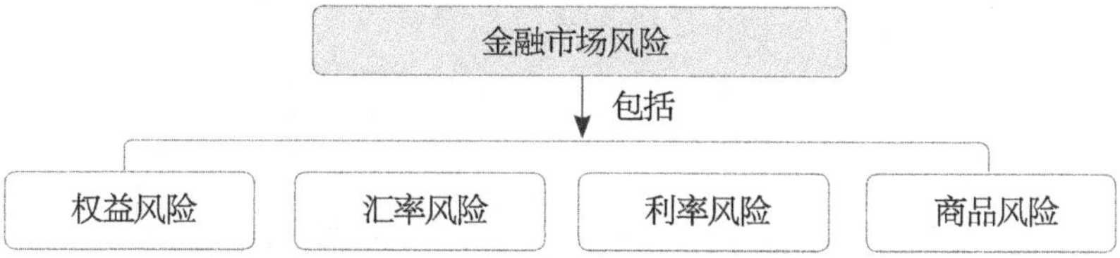

图 10-17 金融市场风险的主要类型

上述 4 种类型的风险中，汇率风险和利率风险的影响尤为突出，也是基金运营者需要重点关注并防范的金融市场风险。

其中，汇率风险主要表现在如下两个方面。

（1）外汇交易风险。

（2）外汇结构性风险。

利率风险则表现在 4 个方面，如图 10-18 所示。

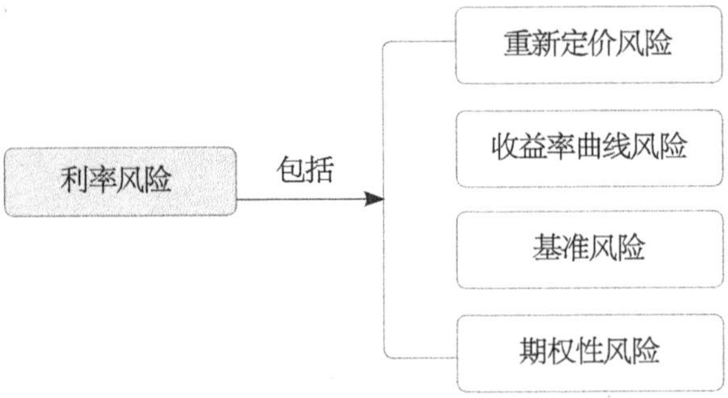

图 10-18 利率风险的 4 个方面

【技巧解析】运作机构风险

开放式基金除了面临系统风险之外，还会面临管理风险和经营风险等，其中，管理风险指的是基金公司在基金运作中因信息不对称、判断失误或管理不善等而造成的基金损失。对于这类风险，投资者是比较容易防范的，但首先还是需要了解管理风险的相关信息。

下面就将具体介绍管理风险的相关信息。

（1）风险构成。管理风险体现在构成基金公司管理体系的每一个细节上，具体由以下 4 部分组成，如图 10-19 所示。

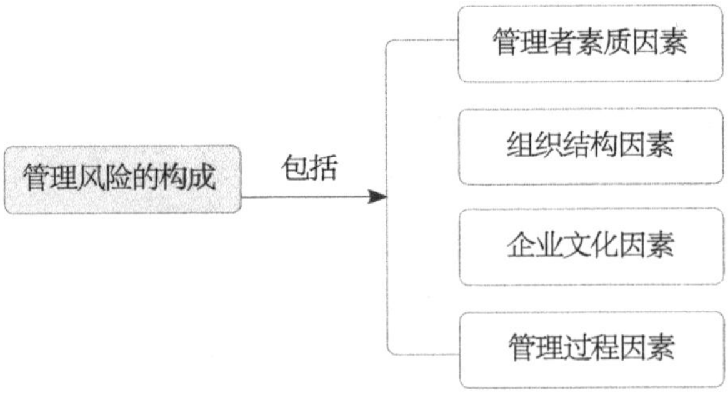

图 10-19 管理风险的构成

（2）防范策略。对于基金投资者来说，要防范管理风险所带来的损失最直接也是最简单的方法就是考察基金经理人的资质。基金未来的业绩如何，与基金经理的投资能力密切相关。金融市场上有较长运作时间的基金的各个方面都有一定保证，其基金经理的操作能力与投资风格也是得到了该基金投资者认可的，新进的基金投资者可以放心投资该类基金。而新基金的基金经理如果是新人，那么投资者通常应该考察一段时间，以熟悉其投资风格并评判其投资能力。

不过，现在比较多的基金公司采用了团队管理模式，一只基金可能有多位基金经理人。此时，投资者就不能只看某一位基金经理人的资质了，更应考察整个经理人团队的能力。

另外，对于新发行的基金，投资者也可以通过查看基金公司的其他同类基金的业绩与新基金的基金经理的过往管理业绩来防范管理风险。所以投资者在选择基金经理时，应特别注意以下几点。

（1）看为人。该基金经理是否诚信、负责、长期服务，以及是否对待客户的财产如对待自己的财产一样。

（2）看水平。观察基金经理所操作的基金的目前价位以及累计净值。

（3）看口碑。了解其业内专业人士及其他投资者对其以往业绩的评价。

【技巧解析】基金投资品种风险

基金的投资品种风险包括股票投资风险以及债券投资风险。相关分析如图 10-20 所示。

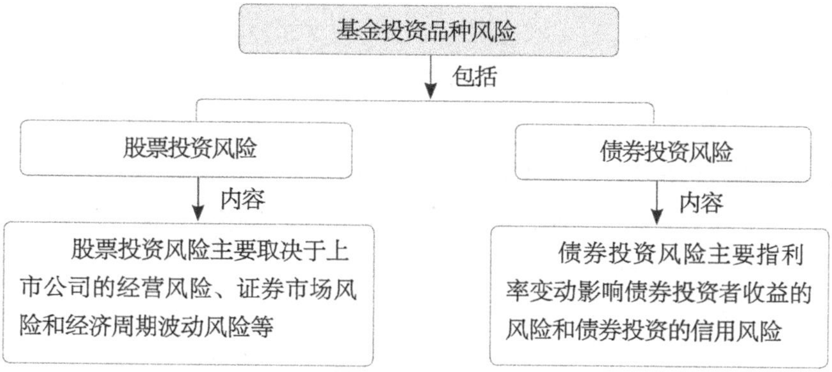

图 10-20 基金投资品种风险分析

随着基金的投资目标的变化，基金的风险程度也会随之变动。大体来说，基金的投资目标越大，追求的收益越多，其蕴含的风险也越高。投资者在投资基金时要注意自身所能承担的风险，合理选择基金进行投资。关于基金投资目标风险的相关分析如图 10-21 所示。

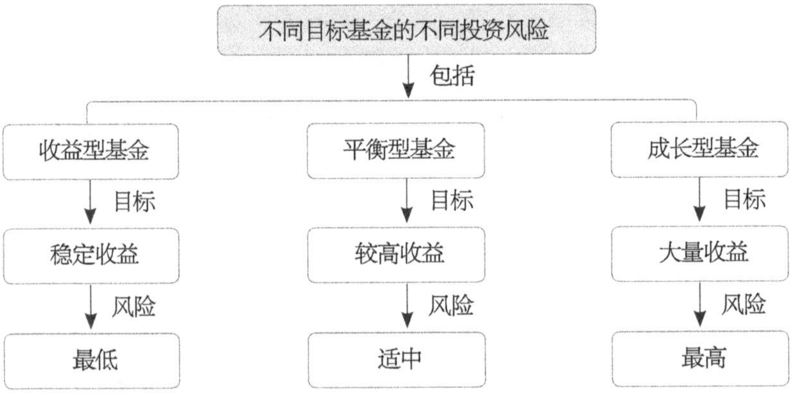

图 10-21 不同目标基金的不同投资风险

【技巧解析】申购和赎回价格未知风险

开放式基金的申购数量、赎回金额按照基金交易日的单位基金资产净值加减有关费用计算。

基金投资者是无法进行即时的基金单位交易的，在对基金单位进行申购或赎回操作时，并不能按照当前的单位资产净值进行结算，而是要参考上一个基金交易日的数据。这样的赎回机制使得基金上一交易日到当前交易日之间的净值变化脱离了投资者的控制，因此投资者在申购、赎回时无法知道会以什么价格成交。

10.2.2 化解基金风险 5 大方法

不同的基金投资风险，应配备具体的化解路径。化解基金风险的方法主要包括 5 个，如图 10-22 所示。

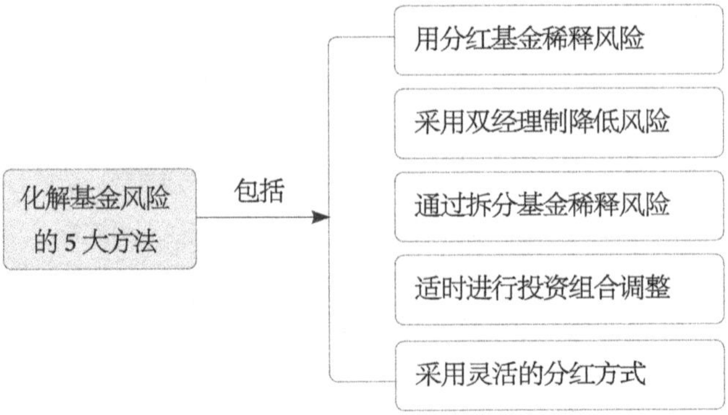

图 10-22 化解基金风险的 5 大方法

下面就将具体解析图 10–22 中的 5 个化解基金风险的方法。

【技巧解析】用分红基金稀释风险

当证券市场发生震荡时，高比例分红基金可以通过低成本建仓的方式，稀释基金的风险。而建仓的增加，就意味着有更多的投资者共同承担基金风险，这无形之中就降低了投资风险。

【技巧解析】采用双经理制降低风险

双基金经理制，即两个基金经理共同决策，从而使基金经理的“一手遮天”和个性化投资大大减少，有效降低投资的风险。

【技巧解析】通过拆分基金稀释风险

基金拆分并不会对基金资产产生实质性影响，但由于以 1 元的低成本拆分，将会吸引更多的投资者踊跃购买基金份额，而使基金的原有仓位得到稀释。

同样的情况如果是在震荡的市场环境下，拆分基金为投资者带来稀释基金风险的效果就更为显著了。

【技巧解析】适时进行投资组合调整

组合投资是降低基金投资风险最有效，也是最广泛的投资方法。这种方法之所以具有降低风险的效果，是由于各种投资者标的间具有不会齐涨齐跌的特性，即使齐涨齐跌，幅度也不会相同。

因此，当集中投资组成一个投资组合时，其组合的投资报酬是个别投资的加权平均，其中涨跌的作用也会相互抵消，从而降低风险。

【技巧解析】采用灵活的分红方式

具体行情下采用对应的分红方式，可以达到保证收益或降低风险的效果。

当行情看好时，选择红利再投资的方式，可以将分红直接进行投资，进而增加投资的收益。

而当行情震荡或看跌时，采用现金分红的方式，则可以保住投资的既得利润。

10.2.3 防范基金投资的风险

虽然所有投资者都知道“基金有风险，投资需谨慎”，但是却只有少数投资者能够做到根据自身风险承受能力合理配置投资风险。

对此，基金投资新手可以采用一些的方法来防范基金投资的风险，具体如图 10-23 所示。

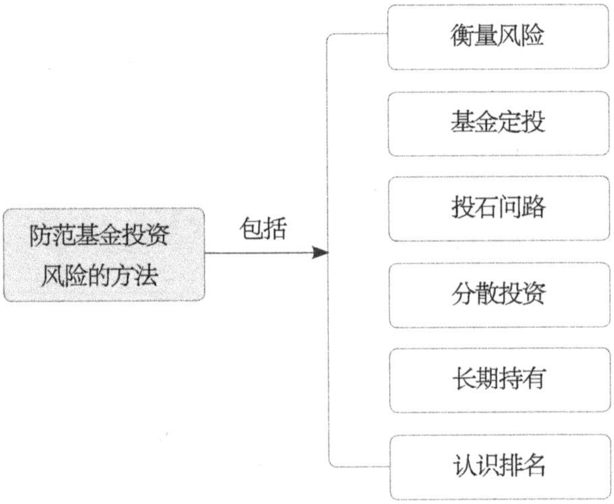

图 10-23 防范基金投资风险的方法

下面就将具体介绍图 10-23 中几种防范基金投资风险的方法。

1. 衡量风险

投资者分析基金时，在关注其回报的同时还要衡量风险。投资者具体可以从以下几个方面衡量风险。

（1）基金的投资风格是投资者衡量基金风险的一项重要指标。总体来说，大盘价值型基金的投资风格会比较保守，其风险偏小；而小盘成长型基金的投资风格会相对比较激进，其风险较高。

（2）基金的持股行业比例可以通过基金的行业集中度来反映，其表示基金是否大量持有某一行业的股票。当该行业的股票价格出现大幅波动下降时，基金也会随之受到连锁影响，行业集中度越高，影响也就越大。

（3）基金的持股分散度也是衡量基金风险的一项重要指标，大量持有某几只股票的基金的风险会比分散投资的基金风险高。基金十大重仓股占资产净值的比例是投资者了解持股分散度的一个有用指标。

（4）基金的过往最差业绩可以让投资者清晰直观地看到投资该基金可能会受到的最大的风险损失，基金投资者要好好权衡自身可以承受的风险程度，再做选择。

（5）风险评级机构提供的信息是基金投资者们很好的参考标准。基金评级机构能为基金投资者提供详细的基金信息和数据分析，为投资者规避风险提供了帮助。

2. 基金定投

基金定投是降低投资风险的有效方法。目前，很多基金都开通了基金定投业务，投资者只需选择一只基金，向代销该基金的银行或者券商提出申请，选择设定每月投资金额、扣款时间以及投资期限，办理完相关手续后就可以坐等基金公司自动划账了。

基金定投的主要特点就是起点低、成本平摊和风险低。基金定投每月只需几百元即可，不必筹备大笔资金。投资者利用每月的少许闲置资金来投资，不会造成经济上额外的负担，长期坚持会积少成多。同时，基金定投长期的获利远超过定期存款利息所得，并且投资期间越长，相应的风险也越低。

需要注意的是，投资者必须保证其指定的基金定投扣款账户上在接受定投扣款时有足够完成扣款的资金。这样基金定投才能够顺利进行。

3. 投石问路

试探性的“投石问路”投资是新基民降低投资风险的好办法，把握不好最合适的基金交易时间常常是新入市的投资者在基金投资中最常出现的问题。因此在不好把握交易时机时，投资者可以先将少量资金作为购买基金的投资试探，然后根据结果再判断是否要大量购买。这样可以减少基金买进过程中的盲目性和失误率，从而降低投资者的投资风险。“投石问路”的方法如图10–24所示。

4. 分散投资

各种投资者标的是很少齐涨齐跌的，分散投资正是利用这一点来有效降低风险的，即使各标的齐涨齐跌，幅度也不会相同。因此，当几种投资组成一个投资组合时，其组合的投资报酬是个别投资的加权平均，其中涨跌的作用也会相互抵消，从而降低风险。在进行分散投资时需要注意如图10–25所示的几点。

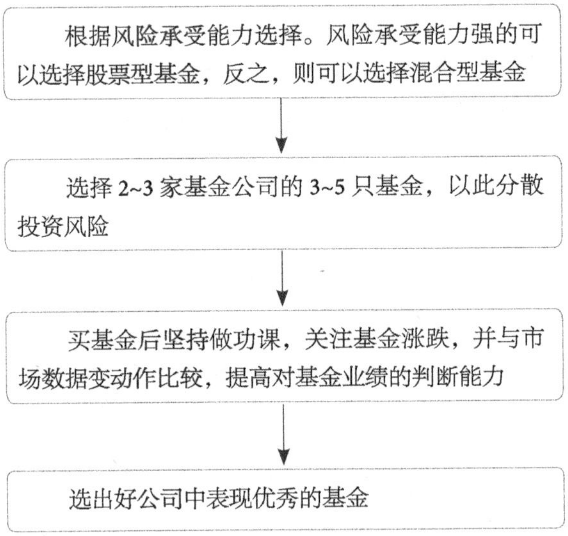

图 10-24 “投石问路”投资法

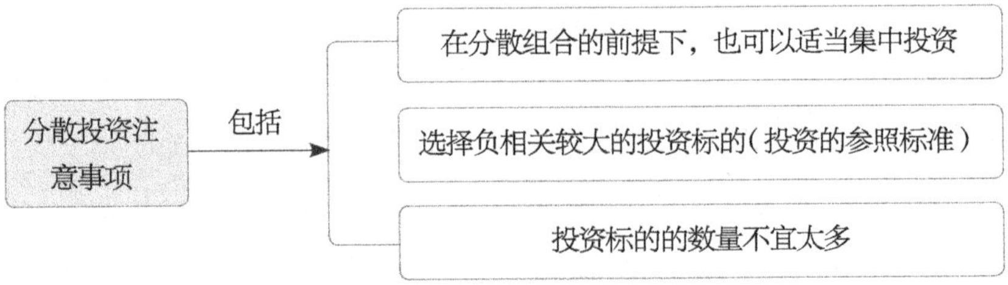

图 10-25 分散投资的注意事项

尽管基金投资通过专业人士的组合投资法分散了投资风险，投资相对较为稳健，但并不意味着基金投资绝无风险，所以投资者在基金入门之前要充分意识到基金投资的风险性，并且主动通过选购不同类型的基金进行组合投资以分散投资风险。除此以外，投资金额大的投资者还可以搭配一份合适的理财险，进而为构建完善的投资方案增添一道资金安全防护墙。

5. 长期持有

长期持有基金的好处如图 10-26 所示。

6. 认识排名

基金评级是对基金过往业绩定量计算的结果。一种产品的好坏，过往业绩只能是评判标准之一，投资者不能将基金的过往业绩和评级标准看作选择基金的主要指标，因为基金是会变化的，太过片面地看待基金往往会在投资基金时出现较大偏差。

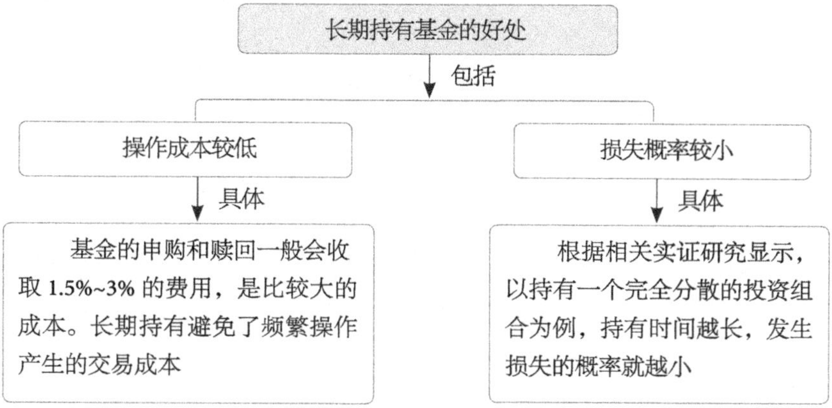

图 10-26 长期持有基金的好处

例如，股票型基金与金融市场的联系十分紧密，某只股票型基金可能会因为与市场上的热点投资组合有所联系，而在排名上快速提升。但若是市场上的热点投资组合有了新变化，该股票型基金就很可能会回落到原来的排名，投资者如果购买了该只股票型基金，就会受到损失。可见，基金评级并不能作为评判基金的唯一标准。